Cultivation
Cases i........ ..y .... of
Journalism and Communication

新闻传播课程思政论文集

刘文红☆主编

知识产权出版社

全国百佳图书出版单位

图书在版编目（CIP）数据

新闻传播课程思政论文集 / 刘文红主编 . —北京：
知识产权出版社，2018.11

ISBN 978-7-5130-5915-2

Ⅰ.①新… Ⅱ.①刘… Ⅲ.①高等学校—思想政治教
育—教学研究—中国—文集 Ⅳ.① G641-53

中国版本图书馆 CIP 数据核字（2018）第 238433 号

责任编辑：王颖超   责任校对：谷　洋

文字编辑：杨树坤   责任印制：孙婷婷

新闻传播课程思政论文集

刘文红　主编

出版发行：	知识产权出版社有限责任公司	网　　址：	http：//www.ipph.cn
社　　址：	北京市海淀区气象路 50 号院	邮　　编：	100081
责编电话：	010-82000860 转 8655	责编邮箱：	wangyingchao@cnipr.com
发行电话：	010-82000860 转 8101/8102	发行传真：	010-82000893/82005070/82000270
印　　刷：	北京虎彩文化传播有限公司	经　　销：	各大网上书店、新华书店及相关专业书店
开　　本：	720mm×1000mm　1/16	印　　张：	20
版　　次：	2018 年 11 月第 1 版	印　　次：	2018 年 11 月第 1 次印刷
字　　数：	290 千字	定　　价：	78.00 元

ISBN 978-7-5130-5915-2

出版权专有　侵权必究

如有印装质量问题，本社负责调换。

《新闻传播课程思政论文集》编委会

顾　问

张宝秀　叶　晓

主　编

刘文红

编　委（按姓氏笔画排序）

刘守合　刘文红　杜剑峰　李彦冰　陈冠兰　吴　蔚
周春霞　杭孝平　钟　静　莫常红　惠东坡

序
在落实课程思政中实现党建创新*

李彦冰**　　周春霞***

　　2016年12月7—8日，全国高校思想政治工作会议在北京召开。习近平总书记发表重要讲话，强调："要坚持把立德树人作为中心环节，把思想政治工作贯穿教育教学全过程，实现全程育人、全方位育人，努力开创我国高等教育事业发展新局面。"北京联合大学敏锐地捕捉到了会议的核心思想，在南方个别高校率先提出"课程思政"这一概念后，作为北方高校的北京联合大学迅速予以呼应，以钉钉子精神迅速落实该会议的精神，紧抓"课程思政"的崭新育人理念，课堂教学效果提高显著，育人环境和氛围也大为改善。作为北京联合大学的一个基本教学单位，应用文理学院新闻与传播系综合考虑自身的专业布局、教学条件、师资队伍、课堂教学、课程资源等诸多因素，创造性地落实"课程思政"育人理念，取得了突出的成果。本教学论文集即是新闻与传播系四个专业——新闻学专业

---

*　本文系北京联合大学2018年度教育教学研究与改革委托项目"《中国新闻事业史》课程思政建设研究与实践"（JJ2018Z020）的阶段性成果。

**　李彦冰，男，现任北京联合大学应用文理学院新闻与传播系主任，副教授，传播学博士。主要研究方向为政治传播。

***　周春霞，女，现任北京联合大学应用文理学院新闻与传播系党支部书记，副教授，文学博士。主要研究方向为文化研究。

（含影视传播）、网络与新媒体专业、广告学专业、汉语言文学专业——落实这一育人理念的理论化、系统化成果。在本书成书之际，现将新闻与传播系探索与落实"课程思政"育人的理念、做法和效果予以简单介绍。

一、坚持高起点政治站位做好顶层设计

党的新闻事业是跟党的革命斗争一同成长的。在漫长的革命斗争过程中，党的新闻事业不断反思教训、总结经验，并不断将这些经验系统化和理论化，逐步形成系统的党报思想、全党办报思想、群众办报思想，提出"党报要做党和人民的耳目喉舌"的思想，这些宝贵的经验在相当长时间内是全党的共识，即便在今天提出"要让市场在资源配置中起决定性作用"的情况下，在媒体领域，党依然在坚守对媒体的"耳目喉舌"的功能性定位，依然在坚持对媒体的党性原则要求。

基于这样的历史因素，在新闻传播教育上，贯彻马克思主义新闻观是对新闻传播专业育人的基本要求，这一点没有改变，也从未改变。

在新时代，习近平总书记也多次对新闻传播、新闻舆论工作发表讲话。2015年12月25日，习总书记在视察解放军报社时指出："要坚持党管媒体原则，严格落实政治家办报要求，确保新闻宣传工作的领导权始终掌握在对党忠诚可靠的人手中。"后来又进一步指出："党的新闻舆论工作坚持党性原则，最根本的是坚持党对新闻舆论工作的领导。党和政府主办的媒体是党和政府的宣传阵地，必须姓党。党的新闻舆论媒体的所有工作，都要体现党的意志、反映党的主张，维护党中央权威、维护党的团结，做到爱党、护党、为党；都要增强看齐意识，在思想上政治上行动上同党中央保持高度一致；都要坚持党性和人民性相统一，把党的理论和路线方针政策变成人民群众的自觉行动，及时把人民群众创造的经验和面临的实际情况反映出来，丰富人民精神世界，增强人民精神力量。"在2016年2月19日召开的新闻舆论工作座谈会上，习近平总书记在谈到"舆论

导向"这一问题时说:"新闻舆论工作各个方面、各个环节都要坚持正确舆论导向。各级党报党刊、电台电视台要讲导向,都市类报刊、新媒体也要讲导向;新闻报道要讲导向,副刊、专题节目、广告宣传也要讲导向;时政新闻要讲导向,娱乐类、社会类新闻也要讲导向;国内新闻报道要讲导向,国际新闻报道也要讲导向。"这一讲话不仅强调了作为整体的新闻工作的舆论导向,而且将舆论导向的基本要求深入到新闻传播的各个环节,即便在以往看来是娱乐的综艺节目也被包含其中,这显然是对新闻工作舆论导向问题论述的深化。

习近平总书记的系列讲话为新闻传播教育发展的蓝图规定了底色。新闻传播教育必须全面贯彻上述这些重要论断,这就是新闻传播教育发展的顶层设计。

二、坚持课程思政与党建工作双轮驱动

新闻与传播系的工作因围绕新闻传播展开而有其鲜明的特色。这种特色表现为鲜明的价值判断和强烈的意识形态性。鲜明的价值判断是指新闻传播教育必须明确其培养合格的社会主义新闻工作者的目标,坚守好马克思主义新闻观的底线。强烈的意识形态性是指新闻传播教育必须时刻关注党的指导理论和指导思想的新进展,与党的主流意识形态保持一致,能把党的理论创新的最新成果传播到课堂上来。新闻传播教育不仅有这样的可能,而且具备这样的条件。新闻与传播系新闻学专业的课程群可以与以上两点紧密地结合起来。马克思主义新闻观、中国新闻事业史、新闻学基本原理、新闻法规与职业道德、政治与传播、媒介经营与管理等课程传递的马克思主义的新闻思想、党报理论、中国新闻事业的体制等理论都与当下新闻传播的新发展有着纵向的联系,所有这些课程都可以很好地融入党在现阶段的指导思想——习近平新时代中国特色社会主义思想。

当前党建工作的任务十分繁重。新闻与传播系党支部不仅要确保党的

思想能及时、迅速地落实到本单位，而且要做到让这些思想入脑入心，化为老师们的具体行动，还要高质量地完成学校党委开展的创新性党建活动。中共北京联合大学委员会敏锐地抓住了全国高校思政会的精神内核，创造性地与高校的教学科研活动相结合，与高校培养社会主义合格接班人的使命相结合，呼应并落实"课程思政"的育人理念。新闻与传播系作为北京联合大学的基层教学单位必须全面落实校党委的决定。

基于以上两个大背景，新闻与传播系党支部认为本支部的党建工作和课程思政的育人理念可以很好地结合在一起，进行融合发展。党建工作可以重点放在课程思政育人理念的落实上，课程思政这一育人理念的落实可以有效促进党建工作扎实落地。于是在2017年度的工作中，新闻与传播系党支部和系领导班子采取党建与课程思政双轮驱动的战略。党建和课程思政相互促进，共同发力，共同进步，两者形成思想政治教育的合力。同时将应用文理学院"+文化"的特色战略纳入进来，取得了一定的效果。在北京联合大学2018年党建工作会上，新闻与传播系党支部被评为"课程思政建设先进党支部"。"政治与传播"课程获评"北京联合大学课程思政特色精品课程"。党建理论文章在北京市委机关杂志《前线》上发表。"课程思政"育人理念从组织推动到成果落地再到理论发表均实现了创新和发展，积累了一些不成熟的经验。

三、坚持全程全方位的"六化"推动举措

"六化"推动是指：理念内在化、建设特色化、课程品牌化、授课风格化、成果可固化、趋势专业化。

第一，理念内在化：支部学习促理念入脑入心。

追踪马克思主义研究的新进展，强化马克思主义基本立场。2017年下半年，新闻与传播系购买了《马克思为什么是对的》《马克思传》《马克思思想导论》《资本社会的十七个矛盾》等书籍，让大家了解马克思主义对当

前社会问题的回应和基本看法。当今中国，社会思潮万象迭出，价值观念纷繁复杂。习近平总书记在全国高校思政会上的讲话中提到，加强思政工作，教师要做明道、信道者。贯彻课程思政，教师们首先要学习。

读万卷书与行万里路相结合，理论与实践结合在路上。我们到昌平烈士陵园瞻仰烈士墓。组织学生党员和教师党员一起，到河北狼牙山爱国主义教育基地，开展"重走英雄路"的党日活动。从北京到河北有三个小时的路程，利用这段时间，我们在车上学习了新修改的党章。

顺应当前新媒体的视觉转向，把党建与专业解读相结合。通过对热播影视节目《人民的名义》《厉害了我的国》《建军大业》等的观赏与讨论，结合习近平总书记的系列讲话，在进行影视文化现象和电视剧类型研究学习的同时，探讨文艺生产的价值导向、精品意识等相关问题。

强力拓宽课程思政育人渠道，全力使课程思政理念入脑入心。通过学知讲堂、清风讲坛、党课等多种渠道，向学生传播思政内容，使课程思政入脑入心。杜剑峰通过学知讲堂作了《坚定文化自信 繁荣发展社会主义文艺》的报告，李彦冰、李彦东通过清风讲坛作了《新闻报道中的廉洁形象塑造及其问题》《"冷眼热心"：清代谴责小说中的官场》的报告，李彦冰通过党课作了《从十九大报告看微传播中的若干问题》的报告。这些报告全部依托新闻与传播系各位老师的专业背景和科研方向，做到了专业、科研和思想政治教育的有机融合。

第二，建设特色化：将文化元素融入课程教学中。

习近平总书记在党的十九大报告中提出："中国特色社会主义文化，源自于中华民族五千多年文明历史所孕育的中华优秀传统文化，熔铸于党领导人民在革命、建设、改革中创造的革命文化和社会主义先进文化，植根于中国特色社会主义伟大实践。"新闻传播系结合学院"+文化"特色，将中华优秀传统文化、红色文化、社会主义先进文化等文化要素贯穿到课程中去。

支部成员发挥先锋模范作用，将"+文化"与课程思政融合入课程设计中。"影视文化""国学概论"课程传播着中华优秀传统文化;"纪录片创作""语言与文化"课程立足首都北京文化中心地位,不断提炼思政内容中的北京文化要素;"中国新闻事业史"课程则全程贯穿近现代以来的革命文化和社会主义先进文化。

结合文理学院战略合作项目,"+文化"与横向研究融合发展。应用文理学院与北京出版集团进行战略合作,围绕西山文化带做文章。新闻与传播系承担了这一合作的部分任务,李彦东、李彦冰、杜剑峰分别撰写了《诗文西山》《红色西山》《交流西山》三部著作。这三部著作将西山里的文学情缘、红色文化和中外交流进行了细致梳理,对发掘北京西山的文化资源和元素做了资料整理的工作。

结合北京全国文化中心定位,"+文化"与纵向研究巧妙联通。党支部书记周春霞依托2017年北京社会科学的课题,进行北京城市新空间书写研究,力图在北京城市文化方面有高水平论文发表。

第三,课程品牌化:精心打造"课程思政"品牌课程。

2017年11月19日,中共北京联合大学委员会印发了《关于推进"课程思政"建设的实施意见(2017—2018)》的通知,明确提出了"建设课程品牌"的问题,指出"建设品牌课程是全面推进'课程思政'建设的重要方法。各专业要选准课程,精选教学内容和案例,加强集体备课,把课程和专业的思想政治教育元素有机融入教学大纲和课程教案;校院系要打造一批'课程思政'品牌课程,逐步形成品牌效应"。新闻与传播系党支部全面落实这一举措,在支部活动中将建设"课程思政"的品牌课程当作一个重要内容来研究。

李彦冰老师的"政治与传播"课程,获评"北京联合大学课程思政特色精品课程",主打政治传播品牌;"影视文化"课程主打中华优秀传统文化传播品牌;"比较文学与文化"课程主打国际文化比较品牌;"中国新闻事业史"课程主打革命文化与先进文化双重品牌;"纪录片创作"课程主打京味文化品牌。一系列品牌课程的设定对于推进课程思政起到了关键作用。

第四，授课风格化：教研活动中有意识地强调老师的授课风格。

"课程思政"的育人理念需要通过教师的教学活动落到实处。教师教学活动的效果直接影响"课程思政"的育人效果。而具有鲜明授课风格的老师最能吸引学生，提高课堂授课效果。基于这样的认识，新闻与传播系各个教研室在教研活动中，比较强调教师授课风格的养成和训练，一些老师也形成了自己的教学风格，学生反映良好。

应用文理学院党委委员杜剑峰教授作为学校十九大精神宣传团的成员，多次做客学知讲堂，为学院师生们带去精彩的报告。同学们反映，听杜老师的讲座，觉得有时间飞逝的感觉。支部书记周春霞副教授的课程被学生评价为严谨认真，支部委员李彦冰副教授授课缜密雄辩，支部委员解嵩老师的课堂风趣幽默，吴惠凡博士授课风格平和聪慧。每个人在落实课程思政理念、融入思政元素的时候，都形成自己的独特风格。

第五，成果可固化：党建、教学、科研、人才培养、社会服务全面落地开花。

成果是检验"课程思政"育人理念效果的标尺之一。"课程思政"的育人理念落地的情况可以通过看得到的成果来检验。新闻与传播系"课程思政"育人理念落地的情况全面体现在教学、科研、社会服务和人才培养的各个环节中。

在教学方面，以校教务处要求修改课程大纲为契机，全面修订教学大纲，充分挖掘各门课程的思政元素，在新版教学大纲中贯彻"课程思政"理念，将"课程思政"内容贯彻到每门课程里面去。支部组织全系教师撰写课程思政相关教研论文，这些教研论文都是来自一线教师的亲身体会，都是课程思政过程中所发生的鲜活案例的理论总结，目前已经收集 32 篇文章，就是这本论文集。新闻与传播系汉语言文学专业、新闻学专业、广告学专业、网络与新媒体专业 8 位老师参与学院"课程思政"教学案例的编写工作。统战委员李彦冰副教授积极参加学校教务处组织的课程思政案

例设计大赛，他主讲的"政治与传播"课程被评为"北京联合大学课程思政特色精品课程"，该课程贯彻课程思政的情况还获得千龙网报道推荐。

科研方面，李彦冰副教授的论文《北京西山红色文化的政治价值》在中共北京市委主办的刊物《前线》（CSSCI 扩展版刊物）2018 年第 2 期上发表，在学校引起了较大反响，实现了党建理论化高层次论文发表的突破。同时，新闻与传播系还申报了 2018 年市委教工委、市教委主办的首都高校师生服务"四个中心"功能建设"双百行动计划"调研项目，李彦冰副教授组织系青年教师，以"北京西山红色文化资源及传播现状调研"为题进行了申报，经过学校和市委教工委、市教委的双重遴选，获得立项。

社会服务方面，自 2014 年以来，新闻学专业师生连续四年为北京市海淀区花园路街道策划和实施"邻里节"。每年组织社区居民评选出年度模范人物，并且与模范人物进行深度访谈，撰写人物专访，制作形象宣传片，策划创作舞台剧以及各种舞台演出，并为花园路街道社区居民举办系列专业讲座，受到居民的欢迎和北京市教育工委、海淀区委的关注和夸赞。

学科竞赛方面，在北京联合大学第六届"红黄蓝"杯影像大赛暨第二届"廉创空间"主题大赛上，围绕反腐败、倡廉洁的主题，学生们将"课程思政"的成果化为形象的作品，提交设计作品上百份，既契合了当前党和政府大的形势，又使学生的专业能力和政治素养获得锻炼和提高。广告学专业围绕全国大广赛做文章，专业教师在设定参赛主题上融入"课程思政"的理念，在北京赛区的选拔中，有 170 幅广告作品分别获得二等奖、三等奖和优秀奖，这些作品全部被选送参加全国大广赛。广告学专业刘丽博士指导学生为奥美公司做设计，得到公司的高度认可。汉语言文学专业已连续 9 年全力承接北京市人文知识竞赛。

在人才培养方面，新闻与传播系拍摄制作了 24 部"我身边的好党员"微视频，并在联大的手机微信公众号上定期传播；还进行了"最美文理笑容"手机 APP、"最美文理人"杂志的编辑制作等。

　　结合课程思政，扎实推进"五牵手"工作。作为实现"三全育人"的重要抓手，新闻与传播系党支部积极开展"五牵手"活动。按照组宣部要求，制定了"五牵手"活动方案表，明确牵手对象与活动内容。与校外党支部牵手活动有条不紊地进行，徐梅香老师代表新闻与传播系党支部与花园路街道工委牵手，共同承办"邻里节"，并于 5 月 12 日参加了 2018 年"邻里节"筹备会议，为下一步"邻里节"的顺利进行提供了保障。教师支部与学生支部牵手，共赴狼牙山进行重走英雄路活动。教师党员与班级牵手。纪凌云老师与 2016 级汉语言文学专业牵手，使班级形成团结向上的氛围，获得校级优良学风班。教师党员与学生党员牵手，对毕业生党员进行就业指导。支部副书记郑伟老师关注学生的思想动态，多次进行思想交流、专业指导，深入分析就业形势，讲解就业政策，结合《劳动合同法》讲授毕业生保护的相关政策。学生普遍感觉受益匪浅，在择业过程中经常电话咨询相关的知识，郑伟老师为他们一一详细讲解，保障他们的就业权益。教师党员与普通学生牵手，关注其生活、学习、考研、就业等方方面面的工作。有学生在毕业论文的致谢中这样写道："周春霞老师在四年里一直温柔如水，好像从来没有看到过她大发雷霆的样子，每次见到我都会温柔地笑着问我最近过得怎么样，生活上有没有什么问题。吴蔚老师会像妈妈一样轻抚我的头发，会在知道我家里困难的时候，尽量给我找兼职。郑伟老师从大一开始就一直关心我的点点滴滴，我在四年里所走的每一步，他都了如指掌，我家里的苦难、生活的辛苦、成绩的排名，他比我还门清。能够在大学遇到这么多好的老师，是我的幸运。都说大学已被污染，然而我的四年却被老师保护得始终像是在象牙塔里一样。"

　　在上述工作的支撑下，新闻与传播系党支部 2017 年被评为"校级优秀党支部"，2018 年被评为"'课程思政'建设先进党支部"。

　　第六，趋势专业化：努力实现课程思政向专业思政过渡。

　　新闻与传播系党支部接下来将致力于推动课程思政向专业思政过渡。目前，课程思政在单门课程上实现了思政元素的融入，育人理念的落地。

这毕竟还只是在某一门课程上的突破，课程思政能否建立显示专业特色的思政目标体系，能否按年级、按年龄段或者按实践实习的阶段性来构建思政的目标体现，还有待进一步的探索。课程思政在打破思政课程在思想政治教育方面的孤岛现象已初见成效，新时代的高校思想政治教育还需要突破课程思政的单兵作战，使课程思政向专业思政过渡，形成团队效应、体系优势。

课程思政理念的提高永远在路上，它需要我们每一位老师充分挖掘课程思政元素，落在各自所承担的课程上，其目的是回归教育的初心和使命，实现全方位、全程、全员育人。风华四十载，联大正青春，让我们携手前进！

目　录

CONTENTS

新闻传播课程思政顶层设计

课程思政与课程建设

课程思政与课堂教学

课程思政与专业建设

新闻传播课程思政顶层设计

立德树人有道　春雨润物无声[*]

——校媒融合构建主流价值引领下的新闻传播育人格局

杜剑峰[**]

摘　要　大学是立德树人、培养人才的地方，是青年人学习知识、增长才干、放飞梦想的地方，大学对青年成长成才发挥着重要作用。高校只有抓住培养社会主义建设者和接班人这个根本才能办好，才能办出中国特色世界一流大学。对此北京联合大学新闻传播学科认真贯彻落实习近平总书记在全国高校思想政治工作会议上的讲话精神，落实习近平总书记在北京大学师生座谈会上的讲话精神，以立德树人为育人理念，强化思想引领，增强意识形态的吸引力，把培育和践行社会主义核心价值观融入教书育人全过程，校媒融合构建主流价值引领下的新闻传播育人格局。努力培养德才兼备、全面发展及中国特色社会主义事业合格建设者和可靠接班人，努力建设党和国家放心、北京人民满意的城市型、应用型大学。

关键词　立德树人　春雨润物　校媒融合　主流价值　育人格局

---

[*]　本文系北京联合大学 2018 年度教育教学研究与改革重点项目"'专业思政'建设方案研究——新闻学专业"（JJ2018Z016）研究成果。

[**]　杜剑峰，女，现任北京联合大学应用文理学院新闻与传播系学术委员会主任、新闻学专业负责人，教授。主要研究方向为当代中国电影、北京城市影像。

习近平总书记在全国高校思想政治工作会议上指出："要坚持把立德树人作为中心环节，把思想政治工作贯穿教育教学全过程，实现全程育人、全方位育人，努力开创我国高等教育事业发展新局面。"2018年5月2日，习近平总书记在北京大学建校120周年校庆之际同北京大学师生座谈，并发表重要讲话。习近平总书记的讲话阐明了新时代中国高等教育的奋斗方向与发展路径，具有极其丰富的思想内涵，意义重大、影响深远，指出"高等教育是一个国家发展水平和发展潜力的重要标志。今天，党和国家事业发展对高等教育的需要，对科学知识和优秀人才的需要，比以往任何时候都更为迫切"。

大学是立德树人、培养人才的地方，是青年人学习知识、增长才干、放飞梦想的地方。学校培养什么样的人？答案很明确，就是要培养德智体美全面发展的社会主义建设者和接班人。怎样培养人？培养社会主义建设者和接班人，是我们党的教育方针，是我国各级各类学校的共同使命。大学对青年成长成才发挥着重要作用。高校只有抓住培养社会主义建设者和接班人这个根本才能办好，才能办出中国特色世界一流大学。对此北京联合大学新闻传播学科认真贯彻落实习近平总书记在全国高校思想政治工作会议的讲话精神，落实习近平总书记在北京大学师生座谈会上的讲话精神，以立德树人为育人理念，强化思想引领，增强意识形态的吸引力，把培育和践行社会主义核心价值观融入教书育人全过程，努力培养德才兼备全面发展及中国特色社会主义事业合格建设者和可靠接班人。推动新闻传播学科在人才培养、科学研究、社会服务与文化建设等方面各项事业真实落地与扎实开展，努力建设党和国家放心、北京人民满意的城市型、应用型大学。

一、坚持办学正确政治方向

培养社会发展所需要的人，就是培养社会发展、知识积累、文化传承、国家存续、制度运行所要求的人。所以，古今中外，每个国家都是按照自己的政治要求来培养人的，世界一流大学都是在服务自己国家发展中成长起来的。我国社会主义教育就是要培养社会主义建设者和接班人。马克思主义是我们立党立国的根本指导思想，也是我国大学最鲜亮的底色。

当代最具国际声誉的马克思主义研究学者、英国当代思想家特里·伊格尔顿推出最新著作《马克思为什么是对的》。"马克思为什么是对的"这个问题无论在西方还是在中国，都是一个引人关注的问题，这本书就回答了这个问题。在这本书中他对于当前西方社会十个典型的否定马克思主义的观点逐一进行了反驳。比如，有的观点认为马克思主义过时了、结束了。在那个工厂林立、到处充满饥饿暴动的世界里，那个到处都是痛苦和不幸的世界里，马克思主义多少有些用处。但是在今天阶级分化日益淡化、社会流动性日益增强的后工业化西方社会里，绝对没有一点用武之地。事实上，只要资本主义制度还存在，马克思主义就不会消亡，只有在资本主义结束之后，马克思主义才会退出历史舞台。然而资本主义制度较之马克思的时代已经发生根本性的变化，如果不与时俱进，马克思的思想就会失去其价值。

中国的社会主义革命和社会主义实践恰恰继承和发展了马克思主义。马克思、恩格斯虽然提出了科学社会主义的命题，并对未来的社会主义、共产主义社会作出了科学的预见，但并没有也不可能拿出建设社会主义社会的具体方案。实际上，在生产力不发达的发展中国家如何建设社会主义，也是世界社会主义运动实践中始终没有解决的问题。中国特色社会主义理论体系，不但创造性地回答了什么是社会主义、怎样建设社会主义的问题，而且创造性地回答了建设什么样的党、怎样建设党，实现什么样的发展、怎样发展的问题；不但创造性地探索和总结了社会主义建设的一般规律，而且创造性地探索和总结了中国特色社会主义发展的特殊规律，从而实现了马克思列宁主义普遍原理与中国实际相结合的历史性飞跃，开辟了马克思主义中国化的新境界。正如党的十七大报告所说："这个理论体系，坚持和发展了马克思列宁主义、毛泽东思想，是马克思主义中国化的最新成果。"

随着中国日益走近世界舞台中央，中国理念、中国智慧、中国方案、中国机遇日益受到全球关注。新时代、新思想、新使命、新征程，意味着中国同世界关系更为紧密。中国故事，为世界上其他国家谋求发展提供借鉴，为各国共同发展提供启示。通过分析论证，伊格尔顿得出结论：过时的不是马克思主义，过时的恰恰是资本主义制度。

为了抓好马克思主义理论教育，深化学生对马克思主义历史必然性和科学真理性、理论意义和现实意义的认识，使学生学会运用马克思主义立场观点方法观察世界、分析世界，真正搞懂面临的时代课题，深刻把握世界发展走向，认清中国和世界发展大势，让学生深刻感悟马克思主义真理力量，为学生成长成才打下科学思想基础。学生除了学习《马克思主义原理》《政治经济学》等思政课程之外，新闻传播学科积极参与马克思主义理论研究和建设工程，加强《马克思主义新闻思想》等核心课程的课程建设和教材建设，以及专业课的课程思政建设。

二、建设高素质教师队伍

人才培养，关键在教师。教师队伍素质直接决定着大学办学能力和水平。建设社会主义现代化强国，需要一大批各方面各领域的优秀人才。这对我们教师队伍能力和水平提出了新的更高的要求。同样，随着信息化不断发展，知识获取方式和传授方式、教和学关系都发生了革命性变化。这也对教师队伍能力和水平提出了新的更高的要求。习近平总书记指出，教师队伍素质直接决定着大学办学能力和水平。建设一支政治素质过硬、业务能力精湛、育人水平高超的高素质教师队伍，是大学建设的基础性工作，是实现高等教育内涵式发展的有力支撑。2014 年教师节，习近平总书记在同北京师范大学师生代表座谈时，就如何做一名好老师提出了四点要求，即要有理想信念、有道德情操、有扎实学识、有仁爱之心。"今天，党和国家事业发展对高等教育的需要，对科学知识和优秀人才的需要，比以往任何时候都更为迫切。"在这样一个大有可为的历史机遇期，我们更加要以时不我待、只争朝夕的精神投入工作，努力建设以德立身、以德立学的高素质教师队伍，实现高等教育内涵式发展。

"世界城市是世界文化的发动机和创新源泉"，其力量和思想的起点是人才的良性集聚。世界城市竞争力的一个重要体现，就是对资源和人才的高整合能力。人才同资本一样具备高流动性，如果说资本流动是逐利导向，那人才流动一定是发展导向。新闻传播学科以北京市属高等学校创新团队建设与教师职业发展计划项目"数字动漫艺术与文化传播创新团队"（2013—2015）和北京联合大学人才强校计划资助项目"全媒体新闻传播应用人才培养创新团队"（2014—2015）两个创新团队建设为契机，通过多种方式（国外访学、国内访学、学术会议、专业培训、行业挂职、"千人互聘"、攻读学位、博士后进站、基地研修等）聚合团队力量，不断提升团队的整体实力和创新能力，为学科专业建设提供人力资源保障。

新闻传播学科专业负责人和骨干教师积极参加教育部主办的全国高校新闻院系负责人贯彻习近平总书记新闻舆论工作座谈会讲话精神专题培训班，学习《深入贯彻习近平总书记党的新闻舆论工作座谈会重要讲话精神》《牢固树立马克思主义新闻观》《坚持正确导向　推进改革创新》《把握高等新闻传播教育正确方向　努力提高新闻传播人才培养质量》等专题报告。选派教师参加"马工程"培训，落实教育部、中宣部高校与新闻单位互聘"千人计划"，从2015年起选派教师赴北京电视台、北京人民广播电台、千龙网、北京新媒体集团、中国网、中国青年报社等媒体单位行业挂职，同时，中央人民广播电台、光明日报社、中国日报社、中国青年报社、北京电视台、法制晚报社等媒体单位从业人员来北京联合大学任教；选派教师参加北京市高校教师研修基地的学习，所选派教师均获"北京市教师研修基地优秀学员"称号。

三、形成高水平人才培养体系

社会主义建设者和接班人，既要有高尚品德，又要有真才实学。学生在大学里学什么、能学到什么、学得怎么样，同大学人才培养体系密切相关。人才培养体系必须立足于培养什么人、怎样培养人这个根本问题来建设。

1.以"立德树人"为理念，强化价值引领

立德树人，既是一个永恒的主题，也是一个时代的主题。当今中国，社会思潮万象迭出，价值观念纷繁复杂。在信息时代，没有比新闻传播更重要的职业，新闻传播教育存在的价值在于向社会输送有专业理想、有职业能力、有道德操守、有大局意识的传媒人才。这种人才对于信息时代社会的有序运行、对于媒介社会的人际沟通、对于文明的传承是不可或缺的。从这个意义上来讲，高校在加强学科专业建设的同时必须加强思想教育和文化建设，重精神、重操守、重道德、重理想。通过有温度的新闻传播教育，培育学生的新闻理想和价值观念。新闻的"温度"即为传播者的人文高度。需要从政治觉悟、责任意识、个人修为、知识素养、能力方法等方面全方位打造，我们把这种理念贯穿人才培养的全过程，结合思想教育、专业教育、审美教育和生命教育，注意激发学生的文化自觉和文化自信。不断渗透和传递这种声音，形成和坚持这种意识，贯彻和落实这种思想。坚持不懈培育和弘扬社会主义核心价值观，引导广大师生做社会主义核心价值观的坚定信仰者、积极传播者、模范践行者。

北京联合大学新闻传播教育没有仅仅停留在"术"的层面，而是坚定地贯彻了价值引领与统摄的作用，强调新闻内容生产的正面引导和正能量的传递，强调新闻传播人才的政治素养和思想规格，并深化相关问题研究：首先是"价值问题"研究；其次是"高校思想政治教育"问题研究；再次是"课程思政"案例研究。总之，以新闻传播教育中的价值教育为统领，将人文思想与科技精神有机融合，培养具有高尚的道德情操和职业理想的全媒体新闻传播应用人才。基于以上理论研究，在开展学生实践教学内容设计的时候，围绕全国文化中心建设、廉政建设、文明城区建设、和谐社会建设、中国梦、社会主义核心价值观、三山五园、北京"一城三带"文化建设等主题开展学生的创意实践，形成一批有价值、有内涵、有特色的实践作品。

2. 以学科特质为优势，挖掘思想教育资源

"课程思政"体系的整体架构，离不开专业课程的设计创新。完善课程思政体系，要将专业课程作为"课程思政"的重要组成部分，立足学科的特殊视野、理论和方法，创新专业课程话语体系，实现专业授课中知识的传授与价值引导的有机统一，达到"以文化人、以文育人"的隐形"课程思政"目的，提炼专业课程中蕴含的文化基因和价值范式，将其转化为社会主义核心价值观具体化、生动化的有效教学载体，在"润物细无声"的知识学习中融入理想信念层面的精神指引。真正做到习近平总书记所要求的"守好一段渠、种好责任田"，"与思想政治理论课同向同行，形成协同效应"。

新闻传播作为意识形态领域的活动，其本质是集团性话语，并非个人的自发生成。就此来说，新闻对人的教育方式主要是"灌输"。新闻传播学这一学科由于研究对象的不同、研究方式的选取和研究偏好的差异，同时具有人文科学和社会科学的特质。作为一名新闻传播学相关专业的学生，需要兼具两类知识分子的特性，在熟悉新闻学社会科学特质的同时，尤其要注重新闻与人文的思考，洞察社会现实，遵守新闻伦理，彰显新闻价值，守望社会正义。因此，我们在挖掘专业课程思政资源过程中，要从政治理论，尤其是经典马克思主义理论和优秀的传统文化等方面努力开掘，形成包含价值引领、人文情怀、传统文化、现实关注、理性思辨等内容的专业课程思政资源。

在习近平总书记主持召开的哲学社会科学工作座谈会召开一个星期以后，新闻与传播系邀请到了作为全国新闻传播学科三个代表之一、出席了

由习近平总书记在北京主持召开的哲学社会科学工作座谈会的郑保卫老师为全系师生作了一场题为"牢记职责和使命 做好党的新闻舆论工作"的专题报告。郑老师以专家学者的身份，深度解读习近平总书记"2·19"讲话的主要内容，对于我们认真学习、深刻领会讲话精神提供了直接的指导和有益的帮助。他还结合自己的人生道路、学术历程，结合中外新闻事业史、共产主义运动史、中国革命史，讲述了一个政党尤其是中国共产党几代领导人对新闻工作、新闻舆论工作的重视和把握。他以自己丰富的学术人生体验及深厚的新闻情怀感染着在场的师生，他的经验、他的分析、他的判断带给我们深刻的启示。面对媒介生态环境的巨变，要牢记新闻工作者的职责和使命，做好党的新闻舆论工作，真正担当"四者"，即党的政策主张的传播者、时代风云的记录者、社会进步的推动者、公平正义的守望者。我们还聘请了《马克思主义新闻思想概论》《马克思主义新闻观思想体系》的作者、中国人民大学新闻学院新闻学责任教授，《国际新闻界》月刊主编、新闻与社会发展研究中心新闻传播所所长陈力丹老师为新闻学专业的核心课程"马克思主义新闻思想"课程的建设献计献策，和新闻媒体业务骨干一起共同以精品课的标准打造建设该课程。

我们还聘请首都高校与新闻单位互聘"千人计划"、光明日报社北京记者站副站长董城参与主讲"马克思主义新闻思想"。他在课程实施过程中，改变了以往满堂灌的教学方式，采用问题导向，创新教育教学的方法，以"问题来自学生、声音来自一线、点评来自权威"的生动形式，把学生比较困惑的"马克思主义新闻思想"这门理论课上得有声有色。学生结合当前各种复杂的社会现象以及不同的社会问题，在课上提出自己的困惑，董老师运用马克思主义新闻观对这些复杂的社会现象做出科学理性同时又深入浅出的分析，学生原本以为枯燥乏味的理论课，却被董城上得有滋有味。

在价值引领的同时，我们还积极倡导人文关怀与现实关注。我们的学生不能终日沉湎于虚拟的世界，在虚无缥缈的境界里穿越时空，要积极地融入火热的现实中，融入厚重而平凡的生活中，关心中国现实，关注中国百姓，关怀我们身边的每一位普通人，这样才会发现创作的"富矿"，沉下心来，精心创作出更多有筋骨、有道德、有温度的文艺作品和新闻作品，才能经得起人民的检验，经得起时代的淘洗。自2014年以来，我们新闻学专业师生连续五年为北京市海淀区花园路街道策划和实施"邻里节"，每年组织社区居民评选出年度模范人物，并且与模范人物进行深度访谈，撰写人物专访，制作形象宣传片、纪录片和专题片，策划创作舞台剧以及各种舞台演出，参与创办花园路街道社区报《花园录》，并为花园路街道社区居民举办系列专题讲座，受到居民的欢迎和北京市教育工委、海淀区教委的关注和夸赞。

3. 以学院特色为依托，拓展思想教育内涵

北京联合大学的办学定位是建设首都人民满意的城市型、应用型大学。双型大学的主要特征体现在"办学定位具有鲜明的地方性、人才培养和科学研究具有明确的应用性和服务区域与地方具有明显的主动性"。而应用文理学院是一个汇集人文社科相关学科、同时拥有深厚的人文底蕴和较长办学历史的学院。近年来，立足首都北京，围绕全国文化中心建设，形成"+文化"办学特色，以北京"一城三带"建设等文化建设和文化遗产、优秀传统文化的传承保护传播，聚集学科专业的力量，在人才培养、科学研究、服务社会以及文化传承创新方面取得明显成效。

面对传统媒体转型这场媒介融合的革命，面对"一带一路"倡议、京津冀协同发展的国家战略，面对首都北京新的城市功能定位和区域文化特征，面对北京联合大学应用型、城市型大学的办学特色，面对北京联合大学学科专业布局的调整与重组，面对应用文理学院完全学分制改革和人才培养模式的创新，新闻传播教育面临重大拐点。在考量国家战略实施、区域文化特征、学校发展定位的前提下，我们将学科建设方向进一步聚焦为城市文化传播，以"城市文化传播"来统合新闻传播系的学科建设，以现有研究团队和研究成果为基础，形成城市文化品牌传播、新媒体文化传

播、城市影像传播三个研究团队，凝神聚力，强化这一特色研究方向。无论在科学研究、人才培养、专业实践、社会服务等方面均围绕城市文化传播开展工作。

在专业实践中，专业教师带领学生拍摄《筑梦黄叶村》《与西山同眠》《文化名人与大觉寺》《放飞颐和园》《石鱼归园记》《老山密码》《九州清晏》《贝家花园记忆》《大葆台　小朋友》《正觉寺》等文化历史纪录片和专题片；为加快博物馆数字化的进程，为北京市文物局、北京市科协拍摄文物宣传片，为首都博物馆、北京奥运博物馆、自然博物馆、大钟寺古钟博物馆、北京艺术博物馆等十余家博物馆拍摄宣传片。其中《文化名人与大觉寺》《大葆台　小朋友》分别荣获首届北京高校大学生博物馆微视频创作的一等奖和优秀奖。

4.以新型媒体为载体，构建立体育人格局

树立"课程思政"的理念，通过思想教育、素质教育、通识教育、专业教育包括专业实践等环节，具备360度思政教育的合力作用，构建全方位立体育人格局。知识传授与价值引领是育人的基本实现形式，也是学校最具效能的实现形式。在教育教学中，既要注重在价值传播中凝聚知识底蕴，又要注重知识传播中的价值引领，实现显性教育与隐性教育的融合。把课程思政明确纳入教学大纲，设计经典案例，在通识课程、专业课程、专业实践各个环节全面落实。

新闻传播相关专业是实践性非常强的专业。围绕全媒型、复合应用型新闻传播应用人才的培养，为了训练学生的专业技能和综合能力，我们依托新媒体平台强化实践教学，开发校内外媒体拓展实践功能。在2016年"两学一做"活动中，全院评选出24位好党员，为了广泛、有效地传播优秀党员的先进事迹、传递正能量和好声音，学院党委组宣部要求新闻与传播系制作24部"我身边的好党员"微视频，并在北京联合大学的手机微信公众号上定期传播。为此，我们在新闻专业核心课"（新闻）摄影与摄像"课上，以项目制的方式引入课堂教学和专业实践，让学生先习后学，这样学生会带着自己在实践中遇到的问题回到课堂上寻求解决办法，学习的目的性增强，变被动学习为主动学习。师生为之经历了无数个不眠之夜，学生在最初接受这个任务时是抵触的，他们以实习、就业、考研、打工各种各样的理由来规避这种学习。但是，在任课教师的带领和指导下，学生从一部到数部，从一遍到多遍，从一组到跨组，认真拍摄，反复修改，共同协作，愉快成长。学生多次感念，这个过程对于他们最重要的并不是专业能力的训练和提高，而是能如此亲近地走入这些优秀人物的内心，并用自己的专业所长表达对他们的致敬和钦佩，这次经历会长久地影响他们的人生。听了学生的话，每一位老师都感到职业的神圣。有一位学生因为在上小学时经常被老师打手板，因此，她之后就逐渐形成与教师的隔绝，从不主动与老师交流，甚至对教师有一种本能的拒斥。但是通过此次拍摄实践活动，她真切地感受到了我们的专业教师是如此敬业。我们身边的党员教师在各自平凡的岗位上做出的不平凡的业绩，使她深受感动，她终于主动向老师敞开心扉，克服了这一痼疾，把自己从深锁的内心中解脱出来。就像学生们自己所言：此次拍摄实践使我们实现了从内到外的绽放。

以手机 APP 发布一组长征故事（纪念长征胜利 80 周年），在手机微信公众号上定期推出"我身边的好党员"微视频，制作"最美文理笑容"系列 APP，编辑制作《最美文理人》杂志等。为新闻与传播系和应用文理学院拍摄招生宣传片，师生苦战六个昼夜，指导老师为此瘦了六斤，圆满地完成了任务，上线不到三个小时，点击量突破三万次。考生看完宣传片，在微信留言："原本我就想报文理，看过宣传片，我一定会报文理。"讲述文理故事，传播文理声音，我们在努力。

在新的历史时期，深入学习贯彻习近平新时代中国特色社会主义思想，用习近平新时代中国特色社会主义思想武装青年大学生的头脑，对于夺取新时代中国特色社会主义伟大胜利，实现中华民族伟大复兴的中国梦，具有重大的现实意义和深远的历史意义。

依托新闻传播核心课程和科研项目　打造学习型党支部　持续推进课程思政入脑入心[*]

李彦冰^{**}　周春霞^{***}

摘　要　有效实现党支部政治功能、组织功能和服务功能，发挥战斗堡垒作用，围绕培养符合党的要求的新闻传播人才这一任务，坚守党媒姓党标准，借助新闻传播站在意识形态工作前沿的先天优势，依托新闻传播核心课程和科研实力，完成立德树人根本任务，持续推进"课程思政"入脑入心。

关键词　学习型党支部　课程思政　入脑入心

习近平总书记在全国高校思想政治工作会议的讲话中指出：专业课教师要"守好一段渠，种好责任田"，"各类课程与思想政治理论课同向同行，形成协同效应"。他同时还指出："要加强高校党的基层组织建设，创新体制机制，改进工作方式，提高党的基层组织做思想政治工作能力。要做好在高校教师和学生中发展党员工作，加强党员队伍教育管理，使每个

---

* 本文系北京联合大学 2018 年度教育教学研究与改革委托项目《中国新闻事业史》课程思政建设研究与实践（JJ2018Z020）的阶段性成果。

** 李彦冰，男，现任北京联合大学应用文理学院新闻与传播系主任，副教授，传播学博士。主要研究方向为政治传播。

*** 周春霞，女，现任北京联合大学应用文理学院新闻与传播系党支部书记，副教授，文学博士。主要研究方向为文化研究。

师生党员都做到在党爱党、在党言党、在党为党。"这个讲话不仅为高校的专业课指明了方向与任务，也对基层党组织在高校思想政治教育方面提出了要求。在基层党支部如何将立德树人作为高等教育的中心任务、深入贯彻课程思政方面，因新闻传播学科本身具有的强烈意识形态性与价值观引领特色，新闻传播系党支部在长期的教育、科研与社会服务方面，积累了丰富的经验：有效发挥党支部政治功能、组织功能和服务功能，发挥战斗堡垒作用，围绕培养符合党的要求的新闻传播人才这一任务，坚守党媒姓党标准，借助新闻传播站在意识形态工作前沿的先天优势，依托新闻传播核心课程和科研实力，完成立德树人根本任务，持续推进"课程思政"入脑入心。

一、支部以教育方针为指引，凝练课程思政工作思路

新闻与传播系党支部在深入学习习近平总书记关于教育工作的系列讲话，尤其是在全国高校思政会上的讲话的基础上，将"立德树人"作为高等教育的根本任务。在探索如何"立德树人"，如何实现高校全程育人、全方位育人方面，新闻与传播系党支部将学习讲话精神与实际工作紧密结合，探索出"课程思政"工作的基本思路：将"依托新闻传播核心课程和科研活动，打造学习型党支部，持续推进课程思政入脑入心"作为新闻与传播系推进课程思政工作的基本思路。

支部逐字逐句阅读习近平总书记在全国高校思想政治工作会议中的讲话，写出了学习报告《立德树人有道，春风化雨无声——新闻与传播系推进课程思政工作》。支部还以 2017 年党建评估为契机，代表学院撰写党建特色报告《立德树人有道，春雨润物无声——校媒融合构建主流价值引领下的新闻传播育人格局》，受到学校的高度关注，标志着新闻与传播系落实课程思政工作思路的基本形成。

二、深入挖掘新闻传播核心课程中的课程思政资源，推进课程思政入课堂

新闻传播教育本身就站在意识形态阵地的最前沿，习近平总书记在视察中央三大媒体时，提出了"党媒姓党"的著名论断。在总书记主持召开的哲学社会科学座谈会上，也明确提出了对新闻传播学科的要求。在新闻传播的课堂上，新闻传播系党支部要求教师能够及时将总书记的与新闻传播相关的著名论断传播到课堂，使同学们能够及时准确地了解中央的主流声音。以此为要求，支部要求承担新闻传播课程的老师都要深入挖掘自身的课程内容中的课程思政资源，有意识地结合党对新闻传播的最新论述，推进课程思政入脑入心。现将新闻传播的核心课程"新闻学原理""传播学原理""中国新闻事业史""新闻伦理与法规"等课程挖掘课程思政资源，推进其入脑入心的案例介绍如下。

第一，支部要求上述课程在编写教学大纲时明确体现课程思政的思想，并写明通过何种途径体现课程思政思想。

如"中国新闻事业史"在撰写大纲时，有这样的论述："本课程在授课的过程中担负课程思政的意识形态教育功能，对于型塑新闻专业学生的主流价值观念、了解中国新闻事业中的意识形态斗争历史有很大的帮助，可以塑造他们的爱国主义精神。"在"新闻伦理与法规"的课程大纲中有如下的内容："本课程可以担负课程思政的意识形态教育功能，通过对理论和现实问题的分析，树立学生正确的新闻传播职业观念，用马克思主义的新闻观统摄自己的职业生涯，内化全心全意为人民服务的思想，内化坚定的新闻专业主义职业信念，从而获得良好的操守和品行。"

第二，精心设计课程内容，落实教学大纲关于课程思政的思想。

在"中国新闻事业史"的具体授课内容上，在讲授"早期西方新闻事业对中国的新闻事业的影响"时，虽然肯定了西方新闻事业对中国新闻事业所带来的客观上的进步，尤其是办报观念和技术革新的影响是正面的，

但是对西方新闻事业充当西方侵略中国的情报工具的本质予以批判。此处引用了毛泽东同志对这一问题的评价和认识来引导学生认识西方文化侵略的本质："帝国主义列强，对于麻醉中国人民精神的一个方面，也不放松，这就是他们的文化侵略政策，传教、办医院、办学校和吸引留学生等，就是这个侵略政策的实施。其目的在于造就服从他们的知识干部和愚弄广大的中国人民。"同样地，在讲述党在抗日战争时期的办报活动时，有讲述《晋察冀日报》艰苦办报的事迹，此时任课教师重点讲述了该报"八匹骡子办报"的精神，这里充满了革命乐观主义的精神和艰苦奋斗的精神，充溢着抗敌报国的家国情怀，引导学生树立集体主义、爱国主义、艰苦奋斗的理想和信念，为开启学生的充满理想的新闻传播职业生涯打下基础。

在"媒介伦理与法规"具体课程内容落地上，在讲到"媒介审判"的问题时，告诫学生必须谨守新闻真实、客观的马克思主义新闻真实观，新闻不能逾越法治的底线，不能代替司法，向学生传播"依法治国"的理念和方略，并通过"张金柱案""于欢案"的报道等润物细无声地予以传播，效果很好。

影视传播方向的老师围绕"电影文化""摄影与摄像""影视改编"等课程来深度挖掘课程思政的资源，分别在这些课程中贯彻了主旋律电影、摄影家精神、红色经典文学作品的影视改编等课程思政的内容。汉语言文学专业依托古代文学、古代汉语、现当代文学等课程贯彻了弘扬中华传统文化、中国文化的对外传播、中国现代文化的传播等课程思政内容。其他核心课程的贯彻思路基本相同，这里不再赘述。

三、依托科研项目和科研实力，以科研的力量持续推进课程思政反哺教学

第一，党员发挥先锋模范作用和科研优势，从理论上探索课程思政的建设路径与成果固化问题。

新闻与传播系党支部党员发挥先锋模范作用和科研优势，共出版专著2部，发表科研、教研论文10余篇，其中CSSCI论文2篇，北京市教委调研项目1项，从专业建设、人才培养、课程设计等角度展开研究，从理论上探索课程思政落实的具体路径。

新闻传播系的老师着眼于新闻传播教学研究中的价值导向问题，对此进行了深入思考，杜剑峰老师、李彦冰老师、李娜老师分别撰写了这类问题的教研论文，比如《新闻传播专业人才培养中价值教育课程建设的思考》《当今新闻传播人才培养中的价值矛盾问题》《大学生课堂廉洁文化教育研究——以艺术设计类专业课堂教学为例》等论文均是如此，李娜老师的论文通过专业实践课程的廉洁文化教育对大学生思想政治教育起到了重要的补充作用。

支部统战委员、新闻与传播系主任李彦冰老师的论文《北京西山红色文化的政治价值》根据学校城市型应用型大学办学定位，发掘北京红色文化资源，为课程思政提供教学实践资源。该论文发表于北京市委机关杂志《前线》上，在学界影响较大，被"求是网"全文转载。

2018年，由党支部统战委员、系主任李彦冰副教授组织党支部党员教师申报的北京市委教工委、市教委"双百行动计划"社会调研项目"北京西山红色文化资源及传播现状调研"成功立项，成为北京联合大学推进课程思政工作、拓展课程思政资源、丰富课程思政内涵、提升社会影响力的重要成果。

新闻学专业的选修课"政治与传播"课程，直接由李彦冰老师的科研著作《政治的微传播》衍生而来，该课程直接用该著作做教材，着眼于培养学生的政治敏锐性和政治洞察力，为未来的新闻传播职业生涯奠定政治能力基础。

第二，将教师科研项目衍生为学生科研立项，通过带学生做项目渗透课程思政的育人思想。

所有上述研究成果出产的目的都是立德树人，将所生产的学术思想影响于学生，为学生的成才铺路。新闻与传播党支部在老师的科研成果和项目如何转化为育人的材料和资源上下功夫，找到了学校"启明星"科研立项、北京联合大学国家级文科示范中心创新性实验项目这两个抓手进行具体实施。依托老师的科研项目衍生学生的"启明星"科研项目和创新性实验项目，事实证明这是一条可行的路径。在 2018 年这两类项目的申报中，新闻与传播系党支部的老师围绕北京红色文化、北京西山红色文化、北京城市形象塑造、北京评书传承、奥运文化传播等元素组织学生进行申报，共有 16 个项目获得立项。综观这些学生科研立项无不渗透着党的十九大关于弘扬红色文化、北京市第十二次党代会关于"三个文化带"建设和弘扬京味文化、北京联合大学第五次党代会关于城市型应用型大学建设等思想。党员老师通过带领学生做这些学生科研立项，使学生们在科研的历练中接受党的十九大思想，熟悉北京、热爱北京，熟悉校情、热爱联大。

四、党支部秉持"读万卷书、行万里路"的理念，挖掘课程思政资源

新闻与传播系党支部以"两学一做"为依托，在打造学习型党支部的过程中，始终将学习作为推进"课程思政"工作的重要路径，不断挖掘"课程思政"资源，运用于课堂。支部不仅在学习内容上给予全面指导，还在学习形式上力图创新。

第一，支部党员以身作则参加"马工程"培训并读马克思主义的理论著作。

党支部书记周春霞老师于 2018 年 3—5 月参加了教育部教师工作司举办的"加强师德师风建设，做新时代党和人民满意的好老师"网络培训示范班，顺利结业。通过学习，树立了做一个党和人民满意的好老师的信念，明确了工作思路。

2018 年 5 月 21 日—6 月 15 日，党支部书记周春霞老师参加了中共北

京市委组织部、中共北京市委宣传部、中共北京市委教育工作委员会、中共北京市委党校联合主办的"2018 年北京市哲学社会科学教学科研骨干研修班",在培训班上跟随专家的讲授,系统学习了党的十九大报告、新党章,习近平总书记在全国高校思政会上的讲话、5 月 2 日在北京大学的讲话、5 月 4 日在马克思诞辰 200 周年会议上的讲话。通过系统学习,不仅深刻体会到了党的十八大以来新时代中国特色社会主义思想的形成背景、理论内涵、价值意义,还为推进"课程思政"工作奠定了坚实的理论基础。

党支部统战委员、新闻与传播系主任李彦冰老师十分注重政治理论学习,他说:"党的十九大报告我已经看了不下十遍,有一些段落已经可以做到脱口而出。"

当今中国,社会思潮万象迭出,价值观念纷繁复杂,新的理论层出不穷。然而,正如许多西方理论家也意识到的,马克思主义并没有过时,它正在日益显现出其理论价值与现实意义。"回到马克思"已经成为理论家们的共识。为此,党支部在 2017 年为党员们购买了经典马克思主义书籍,如《马克思主义思想导论》《马克思为什么是对的》,让大家加强经典理论的学习。

第二,支部带领学生行万里路,在实践中践行课程思政。

习近平总书记在全国高校思政会上的讲话中提到,加强思政工作,教师要做明道、信道者。贯彻课程思政,教师们首先要学习。当然,除了在书本上学,党支部还拓展学习方式,到现场学,在路上学。2017 年 9 月,党支部组织党员教师和学生到昌平烈士陵园瞻仰烈士墓;组织学生党员和教师党员一起,到河北省狼牙山爱国主义教育基地,开展"重走英雄路"的党日活动。从北京到河北有三个小时的路程,利用这段时间,党员同志们在车上学习了新修改的党章。看到狼牙山险峻的地势,很多党员不由感慨当年五壮士视死如归的精神。

五、支部以组织推动为基础，拓展课程思政内涵

党支部在学习的过程中，认识到"课程思政"不等于"思政课程"，也不等于"课程＋思政"。"课程思政"润物无声的过程不仅表现在专业课堂上，还可以拓展到第二课堂；不仅可以在校内进行"课程思政"，实现全程育人、全方位育人，还可以将之运用于校园之外，发挥"课程思政"的社会价值。

第一，通过专题讲座或党课拓展课程思政传播渠道。

支部在推进课程思政工作中，在课堂外开拓了多个传播渠道。党员教师们多次以党课的形式，结合专业教育，为学生、党员同志以及社区居民主讲了7场专题讲座或党课，均反映良好。支部党员做客学知讲堂、清风讲坛，为全院师生带去精彩的讲座内容。支部委员、院党委委员杜剑峰教授作为学校十九大精神宣传团的成员，多次做客学知讲堂，结合自己的影视专业知识为学院师生们带去精彩的十九大报告解读。李彦冰副教授的"媒介前沿问题研究"课程被院督导专家评价为"一门优秀的开学第一课"。党支部书记周春霞副教授也将马克思主义文艺理论贯穿到课程讲授中，帮助同学们活学活用马克思主义理论来分析评价当代文艺现象。

第二，利用与校外支部牵手活动落实全方位育人工作。

今天的中国日新月异，时时都有故事发生，如何讲述中国故事，传播好中国声音，这是每一位新闻传播工作者的职责使命。我们的学生不能终日沉湎于虚拟的世界，在虚无缥缈的境界里穿越时空，要积极地融入火热的现实中，融入厚重而平凡的生活中。自2014年以来，支部党员徐梅香老师放弃了很多休息时间，带领学生连续四年为北京市海淀区花园路街道策划和实施"邻里节"，每年组织社区居民评选出年度模范人物，并且与模范人物进行深度访谈，撰写人物专访，制作形象宣传片，策划创作舞台剧以及各种舞台演出，并为花园路街道社区居民举办系列专业讲座，受到居民的欢迎和北京市教育工委、海淀区委的关注和称赞。

　　总之，支部在课程思政工作中，依托新闻传播核心课程和科研项目持续推进课程思政入脑入心，打造学习型党支部，将读万卷书与行万里路结合起来，从价值引领、组织协调、服务引导三个方面层层递进开展课程思政工作，将课程思政的理念落到实处。在"润物细无声"的知识学习中融入理想信念层面的精神指引。真正做到习近平总书记所要求的"守好一段渠、种好责任田"，新闻与传播系的专业课正在与思想政治理论课同向同行，形成协同效应。

课程思政的意义价值、理论基础和实现路径

周春霞*

摘　要　应充分认识到课程思政的意义与价值，了解课程思政的理论基础，正确处理好几组关系，在实现路径上，应注意发挥老师的主导作用，注重教材建设促进成果固化，强化制度保障。

关键词　课程思政　意义价值　理论基础　实现路径

2016 年 12 月 7—8 日，全国高校思想政治工作会议召开。习近平总书记在会议上指出："要用好课堂教学这个主渠道，思想政治理论课要坚持在改进中加强，提升思想政治教育亲和力和针对性，满足学生成长发展需求和期待，其他各门课都要守好一段渠、种好责任田，使各类课程与思想政治理论课同向同行，形成协同效应。"

在此背景下，上海高校提出的"课程思政"开始得到大部分高校的认同。"课程思政"概念的提出，是与思政课程相对而言的。简而言之，就是高校的专业课程都可以发挥思想政治教育作用，专业课与思想政治理论课并不是截然分开的，专业课教师应该用好课堂教学主渠道，与思想政治理论课形成协同效应。为此，充分理解课程思政的丰富内涵，深刻把握课

---

*　周春霞，女，现任北京联合大学应用文理学院新闻与传播系党支部书记，副教授，文学博士。主要研究方向为文化研究。

程思政的理论基础，系统规划课程思政的实现路径，对于高校坚持社会主义办学方向，实现全程育人，全方位育人，培养社会主义接班人具有重要理论和实践意义。

一、课程思政的丰富内涵

"课程思政"概念的提出是改进和加强高校思想政治工作的需要，有助于全面提高高校思想政治工作的水平和质量，对于确保全程、全方位育人要求的实现具有重要的推动作用。高校要将课程思政工作落到实处，首先需要了解课程思政的内涵。

1. 课程思政是社会主义大学的教育理念

"课程思政"不能简单地理解为课程加思政，而是坚持社会主义大学办学方向的一种教育理念。办什么样的大学、坚持什么方向、高举什么旗帜，是高等教育发展的根本性与方向性的问题。方向错了则南辕北辙。我国高等教育发展方向要同中国特色社会主义建设的现实目标和未来方向保持一致，努力做到为人民服务。坚持社会主义办学方向，离不开思想政治工作。高校思想政治工作应该坚持为中国共产党治国理政服务，确保党对高校的领导，确立马克思主义在高校意识形态领域的主导地位；应始终坚持为巩固和发展中国特色社会主义制度服务，坚定道路自信、理论自信、制度自信和文化自信；应坚持为改革开放和社会主义现代化建设服务，培养中国特色社会主义合格建设者和可靠接班人。课程思政是高校思想政治工作的重要组成部分，体现了社会主义大学的办学特色，坚持了社会主义大学的育人导向，落实课程思政，需要挖掘各门课程的价值意蕴，把教书育人落到实处，确保社会主义大学培养目标顺利实现。

2. 课程思政是立德树人的根本要求

面对不断变化的国际国内环境、各类思想观念交锋、多元文化思潮的碰撞，高校既面临着发展机遇，也面对着前所未有的冲击。"立德树人是高校立身之本"，高校应将人才培养放在首位。学生除了在学校中接受主流思想和社会主义核心价值观教育外，还会受到社会各类非主流舆论和形形色色价值观的影响。高校对学生三观的形成起着重要作用。为了树立社会主义核心价值观，特别需要教师在课堂教学中，不仅要注重学生知识和能力的培养，更要做好学生思想引领和价值观的塑造工作。专业课教师也应当担负起教书育人的责任，课程思政的建设不仅要服从和服务于学科的发展和专业的培养目标，更需要承载一定的精神塑造和价值观教育职能。

3. 课程思政是全程育人全方位育人的重要途径

高校的教学工作始终要围绕育人工作这个核心，一切为了学生，为了学生的一切，为了一切学生。教育教学工作应服从服务于青年学生的成长成才，这就需要用好课堂、用足课堂，确保育人工作贯穿教育教学全过程。专业课也应该把知识导向和价值引领相结合，专业课教师在教育教学过程中应弘扬主旋律，发出中国声音，讲述中国故事，弘扬中国精神。课程思政重视传输社会主义核心价值观，重视思想政治理论课对其他学科和课程的引领作用，推进教师教书与育人的统一。高校思想政治工作应把课程思政作为重要抓手，引导学生在课堂中不仅学到知识技能，而且学会做人做事，重视对学生良好思想品德的塑造，使课堂教学的过程成为引导学生学习知识、锤炼心志及养成品性的过程，充分体现课堂教学的育人功能，从而使专业课与思政课同向同行，形成协同效应，实现育人效果最大化。

二、课程思政的理论基础及主要关系

"课程思政"的提出，是将马克思主义理论运用到教育教学中实现全程育人、全方位育人的结果，是将马克思主义的辩证唯物主义与历史唯物主义运用到教学中的体现。"课程思政"这一教育理念注意到教育的直接性与潜隐性，注意到人文科学与自然科学的规律性，注意到事物的矛盾性

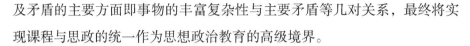

及矛盾的主要方面即事物的丰富复杂性与主要矛盾等几对关系，最终将实现课程与思政的统一作为思想政治教育的高级境界。

1. 思政教育的直接性与潜隐性

思想政治理论课是高校思想政治工作的主渠道，具有直接性。专业课程看似是纯粹的知识，但是在育人方面，具有潜隐性，而且在某种程度上起着比思想政治理论课更加明显的作用。因而，作为专业课教师，要"守好一段渠，种好责任田"，要潜移默化地渗透育人的价值，与思想政治理论课同向同行，形成协同效应。因此，要正确处理好教育的直接性与潜隐性的关系。高校课程思政建设，要以马克思主义理论和中国特色社会主义理论引领其他课程的发展，充分发挥四门思想政治理论课在学科建设和课程思政建设中的引领作用，充分体现马克思主义理论对"课程思政"的指导作用。

2. 在总结人文学科与自然学科各自规律性基础上进行整合

"课程思政"理念下，各类课程都有其亟待挖掘的价值元素。一般认为，人文学科的"课程思政"元素更多，课程与思政更好融合。而自然科学因为是对自然界的客观规律的认识，而不太容易与思政内容相融合。这就要求专业课尤其是自然科学的专业课教师深入挖掘课程思政资源。课程思政教育理念下，教师不仅要系统而科学地传授知识，还要帮助学生重视生活世界与意义世界的关系。比如，不仅要介绍科学家创造知识的成果，还要传播其探索的勇气、爱国的情怀和锲而不舍的精神，培养学生学习的兴趣、追求新知的志趣，传承科学家的高尚人格及奉献精神。

3. 课程思政应处理好意识形态主导性和课程丰富多样性的关系

既要增强马克思主义在意识形态领域的主导地位，又要根据不同类型的课程、知识结构的特点有所侧重，使主导性与多样性紧密结合。课程的教学设计、教学内容、教学方法可以是多种多样的，但是，其导向的意识形态具有鲜明的倾向性。课程思政要始终围绕"立德树人"这一根本任务，秉持大局意识，深挖各学科的育人价值，形成课程整体育人的联动效应，促进学生的全面成长成才。

三、课程思政的实现路径

"课程思政"推行过程中，有两个问题影响到其效果：一是单纯地将高校思想政治工作看成是思想政治理论课的事，思想政治理论教育与通识教育、专业教学存在相互分离的现象，未能发挥整体育人作用；二是在人员上，将思想政治教育看成辅导员、班主任和党团组织的事，或者思想政治理论课教师的事，使得其他各类课程教师主要是给学生传授系统的知识，忽视育人的崇高使命，容易出现"只教书不育人"的现象。这样一来，思想政治教育课程与其他课程分离了，教书与育人分离了，课内与课外分离了，协同育人的效应就消失了。

为了将课程思政落细落实，需要综合考虑教师、课程、教材，以及相关的制度保障等问题。"课程思政"建设需要以问题为导向，以课程为平台，通过将显性教育与隐性教育相结合，人文科学与自然科学相结合，意识形态主导性与课程的丰富多样性相结合，有效推进高校课程思政，实现育人目标，要始终坚持因事而化、因时而进、因势而新，与时俱进地促进"课程思政"的建设。

1. 发挥教师主导促建设落地

习近平总书记在全国高校思政会的讲话中提到，"传道者自己首先要明道、信道。高校教师要坚持教育者先受教育，努力成为先进思想文化的传播者、党执政的坚定支持者，更好担起学生健康成长指导者和引路人的责任。要加强师德师风建设，坚持教书和育人相统一，坚持言传和身教相统一，坚持潜心问道和关注社会相统一，坚持学术自由和学术规范相统一，引导广大教师以德立身、以德立学、以德施教"。课程思政建设需要每一位教师积极参与，只有把教师充分动员和组织起来，才能使"课程思政"建设落细落实，生根开花，而且要落实到教学大纲、教材、教法、课外拓展等各方面。

　　每位教师都要深挖自己课程中的思想政治教育资源。课程思政建设要与学科体系建设相结合，明确学科育人资源，建立学科育人共同体。比如，哲学社会科学课程要注重政治导向，挖掘政治文化的育人价值；自然科学课程要挖掘其人文精神和科学精神，重点强化创新意识、科学素养、生态文明和工匠精神教育；应用技能型工科课程实践环节较多，可以通过整合教育实践资源，探讨有效的实践活动形式来挖掘或融入思想政治教育元素。只有学生受到多学科的熏陶，才能树立正确的价值导向，发展出多种能力，有效培养其理性平和心态、富于人文关怀的情感、高尚的审美情操等。另外，要着力形成课程思政的教学指南和规范，明确课程的思想政治教育元素，在教学目标、教学内容、教学方法、教学平台、成效体现和教学评价等环节明确育人要求，全面提高课程思政的教育教学质量。

　　高校教师要确立课程思政的教育教学理念。课程思政的效果取决于教师的育人意识和育人能力，教师必须自觉树立牢固的育人意识，时时处处体现育人的职责，扭转偏重传授知识与能力、忽视价值传播的倾向，要注重四个统一。

　　首先，教师应坚持教书和育人相统一。专业课程的教师不能只做传授书本知识的"教书匠"，更要成为塑造学生品格、品行、品位的"大先生"。要把知识传授、能力培养、思想引领教育融入每一门课程的教学之中，在每一门课程中体现育人的功能。

　　其次，教师要拓展课程思政的内容载体。教师要从文化素质教育的视角、弘扬中华优秀传统文化的视角和通识教育的视角，将课程建设与思想育人有效结合，因而要避免对"思政"的理解过于狭窄。

　　再次，教师要坚持言教与身教相统一。"学高为师，身正为范"，教师对学生的影响不仅在于课堂上怎么说，更在于课外怎么做。教师要修身立德，做出示范，成为学生做人的一面镜子。

　　最后，坚持学术自由和学术规范相统一。不能把探索性的学术问题等同于严肃的政治问题，同样也不能把严肃的政治问题当作一般的学术问题。"课程思政"既要保持自身课程知识的特点，又要与思想政治理论课程始终保持同向同行。

2. 依托教材建设促成果固化

教材建设是课程思政成果固化的重要步骤。教材建设是育人育才的重要依托，建设什么样的教材体系，特别是主干课程传授什么样的教学内容，体现了知识的价值导向。教材建设是国家意志的体现，对意识形态属性较强的哲学社会科学教材和其他课程的教材都要深入研究"教什么""怎样教"等育人的本质问题。要集中骨干教师力量，统筹优势资源，推出高水平的教材。在教材选用上要严格规定，使用国家统编教材。与此同时，要加强教材建设，创新学科体系、学术体系、话语体系。在内容上应尽力避免脱离实际的"空话""大话"，增强学生成长成才的获得感。要将专业知识与思政内容有机融合在一起，达到"润物细无声"的效果，要让思政内容像水中盐、镜中月一样，无迹可寻又无处不在。

3. 强化制度保障促长效运行

制度是长效化与常态化的重要保障，课程思政工作同样离不开制度保障。高校课程思政建设要做好顶层设计，统筹规划，建立常态化的行之有效的领导机制、管理机制、运行机制及评价机制。高校党政主要领导要深入课程思政第一线，亲自授课、听课，指导课程思政建设。基层党组织也要发挥应有的作用。学校教务主管部门要统筹教育资源，拟定课程建设的规范和思想政治教育课程的评价标准，加强试点课程、示范课程和培育课程的建设。人事部门要制定相应的激励机制，在人才引进、师资培养、职称评审等方面有所体现。在推行课程思政的过程中，应注重党政融合，形成齐抓共管局面。学校可以从制度层面，强化顶层设计，凝练工作思路，树立几位具有代表性风格的教师榜样，建设几门具有典型性意义的课程。党员教师可以起到先锋模范作用，带动与帮助其他教师在课程思政方面多体会、多思考、多研究，共同为"课程思政"建设贡献智慧。

总的来说，课程思政作为一种教育理念正在引起众多高校的重视。虽然课程思政在理论上还需进一步探索论证，在实践中还有待进一步落实和完善。但是课程思政是高校育人的一项系统工程，正在发挥其全程育人、全方位育人，为社会主义培养合格接班人的重要作用。我们有理由相信，课程思政将对中华民族的伟大复兴，实现中国梦起到不容忽视的作用。

课程思政与课程建设

"影视文化"课程"+文化"实施策略研究*

杜剑峰**

摘　要　随着我国文化复兴助推民族复兴方针的确立，以文化支撑国家民族强盛思想的引领，制度为本、传统为根、价值为魂的逻辑阐述，一系列文化建设的理论与实践课题摆在我们面前。北京联合大学应用文理学院提出和形成学科、专业、课程"+文化"工作思路和办学特色，新闻学专业在"影视文化"课程建设中，将"中国特色社会主义文化"系统化地融入课程教学内容，使学生深刻领会并有效传承与传播。

关键词　文化建设　优秀传统文化　革命文化　社会主义先进文化　课程建设

随着我国文化复兴助推民族复兴方针的确立，以文化支撑国家民族强盛思想的引领，制度为本、传统为根、价值为魂的逻辑阐述，一系列文化建设的理论与实践课题摆在我们面前。特别是党的十八大以来，习近平同志提出了一系列关于文化建设的纲领性、战略性命题，尤其是文化自信的

---

*　本文是北京联合大学应用文理学院教育教学研究与改革项目"'影视文化'课程'+文化'实施策略研究"阶段性研究成果。

**　杜剑峰，女，现任北京联合大学应用文理学院新闻与传播系学术委员会主任、新闻学专业负责人，教授。主要研究方向为当代中国电影、北京城市影像。

提出，具有极大的重要性与启示性，体现了理论坚定和文化勇气。习近平总书记在庆祝中国共产党成立 95 周年大会的讲话中谈到文化自信时指出："在 5000 多年文明发展中孕育的中华优秀传统文化，在党和人民伟大斗争中孕育的革命文化和社会主义先进文化，积淀着中华民族最深层的精神追求，代表着中华民族独特的精神标识。"❶ 在这里，他凸显了中国文化中的三种形态：中华优秀传统文化、革命文化和社会主义先进文化，肯定了这些文化形态对于中华民族精神生活的重要意义，以此作为我们今天文化自信的来源和依据。习近平同志在十九大报告中提出："坚定文化自信，推动社会主义文化繁荣兴盛。"他在报告中更加清晰地界定了"中国特色社会主义文化"。"中国特色社会主义文化，源自于中华民族五千多年文明历史所孕育的中华优秀传统文化，熔铸于党领导人民在革命、建设、改革中创造的革命文化和社会主义先进文化，植根于中国特色社会主义伟大实践。"❷ 在此前提下，北京联合大学应用文理学院提出学科、专业、课程"+文化"工作思路，这一思路的提出既是中国文化发展战略的时代选择，又是建设社会主义文化强国、提升国家文化软实力的需要；既是推进首都北京全国文化中心建设的路径，又是落实北京联合大学双型大学办学定位的举措。为推进和落实学院"+文化"这一特色工作，新闻与传播系在学科、专业、课程建设方面全方位开展理论研究与实践探索，在新闻学专业课程体系建设中，专门设置"影视文化"这门课程，通过电影、电视这一大众传播媒介和借助文化传播这一有效载体，用影像语言系统地建构和广泛地传播"中国特色社会主义文化"，在与多元的世界进行平等交流的同时，要坚定文化自信，讲好中国故事，传播好中国声音。

---

❶ 习近平.在庆祝中国共产党成立 95 周年大会上的讲话［N］.人民日报，2016-07-02（1）.
❷ 习近平.决胜全面建成小康社会 夺取新时代中国特色社会主义伟大胜利——在中国共产党第十九次全国代表大会上的报告［M］.北京：人民出版社，2017：41.

一、中国影视与中华优秀传统文化

电影电视已经成为当今世界文化传媒中传播最广最快、对人们的思想意识、生活方式影响最大的艺术创造和文化传播方式之一。影视艺术以其视听综合、时空综合、艺术与科技综合的优势而引人注目，它的发展取向和发展水平直接关系着社会的进步。世界影视发展史表明，高质量的、具有浓郁民族风格的影视艺术作品，对于增强本民族在世界舞台上的国家形象、思想文化的影响力，有着不可替代的重要作用。

1. 文化传统与传统文化

文化是一个宽泛的概念，同时也是一个复杂的命题。其定义不一而足，古往今来争论不休。美国文化人类学家洛威尔叹息："在这个世界上，没有别的东西比文化更难琢磨。我们不能分析它，因为它的成分无穷无尽；我们不能叙述它，因为它没有固定的形状。我们想用文字来定义它，这就像要把空气抓在手里：除了不在手里，它无处不在。"文化学者余秋雨在《何谓文化》中提出："文化，是一种包含精神价值和生活方式的生态共同体。它通过积累和引导，创建集体人格。"当文化——沉淀为集体人格，它也就凝聚成了民族的灵魂。正如习近平同志在十九大报告中所提出的："文化是一个国家、一个民族的灵魂。文化兴国运兴，文化强民族强。没有高度的文化自信，没有文化的繁荣兴盛，就没有中华民族伟大复兴。"

传统就是一个民族在自身成长繁衍过程中所积累的物质财富和精神财富，若取狭义，则单指后者。传统文化在现代文明中的存现有两种形态：一是物体形式的历史遗迹，诸如文本资料（档案遗存）、名胜古迹等，其特征是拥有超越时空的历史固态性，其功能则类似"博物馆""图书馆"的价值；二是积淀于人们心理结构中的传统，它经由文学艺术、思想意识、民俗风习的潜在影响，表现为某种较为稳定的思维结构与知性模式。"它是这个民族得以生存发展所积累下来的内在的存在和文明，具有相当顽固的持续力量，持久功能和相对独立的性质，直接间接地、自觉不自觉地影响支配甚至主宰着今天的人们，从内容到形式，从道德标准、真理观念到思维模式、审美趣味，等等。"❶这就是集体人格和民族灵魂。中华传统文化就是1919年五四运动以前，中国社会经济长期发展过程中逐渐形成的，最终积淀下来并支配着大多数人的价值观念、道德标准和行为准则等。具体到文化模式上，"则表现为以人生和人心为观照的人本主义，重道轻器、经世重教、崇古尊老、德政相摄、重整体倡协同"等。

中华文化是历史悠久的文化，也是饱经忧患的文化。中国的文化自信是无与伦比的，什么时候也没有任何文化可以和中华文化相比较。中华风度令人迷醉，是我们眷恋的精神家园。作家王蒙曾经讲："哪怕仅仅为了欣赏辛弃疾的诗词，下辈子，下下辈子，仍然要做中国人。"因为他迷恋中国古代诗词，他觉得唯有汉语才能表达如此美妙而难以言传的意境。如此丰厚的文化传统，我们的民族美学与民族文化，为影视艺术的内容生产和传播提供了取之不尽、用之不竭的创作资源。

2. 中国电影文化的传统性品格

1905年，曾在日本学过照相技术的沈阳人任景丰，从北京东交民巷的德国商人手中购得法国制的木匣手摇摄影机及胶片14卷，在他开设的丰泰照相馆，利用日光在露天拍摄了著名京剧演员谭鑫培的舞台纪录片《定军山》，这是中国人自己拍摄的第一部影片。自从电影技术在1905年引入中国以来，100多年过去了，电影在中国也早已成为一种艺术文化。中国电影文化是指中国电影艺术所建构的文化，具体地是指中国电影艺术所建构的传达特定生活形式及其价值理念的符号表意系统。这是由《渔光曲》（1934）、《桃李劫》（1934）、《马路天使》（1937）、《十字街头》（1937）、《一江春水向东流》（1947）、《女篮五号》（1957）、《芙蓉镇》（1986）、《红高粱》（1987）、《英雄》（2002）、《集结号》（2006）等影片组成的携带特定的价值

---

❶ 李泽厚. 中国古代思想史［M］. 北京：人民出版社，1973：297.

理念的影像系统。余秋雨说："历史总是一堆又一堆的残灰，而文化则是其中的余温。"诚然，中国电影的媒介技术及其他表现手段都来自现代，与古代艺术文化传统似无任何直接渊源关系。但是，事实上，中国电影文化却总是打上中国自己的文化传统的深刻印记。中国电影在表达中国人现代生活体验的同时，也表现出明显的传统性。

著名电影导演郑君里执导的《枯木逢春》(1961)根据同名话剧改编。其主要剧情为：新中国成立前，失去爹娘的苦妹子，做了方妈妈的童养媳，未婚夫冬哥和方妈妈待她很好。一家人为逃避血吸虫病离开家乡，苦妹子与家人失散，为生活所迫嫁了丈夫，不料丈夫又死于血吸虫病，苦妹子也染上这种病。新中国成立后冬哥成了拖拉机手，巧遇苦妹子，在人民政府关怀下治愈了苦妹子的病，使她获得新生与冬哥结了婚，过上幸福生活。这部影片借鉴了中国戏曲、绘画、诗词、山歌、弹词的艺术成分。受绘画的启发，郑君里研究宋朝张择端的《清明上河图》，从画卷中找出古典绘画中的视觉规律，使用横移的长镜头。在音乐处理上，郑君里也向传统艺术学习，例如运用民歌做画外伴唱的方式就是从戏曲中的"帮腔"唱法演化出来的。在《枯木逢春》中，尤为突出的是对戏曲的借鉴。比如冬哥和苦妹子十年后重逢，那段著名的"新十八相送"段落。郑君里说："在话剧里，这段戏是暗写的，这是由于舞台空间的限制，却不能不使人感到不满足。我认为一定要找一个机会让小两口子埋藏在心里十年的旧情痛快地抒发一下。我想到《梁山伯与祝英台》中英台收到父亲得病的信要赶回家去，梁山伯送她到十八里外的长亭，英台如何借用隐喻的言语倾吐自己埋藏心底三年的情愫：她歌颂荷塘里的鸳鸯，拿独木桥比作牛郎织女相会的鹊桥，到井边一同观望水底盈盈的双影，山伯却不理会这些，她气得说他是'呆头鹅'……这场戏至少有两点值得我们借鉴：一是反复渲染他们的深情，二是把感情和景物结合起来描写，情景交融，构成美的意境。我决定让苦妹子和冬哥也在广阔的景色中抒发一下内心的情感……"❶ 影片中东哥与苦妹子重逢这个抒情段落给观众留下了深刻的印象：主人公走过湖塘、长堤、石桥、小溪，看到池塘里的朵朵睡莲和他们的双双倒影，两人心中充满着深情，却不知从何说起。通过这一大段情景交融的画面，既反复渲染了男女主人公之间的感情，又起到了借景抒情的效果，构成了美的情境。

管虎执导的影片《老炮儿》（2015）的话题性来自它丰富的可阐释性，也得益于它成功塑造了一个"人人眼中的老炮儿"，并成功地在由"规矩"上升为"道义"的过程中，展开了一场哲学批判。《老炮儿》是一部为曾经的"小混混"、如今的"老顽主"树碑立传的电影，却意外获得了满堂彩，只因它扯出了中国最敏感的一根神经：道义法则。然而，道义法则古已有之，并非新鲜，又何以能一石激起千层浪呢？究其实质，就是语境。就像老炮儿所面临的窘境，中国的当下环境，也正是法制的不完善与道德的亏欠所导致的"举国疲软"。因此，在士大夫精神、儒家精神这一国家统治的中间环节在权力和金钱面前遭遇重创、几近崩溃之际，都普遍感到一种"阉割焦虑""道德焦虑"，位于其下或一直游走于边缘的"江湖道义"，是否会登堂入室，真正成为支撑中国的一根神经呢？正是由于这样的潜台词，才恰恰击中了所谓国人心中的那个"痛"。

"影视文化"课程在讲清楚中国电影文化的传统性品格的同时，也要将一百多年来中国电影在发展进程中受到中华优秀传统文化的影响、渗透和对中华优秀传统文化的借鉴、弘扬、传承和传播讲明白。

二、中国影视与革命文化

"革命文化是中国共产党人领导人民在革命事业中创造的充满革命性的文化成果，包括革命思想理论、革命信念精神、革命价值伦理以及革命

---

❶ 岳莹.《枯木逢春》——郑君里的民族化电影试验［J］.北方文学（下半月），2012（6）：93.

文化作品等。它诞生于五四运动时期，初兴于大革命时期，成型于土地革命时期，并在延安时期实现空前繁盛。"❶ 革命文化的内涵极其丰富，在革命思想上表现为马克思主义指导思想，在革命理想上表现为坚定的共产主义理想信念，在革命精神上表现为高尚的革命情操，在革命伦理上表现为深切的集体主义和为民观念，在革命价值上表现为对民主、科学、自由等价值理念的奉行，在革命目的上表现为对国家独立、民族富强、人民幸福及共产主义最高愿景的追求，并在革命作品上涌现出很多记载革命历史、描写革命事迹的文学和文艺经典。它们共同构成具有中国特色、东方神韵、民族特质的中国革命文化，到今天依然是一笔宝贵的文化遗产和精神财富。

1. "主旋律"影视剧的命名

在中国电影、电视剧类型中有一种特殊的类型即"主旋律影视剧"。1987年3月，在广电部电影局召开的全国故事片厂厂长会议上，针对电影电视市场和社会思潮出现的新的矛盾和挑战，以及迅速兴起的"娱乐片"大潮，为了坚持全面贯彻"两为"和"双百"方针，主管部门在创作思想上提出了"突出主旋律，坚持多样化"的口号，并作为每年总结和安排生产、端正创作思想的指导方针。1994年1月在党中央召开的全国宣传思想工作会议上，江泽民同志对"主旋律"内涵做了进一步的概括，即一切有利于改革开放和现代化建设的思想精神；一切有利于民族团结、社会进步、人民幸福的思想精神；一切用诚实劳动争取美好生活的思想和精神。这就是"主旋律"的命名史。"主旋律"的命名迄今不过30余年，但主旋律作品的历史可谓源远流长。在"十七年"经典中，有让人难以忘怀的《白毛女》（1950）、《南征北战》（1952）、《上甘岭》（1956）、《柳堡的故事》（1957）、《永不消逝的电波》（1958）、《林海雪原》（1960）、《地雷战》（1962）、《野火春风斗古城》（1963）、《英雄儿女》（1964）、《烈火中永

❶ 张健彪，田克勤.革命文化的历史地位及当代价值［J］.中国延安干部学院学报，2017（5）：54.

生》(1965)、《地道战》(1965)等。在"文化大革命"期间也产生了《沙家浜》《红灯记》《智取威虎山》等八个样板戏。21世纪以来,随着电视剧《激情燃烧的岁月》(2002)的热播,再度把内心深处受过主旋律文化洗礼的观众的"集体无意识"自然而然地掀动起来,观众无法抛却红色的激情而选择更加理性的思考,因为那硝烟弥漫、枪林弹雨、血雨腥风的革命战争岁月在银幕上、在内心里交织着、演绎着,难以释怀、更难以忘却。这其中既有国家机器倡导的主旋律自上而下的宣传与鼓动,也有普通观众从下而上的迎合与接受,从而形成一波又一波、一浪又一浪的主旋律影视剧观影热潮。《历史的天空》(2004)、《亮剑》(2005)、《暗算》(2005)、《狼毒花》(2007)、《风声》(2009)、《潜伏》(2009)、《旗袍》(2011)、《麻雀》(2016)、《风筝》(2017)、《爱国者》(2018)、《楼外楼》(2018)等接踵而至,此消彼长。

2."主旋律"影视剧与革命文化

革命文化是中华民族最为独特的精神标识,革命文化在革命作品上体现为涌现出了许多记载革命历史、描写革命事迹的文学和文艺经典。战争题材的文艺创作在20世纪50年代以后达到了空前的繁荣,由于新中国是通过几十年的战争才建立起来的,"枪杆子里面出政权"成为1949年以后宣传现代革命史的重要内容,马背上的英雄成为时代的骄子。于是,歌颂革命战争并通过描写战争来普及现代革命历史和中共党史,成为20世纪50年代文艺生产中最富有生气的部分。《青春之歌》(1959)以"九一八"到"一二·九"这一历史时期为背景,以学生运动为主线,描绘了当时我国知识界形形色色人物的精神面貌,展示了中国革命知识分子所走的道路,成功地塑造了主人公林道静这一在20世纪30年代觉醒、成长的知识分子的典型形象。"九一八"的烽火点燃了她的爱国热情,林道静终于走出了在她眼中一度具有"骑士兼诗人""救命恩人"形象的北大学生余永泽为其安排的北平胡同深处那间"温暖淡雅"的小屋,走上街头,迎着敌人的水龙、大刀,和革命队伍一道勇往直前。新世纪以来的主旋律影视剧创作依然呈现较为强劲的势头。在影片《建党伟业》(2011)中，群情激奋的五四运动成为影片最具爆发力的场面之一。学生高举旗帜，挥舞手臂，高喊口号，走上街头，声讨卖国贼，火烧赵家楼。影片围绕 1921 年前后展开，讲述从 1911 年辛亥革命到 1921 年中国共产党成立这十年间的历史故事与风云人物。影片从两方面入手来展开叙事：一方面是从 1911 年到 1921 年十年间的重大事件，另一方面是重大事件中的一些重要人物的所作所为，他们的性格、情怀、成长和时代特征。《建军大业》(2017)是"建国三部曲"系列的第三部，献礼建军 90 周年的历史片。该片讲述了 1927 年第一次国内革命战争失败后，中国共产党挽救革命，于当年 8 月 1 日在江西南昌举行武装起义，从而创建中国共产党领导的人民军队的故事。然而重大革命历史事件的记忆重构如何契合观影标准已越来越高的当代眼光？如此多的"小鲜肉"集中出镜，能否保障历史叙事的庄正性和美学深度？这些问题都是我们在考量消费文化时代与文化消费问题时需要思考和讨论的问题。在"影视文化"课程建设中，给学生讲清楚"中国电影文化的革命性主调""主旋律电影的转型策略""主旋律影片的儒学化转向"等教学内容，同时也要讲清楚影视作品中所表现出的"革命文化"的深刻内涵。

三、中国影视与社会主义先进文化

中华优秀传统文化、革命文化、社会主义先进文化的关系，初看起来是先与后的关系，而深入地看则是古与今的关系。中华优秀传统文化是中国古代文化的精华部分，革命文化和社会主义先进文化则是中国近现代文化的主体部分。从中华优秀传统文化到革命文化再到社会主义先进文化体现的是中国文化的古今之变。"从中国文化的开展看，中国近现代文化的出现，对于中国古代文化是一次质变；而革命文化和社会主义先进文化的出现，又可以说是中国近现代文化自身的一大变化。这种变化的特点

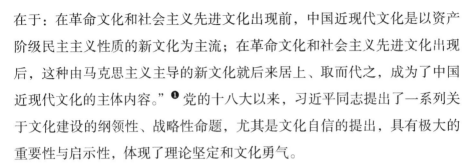

在于：在革命文化和社会主义先进文化出现前，中国近现代文化是以资产阶级民主主义性质的新文化为主流；在革命文化和社会主义先进文化出现后，这种由马克思主义主导的新文化就后来居上、取而代之，成为了中国近现代文化的主体内容。"❶党的十八大以来，习近平同志提出了一系列关于文化建设的纲领性、战略性命题，尤其是文化自信的提出，具有极大的重要性与启示性，体现了理论坚定和文化勇气。

1. 社会主义先进文化内涵

"社会主义先进文化融汇了中华优秀传统文化、革命文化的精华，实现了与西方文化的文化价值理念对接、文化生存和传播方式对接以及文化差异包容对接，铸就了新时期中国特色社会主义先进文化的时代辉煌。社会主义先进文化为文化自信提供了自信的理论基础、夯实了自信的物质根基、植入了自信的动力基因、生就了自信的开放包容心态。"❷从马克思主义历史观与价值观相统一的高度看，社会主义从根本上有利于生产力的解放和发展、社会的进步和人的自身解放，具有超越资本主义文化的先进性，因此社会主义文化代表了当今人类社会先进文化的前进方向。

世界上任何一种有价值的文化，从来都不仅仅是在国门内起作用。文化的价值既在于它的民族性地域性，也在于它的人类普遍性。从来世界各地的文化都是我中有你，你中有我，而又各具特色。"文化的力量不是靠自我命名、自我确认来实现的，我们的文化只有得到他者的认同、赢得他者的肯定，才能够兑现我们文化的价值、实现我们的文化影响力。"❸

在文化交流活动中寻找一种能够被他人认知、理解的表达方式，是广泛、有效地传播文化价值观的重要条件。尽管中国传统文化源远流长、博大精深，但我们不能因此就自认为中国的传统文化资源会自然而然地转变

❶ 李维武. 中国文化的古今变化及其联系——关于中华优秀传统文化、革命文化、社会主义先进文化关系的思考［J］. 中南民族大学学报（人文社会科学版），2017（9）：116.
❷ 徐国亮. 社会主义先进文化是中华民族文化自信的灵魂［J］. 山东社会科学，2018（2）：5.
❸ 贾磊磊. 建构传统与当代相互兼容的国家文化形象［G］//中国文化发展战略的时代选择. 北京：商务印书馆，2016：9.

为文化软实力，更不能够指望他者会理所当然地接受我们的文化价值观。我们古代的文化资源，如果不经过现代化的转化，不采取国际化的表达方式，他们永远只会是一种传统，而不是转化成一种力量。

2. 从新中国电影的发展看文化自信的确立

新中国的诞生，对于从灾难深重的旧中国走过来的人来说，无异于一次圆满实现的"集体梦幻"：而现实生活的美景似乎比任何旧时的梦幻都更加动人，也更加美丽。新中国电影的发展经历了历史的时代、国家的时代、政治的时代、艺术的时代、市场的时代、产业的时代六个不同的发展时期。在今天全球化时代甚至后全球化时代，作为一种文化产业，影视无疑处于这种时代潮流的中心地带。随着影视产业与资本的跨国运作，各个民族的神话寓言、历史掌故、人物传奇乃至经典的文化样式，作为一种电影生产的资源，正在被跨国影业所利用、所汲取。世界上很多国家的历史经验证明：文化资源可以产生巨大的社会效益和经济效益，我们身处民族复兴的伟大时代，所有这一切都为中国的影视艺术提供了丰富而深厚的创作资源，中国的国际化进程得到了前所未有的拓展。

社会主义先进文化是当代文化发展的指引，是我们坚定文化自信的灵魂。新中国电影诞生以来，《我们夫妇之间》（1951）、《今天我休息》（1959）、《李双双》（1962）、《霓虹灯下的哨兵》（1964）、《火红的年代》（1974）、《创业》（1974）、《枫》（1980）、《天云山传奇》（1980）、《邻居》（1981）、《被爱情遗忘的角落》（1981）、《人到中年》（1982）、《牧马人》（1982）、《血，总是热的》（1983）、《锅碗瓢盆交响曲》（1983）、《芙蓉镇》（1986）、《焦裕禄》（1990）、《秋菊打官司》（1992）、《凤凰琴》（1993）、《被告山杠爷》（1994）、《活着》（1994）、《离开雷锋的日子》（1996）、《横空出世》（1999）、《马背上的法庭》（2006）、《周恩来的四个昼夜》（2012）、《钱学森》（2012）、《湄公河行动》（2016）、《战狼Ⅱ》（2017）、《红海行动》（2018）等一系列电影作品的缤纷呈现，可以清晰地捕捉社会主义先进文化的精神特质和发展历程。

通过"影视文化"课程中"中国电影文化 60 年地形图""通向改革开放时代电影文化""电影与全球化语境中的传统""全球化时代的中国视觉流"等教学内容，要向学生讲清楚新中国电影在各个不同的历史发展时期所走过的曲曲折折的道路，讲清楚新中国电影尤其是改革开放以来的中国电影所取得的经验和成就，讲清楚在历史发展过程中所遭遇的误区和拨乱反正的种种努力，讲清楚中国电影在走向世界的进程中所面临的冲突和融合，讲清楚中国电影独特的美学特质和深厚的民族文化内涵，讲清楚新时代中国特色社会主义文化思想的理论命题和实践探索。

技术类课程的思政教育方法与途径

陈冠兰 *

摘　要　技术类课程与人文社会科学课程都需要发掘运用思想政治教育资源，融入思想政治教育，以达到新时代高校的育人目标，实施途径主要有以下几个方面：转变观念，树立与时俱进的课程思政观；利用案例教学法融入思政教育内容；在实习实践中进行思政教育；在师生相处中以身作则，自然导入思政教育。

关键词　技术　课程　思政教育

2016年12月，习近平总书记在全国高校思想政治工作会议上指出，"要坚持把立德树人作为中心环节，把思想政治工作贯穿教育教学全过程，实现全程育人、全方位育人"，"要用好课堂教学这个主渠道，思想政治理论课要坚持在改进中加强，提升思想政治教育亲和力和针对性，满足学生成长发展需求和期待，其他各门课都要守好一段渠、种好责任田，使各类课程与思想政治理论课同向同行，形成协同效应"，科学概括和集中阐发了"课程思政"思想。2017年2月，中共中央、国务院印发《关于加强和改进新形势下高校思想政治工作的意见》（以下简称《意见》）。《意见》强

---

*　陈冠兰，女，北京联合大学应用文理学院新闻与传播系网络与新媒体专业负责人，副教授，新闻学博士。主要研究方向为网络与新媒体、整合营销传播、国际传播。

调指出，高校肩负着人才培养、科学研究、社会服务、文化传承创新、国际交流合作的重要使命，加强和改进高校思想政治工作，事关办什么样的大学、怎样办大学的根本问题，事关党对高校的领导，事关中国特色社会主义事业后继有人，是一项重大的政治任务和战略工程。"要发挥哲学社会科学育人功能"，"要加强对课堂教学和各类思想文化阵地的建设管理。充分发掘和运用各学科蕴含的思想政治教育资源，健全高校课堂教学管理办法。"《意见》为我国高等教育学校进行课程思政教育指明了方向，要求高校各部门、各位教师都必须立足各门课程，发挥各类课程的思想政治教育资源，共同致力于提高学生的思想水平、政治觉悟、道德品质、文化素养，树立高校思想政治工作的新理念。

哲学社会科学课程自然是课程思政教育中的重中之重，但是其他各类课程同样有思政教育的重任。在推进课程思政的过程中，笔者经常听到一些院校的教师提出疑问：理工科课程，特别是技术类课程，如何进行思政教育？另外，还有一些绘画、唱歌、雕塑等艺术类课程，又如何进行思政教育？一些观点认为，理工类技术课程大多属于自然科学，有基于自然认知的普遍性，无人文社会科学的立场导向；理工课程教学重在"术"的掌握和运用，人文社科重在"道"的阐发和弘扬；技术课程要求掌握相应的知识要点、技术手段、掌握运用方法、作业流程等，学生接受的教育重点在技术和知识层面，最后实现对技术和知识的综合运用，强调"工具理性"。❶

确实，必须承认，人文社会科学类课程相对比较容易和谐地融入思政教育，技术实践类课程有自己的特殊性，其客观工具属性比较突出，教师在进行思政教育时，有时会感到生硬、不自然，或者不知道该如何渗透融合。笔者并非理工技术类课程教师，但是在讲授"网络与新媒体热点案例分析"及"专业认知实训"等课程时，也经常需要给学生讲解一些相关的

---

❶ 余江涛，王文起，徐晏清.专业教师实践"课程思政"的逻辑及其要领——以理工科课程为例［J］.学校党建与思想教育，2018（1）：65-66.

科技知识。此外，也与一些教师进行过研讨，旁听过他们的技术类课程，对于这个问题，有一些心得，故在此文提出一些自己的想法，供相关人士参考。

一、转变观念，树立与时俱进的课程思政观

就当前情况来看，不管是什么专业，人文社会科学课程和理工技术类课程都是大学生必须要学的课程，文科和一些艺术类专业学生也要学习高等数学、计算机技术等，理工类专业更不必说了。确实，理工课程本身是基于自然认知的普遍性，没有明显的人文社会科学的立场导向，具有通约性和普遍性，理工课程教学重视技术的掌握和运用，考核时也重在检查学生对相应的知识点、技术手段、操作方法、作业流程等的掌握程度。如果考核合格，证明学生基本掌握了必要的技术和操作技能，达到了教学目的。人们说"科学无国界"，但是，科学家是有国界的。如果单纯强调技术和工具的熟练掌握，不重视思想政治教育，势必会造就一批"只专不红"的理工类"片面人才"。值得注意的是，当前我国高校的理工院校数量、理工科师生人数比人文社科类专业师生的人数更多，比重更大，使得这一问题更加突出和严峻。我国持续推进社会主义现代化建设，科技兴国是国家的一个长期发展理念，长期需要大量理工技术类人才。在这种情况下，认识到理工类课程思政教育的可行性和必要性，大力探索相关的课程思政教育方法，形成独具特色的育人方式，培养符合我国社会主义现代化建设的优秀人才，已是刻不容缓。不仅对于理工类人才需要进行课程思政教育，对于其他专业类的相关课程，也是非常有必要的。

二、利用案例教学法融入思政教育内容

案例教学法是技术类课程融入思政教育的最好方法。科学技术是改造

社会、变革社会的强大武器，是推动社会发展进步的关键力量。但是科技的运用不仅仅要考虑目标，更要考虑后果。因为任何科技的运用既会推动社会发展，同时也会引发新的社会问题，科学研究不能游离于社会之外。例如当前人们热议的转基因食物问题，之所以争论不休，就是因为兹事体大，关系到人民的生命健康和国家的长远发展。生物技术类相关课程的讲授，要考虑到人们的心态和该技术的各方面影响，才能做到客观、公正、无私。

再比如，笔者上课时曾给学生讲过一个案例，以引导学生思考基于人工智能（AI）的自动驾驶科技与人文伦理的关系。国内外都有因自动驾驶技术致死的案例，特斯拉修改了软件的逻辑，以雷达为主，摄像头为辅，还成功地根据前车的动作，预判刹车避免了一起致命车祸。美国麻省理工学院在网上做了一个调查，当碰撞不可避免的时候，左边是一个孕妇，右边是一个成年人，作为执行自动驾驶指令的 AI，它应该撞向哪一个？在自动驾驶出来之前，这个问题为什么从来没有人讨论过？因为在危险不可避免的时候，人类所有的反应都是应急反应，司机本能地会将方向盘转向保护自己的方向，没有人会追究司机和车辆制造商的责任。上述例子中的伦理规则相对清晰，在美国白宫出台的"AI指南"中也提到，人类的伦理规则有时候是清楚的，有时候是不清楚的。比如当左边和右边分别是孕妇和小朋友时，就不存在哪一方享有优先保护的共同伦理认知。但是无论如何，当 AI 代替人类做撞击选择的时候，它一定会成为可追责的对象。美国的一家自动驾驶公司，由于没有法律规则，现在做到的就是尽全力刹住，在多数场景下，这个并不是产生最低损害的选择，比如 50% 的重叠碰撞的损害要比 100% 重叠大得多。但在基于伦理的法律规则出来前，如果是一家企业制定出规则，它一定会面对无穷无尽的诉讼，它无权决定生死的优先顺序。所以在 AI 时代，伦理和法律甚至要优先于技术去讨论才能保证自动驾驶的发展。通过这个案例，成功引导了学生真正开始思考和领悟到 AI 的前沿技术必须与社会科学一起结合来做研究。学生后面也在论文中深入探讨和思考了科技和人文伦理之间的关系，对此问题有了更深刻的理解。

如何选择合适的案例，需要授课教师事前做好备课工作，平常也需要案例的积累，多关心时事，关心科学技术在社会领域中的运用，"为有源头活水来"，案例自然也就信手拈来了。例如工程领域，如何在保障质量达标、工作安全的情况下，力争材料是环保的并且节约资源的；再比如，克隆技术在生物学、医学领域取得重大突破后，产生了很多伦理问题，都需要高度关注。这些案例学生也感兴趣，将其引入课堂教学，既能活跃课堂气氛，也能启发学生思考，同时融入思政内容，达到潜移默化的效果。

三、在实习实践中进行思政教育

技术类课程非常重视实习和实践，需要在实验室或车间、企业生产场所、实际运行场所等地展开实习和实践教学。教师要善于结合专业课程特色，充分发掘实习和实践场所环境中的思政教育资源和元素，随时随地进行思政教育。例如，医学专业学生在医院和卫生所进行临床实习时，教师可教育学生树立为人民服务、为社会主义医疗事业服务的观念；机械专业学生在车间、运行场所实习，教师可在讲解操作技巧时，同时教导学生劳动光荣、劳动创造财富、科技改变生产力、环保节约等观念；带领学生在企业进行毕业实习时，指导教师可教导学生树立团队观念、团结合作、诚信经营等观念；一些专业技术类实践课程，例如网络与新媒体专业的网页设计课程，可以给学生指定主题，提供合适的素材，例如围绕国庆节、冬奥会等主题，让学生设计专题网页，同时融入思政教育。学生的毕业设计也是进行思政教育的一个很好途径，从选题到具体设计执行，都可以指导学生从如何利国为民的角度进行思考。

科学技术的目的在于运用，技术类课程知识最终也要运用到社会实践中。教师如果能利用好实习实践这个机会，融入思政教育，能够收到课堂上没有的效果，学生自然而然树立起科技兴国、为民造福、热爱社会主义现代化建设事业的观念，社会责任感和道德情操也能得到提升，这需要教师把握时机，善于观察，善于因势利导。

四、在师生相处中以身作则，自然导入思政教育

学高为师，身正为范。教师如果能在日常的师生相处中，润物细无声，以身作则，自然就是对学生最好的思政教育。一方面，课堂上，实验室里，教师认真备课，热忱传授知识，学术作风严谨，是对学生的直接教育示范；另一方面，课堂外，教师的为人处世，也处处对学生起到无声的教育熏陶作用。很多优秀教师，平常非常关心学生，课后给学生很多交流辅导，循循善诱，与学生成为知心朋友，自然更能影响学生的价值观和人生理想。例如，上海交通大学，土木工程学家刘西拉教授定期给学生们授课，讲述自己燃烧的青春岁月；微生物学家、中国科学院院士邓子新则向学子们讲述自己从贫困山区的农家孩子成长为蜚声海内外的分子生物学专家的经历；隐姓埋名 30 年的"中国核潜艇之父"、中国工程院院士黄旭华也是上海交通大学思政讲台上的常客，多次与学生交流我国科学家在国外势力严密技术封锁中，独立研发核潜艇的经过。❶ 再例如笔者的一些同事，作为优秀党员，在教书育人方面有很多优秀事迹，其言谈举止无不为学生称赞认可，无形中学生就会学习到这些优秀教师的高尚品德和爱国情操。北京联合大学已实行多年的本科生导师制，也是教师与学生通过日常交流潜移默化进行言传身教的一个很好的方式。

这里特别要提到课堂后的师生互动和学生间的互动。青年学生虽然已经成年，但是在价值观等很多方面仍然不成熟，对专业领域和社会领域都

---

❶ 樊丽萍，姜澎.必须破解思政课和专业课之间"两张皮"现象——两院院士、知名教授率先成为上海高校"课程思政"教育教学改革的探路者和闯关者［N］.文汇报，2018-01-17（001）.

还有很多不懂的事情。教师在课后答疑中，不仅要对学生在专业技术知识方面的疑问进行解答，还要对涉及国家政治、社会时事、个人生活和职业规划等方面进行积极的正面的引导，传达正确的社会主义价值观。例如，在同济大学有一门名为"可持续智能城镇化"的课程，总负责人是中国工程院院士、同济大学建筑与城市规划学院教授吴志强，该课程坚持多学科协同育人的理念，在吴志强的力邀下，钱易、郭重庆、谢礼立等多位院士先后走进课堂，从多个专业角度为年轻学子解析新型城镇化的发展路径、战略任务与创新实践。每当课程修完，选课学生通过微信建立的课程"研讨群"就会变成"课友群"，群里讨论依然活跃，学生们在讨论中国城镇化的可持续发展时，无形中也接受了思想政治教育。

除了技术类课程，其实艺术类课程也有非常多的思政教育资源可供发掘。艺术家要树立为人民服务、为社会主义事业服务的观念，才能创作出优秀作品。例如北京联合大学艺术学院表演专业在2016年的专业课程教学中结合廉政教育，将"反腐倡廉"通过教学剧目《这是最后的斗争》呈现，在剧目排演与教学中深入探讨当今的价值观念冲突及信仰的确认、坚持、困惑和判断问题。通过剧情逐步展开，正确的思想倾向和价值观念得到张扬，公平、公正、清廉的价值观使全体演职人员的心灵得到了净化。在通识教育选修课"影视欣赏"中，任课教师借助影视作品的视听特点和艺术魅力，根据国际国内具有纪念意义的重大节日，适当选择经典影片供学生观摩讨论，从作品内容、形式、人物性格、主题思想等方面设计课堂讨论的题目，将思想政治教育潜移默化地植入课堂教学中，取得非常好的效果。在笔者担任教学任务的"剧本创作"中，布置学生以北京传统文化传承与保护为主题，进行剧本创作，既锻炼了学生的创作能力，又使学生增强了对北京传统文化的认识，培养了热爱首都、热爱北京文化、传承保护中国优秀传统文化的情操。

有人曾做一个比喻说，思政工作就像一把"盐"，溶进专业教育的"汤"，"汤"在变得更可口的同时，也能真正让学生获益，达到育人的功效。很多学生觉得理工类课程听起来枯燥，其实融入思政教育，反而能让这些技术类课程变得更加生动而有价值，更受到学生的欢迎，教师们应该多多尝试。此外，与人文社会科学专业学生相比较，当前我国高校很多理工类专业开设的人文社科类课程相对少很多，就更有必要在技术类课程中融入思政教育。社会主义现代化建设需要培养既红又专的人才，广大技术类课程教师应当持续深思和探索课程思政教育，无愧于国家和时代赋予高校和教师的责任。

视听传媒变革下的内容创新思维培养

——"音视频节目制作"教学设计思考[*]

王春美^{**}

摘　要　了解当下音视频节目的基础样态，掌握一定的音视频节目制作技能，无论对完善知识架构、提升专业素养还是今后求职就业都具有非常重要的意义。目前，音视频媒体的内涵和外延均发生较大变化，视听传媒的内容形态和传播手段也不同于从前。立足音视频媒体的最新现状，适应传媒行业变革对新闻传播学教育提出的新要求，构建前瞻科学的课程体系，探索双向互动的教学模式，秉承循序渐进的教学原则，有助于内容创新思维的培养，切实提升学生的动手实践能力。

关键词　音频媒体　视频媒体　音视频节目

内容创新是媒体竞争力的核心要素，培养内容创新思维，加强内容创作能力培养，有助于提升新闻传播学人才的综合素质和专业能力。"音视频节目制作"是新闻传播学相关专业的基本技能课，承担着培养学生动手

---
* 本文为国家广播电视总局部级社科研究项目"移动互联网时代广播媒体经营策略创新"（GD1726）的阶段性成果，并受北京联合大学人才强校优选计划项目（BPHR2018DS01）、基础研究基金项目（122139918290107121）支持。
** 王春美，女，北京联合大学应用文理学院新闻与传播系副教授，广告学博士。主要研究方向为媒体经营与管理、视听传播、广告营销等。

实操能力、掌握内容生产传播技能的重要职责，考验着专业知识的实践运用情况。目前，音视频传播环境发生巨大变化，如何结合具体学情，在相对有限的时间里，将节目制作有关的基础理论和实操技能传授给学生，需要结合当前音视频传媒的最新现状和内容形态对教学内容进行精心准备，同时适应行业特点和传播方式，对教学过程和方法加以科学设计。

一、音视频媒体内涵与外延改变，内容创新的重要性愈发凸显

1. 平台之变：从传统广电到视听传媒

互联网技术的发展带来传输渠道和传播平台的极大丰富。自 20 世纪 90 年代国内外广电媒体陆续提供在线直播和点播服务后，相继出现一批音视频网站，2000 年前后视听传媒机构相继跨入互联网视听行列。2010 年以后，随着移动互联网的发展和普及，基于移动互联网的音视频应用大量涌现，成为网民获取资讯、娱乐、服务的重要渠道，用户视听方式发生巨大改变。视听媒体不再是传统意义上的广播电视，而是集纳了广播电视、网络广播、网络电视、移动音频、移动视频等多种形态在内的大音视频媒体概念。在此背景之下，传统广电机构积极进行节目生产、信息传播、运行机制的调整与改革，新兴视听传媒在与用户的互动中不断革新内容形态和营销手段。随着媒体发展形势的变化，特别是视听行业发生的新近变革，高等院校新闻传播教育中有关音视频节目制作的教学内容需要进行一定更新和补充。

2. 内容之变：从单一平台的线性发布到多平台的立体化传播

不论传播环境如何变化，传媒赖以生存的依旧是高品质的内容。传输渠道的极大扩张让优质内容的稀缺性更加凸显，内容生产和创新是音视频媒体的生命线，提高内容生产能力，制作优秀节目，是视听行业相关机构的重要任务。在新的媒介形势下，音视频内容生产发生以下几个重要变化：一是内容样态的变化，不同题材不同类型的节目交叉糅合，从直

播、点播到场景化产品，林林总总；二是生产流程的改变，一次生产、多次发布，从单兵作战到全媒体联动；三是传播方式的改变，从单一平台的线性传播到多平台的碎片化传播，从单向传播到双向互动。要培养适应媒介融合时代需要、深度融入新闻传播行业的文化传播人才，有必要顺应行业现况和发展需求，强化专业实践能力的培养，增强学生对音视频内容重要性的了解，敦促其掌握一定的采编播技能，为未来更好地走向社会做好准备。

二、顺应需求，明确定位，树立内容创作能力培养的目标

面向行业需求，培养内容创新人才，增强创新意识，对新形势下的新闻传播教育具有重要意义。借助新一轮教学大纲修订的机会，我们结合最新专业培养方案的相关精神，进一步明晰了"音视频节目制作"在新闻学专业培养中的地位和任务，对教学目标进行了细化，提出了内容创作能力培养的教学方向。

1. 课程定位与任务

本课程面向新闻学专业大三年级开设，时间安排在第五学期。课程类别属于专业选修课，在培养方案中担负着专业技能培养的任务，实践性较强。在之前的课程学习中，学生已经系统地学习了"视听语言""摄影与摄像""广播电视概论"等课程，具备一定的理论和实操基础，本课程将在上述课程的基础上，系统地讲授音视频节目在策划、编辑、制作环节的有关基本理论和基本知识，使学生在音视频媒体基本认知、音视频节目前期策划和后期编辑与制作环节有一个较为全面的把握，主要强调基本理论知识在实际操作中的学习和应用。

2. 教学目标的确立

在课程定位和任务的基础上，从"教"和"学"两个方面出发确立了本课程的目标。在教师讲授方面，本着基础、前瞻、务实的原则，全面介

绍音视频节目的基础知识、基本理论和最新发展前沿；对代表性的节目形态进行清晰透彻的系统阐述；系统讲解音视频节目编辑和制作的过程、方法和原则。在学生学习方面，希望学生通过课程的学习，能够了解音视频媒体的发展现状，掌握音视频节目的基本类型，熟悉音视频节目的制作流程，掌握音视频节目制作的主要环节，能够利用课堂所学知识进行音视频节目的鉴赏分析和评价，达到完善专业理论架构、培养实践能力、提升媒介素养的目的。同时，通过不同案例的比对分析，将课程思政引入教学，引导学生正确观察世情、国情、社情、民情，确立人生目标，担负时代责任。

三、教学内容的安排与教学过程的实现

适应视听传播的发展形势，结合人才培养的具体需求，在综合吸纳多本教材精华和前沿研究相关成果的基础上，对"音视频节目制作"的课程内容进行了全新安排，综合利用案例分析、课堂讨论、实践作业等多种方式，采取边教学边实践的方法，进行了教学过程的安排。

（一）教学内容的设计与安排

针对音视频媒体的不同特性，分音频节目制作和视频节目制作两个模块分别进行教学内容的设计。在总体框架上，从音视频节目的形态与类型、音视频节目的策划与创意、音视频节目的编辑与制作三大方面切入，构建教学内容体系（见图1）。

1.从音视频媒体的基本现状出发，讲清音视频节目的基本形态和类型

内容创新思维的培养建立在对媒体特性、传播环境有着清晰全面认知的基础之上。对初学者而言，在进行节目创作之前，了解视听传媒的发展变化和市场格局，对节目的构成要素和基本样态进行学习了解，是必不可少的环节。课程伊始，综合数据、资料和案例，对音视频媒体的演进脉络

和基本现状进行高度概括，进而重点讲述音视频节目的制作主体、主要类型和基本形态。在这一部分，与当前现有的广播电视节目制作有关的教材相区别，把最新的互联网音视频媒体及其内容形态融入授课框架。课程讲述与案例赏析相结合，课堂上甄选代表性的音视频素材进行播放鉴赏，让学生了解音视频节目在不同时期的呈现方式变化。

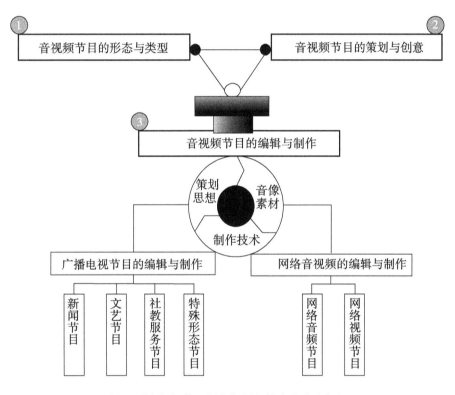

图1 "音视频节目制作"课程的主体内容框架

2. 创意是制作的前提，在策划和创意环节打好内容创作基础

视听元素的创造性呈现需要有周密的前期文本准备，节目文案的策划与创意是课程教学的重要内容，关系到节目录制的质量和水平。在"音视频节目制作"的教学过程中，对音频节目的策划与创意、视频节目的编导与筹划流程进行充分的讲解和示范。首先，结合大量音视频案例，

对节目的构成要素进行——拆解，从立意策划的角度进行创意思维启发；其次，按照市场分析、节目定位、内容与表现、包装与推广等步骤，对节目策划创意流程和文本构成进行逐一讲解，示范完整的节目策划文本创作过程。例如，在对电视节目策划方案的讲解中，我们对电视节目编导涉及的多种文本结构及其各自特点分别进行讲解，并在课堂互动中与学生共同创作不同的案例模板，为后期进行真正的创意文本创作提供参考。

3.思想、素材与技术缺一不可，编辑与制作环节强调综合能力的培养

"相对于技术基础而言，语言、音乐、音响是广播节目的制作素材，而所有的策划思想都需要声音素材和制作技术的完美结合。"❶ 对音视频节目的编辑制作过程来说，制作技术是基础，策划思想是核心，而丰富的声像素材是节目得以成功制作的基本支撑。编辑与制作是课程教学的核心内容，在这一部分的授课中，结合不同的节目类型，对策划思想的贯彻、素材搜集的方法、录制的基本要领、编辑软件的使用等分别进行针对性的讲解，并充分利用现有教学条件，指导学生进行策划选题的确定、节目的录制和编辑呈现，实现教学与实践、讲授与练习同步推进。

（二）教学过程的实现

内容创作思维与能力的培养是一个系统过程，既需要基础理论的铺垫，更需要实操技能的传授，而要真正实现从理论到技能的转换，更多的要依靠学习者亲身体验和反复实践。为了更好地达成教学目标，我们对教学方式、讲授方法和实践模式进行了一定的设计，力争做到前后贯穿，不断检验。

1.教学实现：从基础理论到案例剖析再结合业界前沿

在教学方法上，根据专业特点和学生实际情况，采取了教师教授与

---

❶ 董旸.广播节目策划与制作［M］.北京：中国传媒大学出版社，2007：370.

课堂讨论相结合，课上讲解与课下活动相结合，小组作业与集中实践，文案创作与节目制作相结合的教学方法（见图2）。高度概括、贴近前沿，是实践课理论教学的基础要求。在视听内容创作思维的培养中，课程理论讲授部分最大可能地对音视频节目涉及的知识要点进行高度概括，辅以大量案例，力求知识讲解得鲜活生动。在授课过程中，不断抛出问题，激发深入讨论，通过课堂互动，让学生理解新媒体环境下音视频节目制作流程、创作对象、构成要素的变化，教学互动良好，课堂氛围活跃。

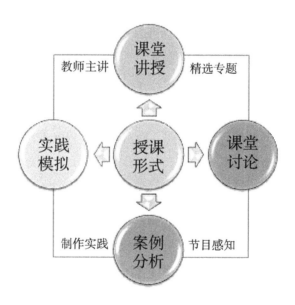

图2 "音视频节目制作"课程的授课形式设计

除了教师主讲，根据教学大纲的要求和课程内容的实际需要，我们还精选部分专题，邀请部分一线业务人员进行最新制作动向和方法的讲解。这部分内容主要侧重不同类型的一线节目创作流程和要点，甄选具有丰富实践经验又有授课能力的节目采编、主持人等业务人员，就新闻类、服务类、文化类节目的具体制作过程进行主讲。为了最大限度地提高嘉宾授课效果，课程制定了详细的实践分享课流程，与嘉宾充分沟通，让其知晓课

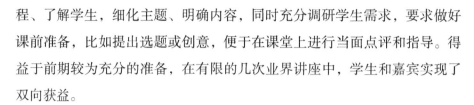

程、了解学生，细化主题、明确内容，同时充分调研学生需求，要求做好课前准备，比如提出选题或创意，便于在课堂上进行当面点评和指导。得益于前期较为充分的准备，在有限的几次业界讲座中，学生和嘉宾实现了双向获益。

2.实践跟进：从节目鉴赏到方案创作再到录制编辑

在节目形态与类型的内容导入环节，要求学生进行音视频节目的收听、收看和鉴赏，分小组撰写节目分析报告。这部分是内容创作的基础奠定，学生对音视频节目的鉴赏角度、分析程度等关系后期作品实际创作的视角、框架和质量，因而对节目鉴赏的框架、深度提出了具体要求，特别强调对广电节目和网络音视频节目的异同进行分析比较。随着课程推进，分阶段要求学生进行节目策划与创意的实践练习，在前期节目认知的基础上，选定节目类型，出具详细方案。在这一部分，通过反复练习、课堂观摩、小组互评，让学生掌握音频节目策划、视频节目编导的关键内容，诸如目标对象、播出平台、播出时间、播出时长、目标客户等要素与节目定位、节目内容的关系。

在上述两个环节不断完善、修改的基础上，充分利用学校的音视频节目制作环境和设备，在课程中期和末期分别进行了音频节目、视频节目的录制，两个班共制作节目40期。节目录制完成后，分小组进行剪辑，并在课堂上进行鉴赏互评，教师对每组作品进行点评指导，继而完善提交。

四、内容创新思维培养中的初期效果与问题发掘

长达4个月的时间，为期16周的授课时间，"音视频节目制作"分音频节目制作和视频节目制作两个部分推进课程内容的讲授和学生实践的跟进。在课程进行过程中，通过随堂练习、阶段性测验和期末集中实践考核等综合考察，适时评估教学效果，总结改进方向。在教学过程中，也发现一些突出存在的问题，有待在今后的教学实践中不断改进完善。

1. 教学成效

从施教方面来看，课程能够做到结合视听行业变革的现实，综合专业人才培养的相关要求，针对课程在整体培养方案中的地位和任务，提出课程教学的主要目标，着力进行内容创新思维的引导和塑造。在课程内容的设计上，充分吸纳现有教材的智慧，结合本学校学生特点，精心设计课程内容，从框架和内容上进行了全部的更新。授课过程中，通过多种方法的运用，力求理论与实践相结合，讲授与实操相结合。为了让学生充分认知课程核心内容，通过周密安排，邀请到部分业界精英进课堂，实现业界实践的直观感受和思考。此外，在整个教学过程中，本着尊重学生、引导成长的原则，做到与学生的充分沟通，教与学互动，基本实现教学相长的目标。

从学生的学习状态和接受程度来看，通过课程启蒙，多数学生能够正确看待音视频节目制作在专业学习中的作用和地位，能够根据课程进度和教学内容，积极参与课堂互动，与教师积极沟通与教学内容相关的专业问题。日常练习和集中实践环节，学生能够根据教学要求，不断进行音视频节目的策划和制作练习。针对不同学生的兴趣和特长，在教学过程中鼓励学生参与音视频节目策划制作全过程的同时，发挥各自专长在不同环节展现才能。通过阶段性考查和结课考查，发现有的学生在节目策划创意特别是创意文本的撰写方面具备了一定能力，具有节目创意的整体立意和完善文本，部分学生发挥各自的制作专长，有的在录制环节发挥作用，有的在剪辑环节体现功力。在随堂练习、阶段性测验和期末集中实践考核的综合考查中，发现多数学生对音视频节目的基本类型和样态、音视频节目的策划与创意和音视频节目的制作等主要的理论知识和实践操作有了较为系统的掌握，课程学习目标基本实现，学生的内容创作能力有所增强。

2. 发现的问题与改进方向

由于媒介属性和生产流程的迥异，本课程需要分音频节目制作和视频节目制作两大板块来授课，而每一板块设计的基础内容和实践流程环节都比较多。教学过程中发现，教学日程紧张，有些内容未能详尽展开。囿于教师专业背景、实践经验的局限，在部分教学内容上存在知识经验的短板，如有可能，希望通过专题拆解、引入业界等方式，完善授课内容，提升课程质量。

为切实提升学生的内容创作能力，课程在整体设计上注重实践环节的环环相扣，在实践主题、具体要求、考核指标上做了精心设计，也强调学生要摆脱"模拟"思维的局限，尽量以节目实际播出的标准进行节目的策划和制作，增强平台和受众意识。较为遗憾的是，因初次施教，相关准备还不够充分，未能实现真正平台上的节目制作实操体验。在接下来的教学中，计划通过与有关机构、有关平台的合作，让学生的作品走出课堂，进入真正演练环境。

此外，学生基础和能力存在良莠不齐的现象，为了强化课堂教学效果，增强了课堂互动活动的设计，比如邀请每组同学对其他组同学的作品予以点评，在互动比较的过程中，各组学生的积极性明显提高。今后将加强这部分环节，让学生不仅"学"，还参与到"评"的环节，提高其学习的主观能动性。

浅析"数据新闻"的课程思政生成路径 *

刘文红 **

摘　要　"课程思政"实现了对大学生在知识传播中进行价值引领、在价值传播中丰富知识底蕴的双重育人效果。本文以"数据新闻"课程为例，探讨如何从课程准备和课程实施两方面入手，以案例教学为突破口，挖掘课程自身所蕴含的思政元素，使大学生明白做人做事的基本道理、社会主义核心价值观的基本内容、民族复兴的责任与担当。

关键词　数据新闻　课程思政　育人路径

高校是教书育人的阵地，所有课堂都应有育人功能。习近平总书记在全国高校思想政治工作会议上指出："要用好课堂教学这个主渠道，思想政治理论课要坚持在改进中加强，提升思想政治教育亲和力和针对性，满足学生成长发展需求和期待，其他各门课都要守好一段渠、种好责任田，使各类课程与思想政治理论课同向同行，形成协同效应。"总书记对课程思政提出了明确的要求，即所有课程都应发挥思想政治教育作用，要抓住

---

*　本文系北京联合大学 2018 年度教育教学研究与改革重点项目"《新闻学原理》课程思政建设研究与实践"（JJ2018Z018）研究成果与北京联合大学应用文理学院 2018 年度院级教育教学改革项目"校媒融合的数据新闻案例库研究"研究成果。

**　刘文红，女，现任北京联合大学新闻与传播系副主任。研究方向为广播电视学、数据新闻、新媒体传播。

课程改革核心环节，充分发挥课堂教学在育人中的主渠道、主阵地地位，培养社会主义新一代接班人。对于新闻与传播学科的专业课程来讲，课程思政是其专业教学中的基本底线，就是要用马克思主义新闻观来统领专业课程的教学。而对于数据新闻课程而言，其课程思政实施与其他新闻传播类课程一样，既具有共性，要在教学中贯彻实施马克思主义新闻观；同时，该课程作为一个与大数据和新媒体技术密切相连，作为一个交叉学科的产物，孕育于"量化新闻的实践当中"的实践引领的前沿课程，又具有其特殊性。如何在该课程的教学中体现课程思政，实现润物细无声的价值观引领与渗透，是一个值得探讨的话题。本文将从课程准备和课程实施两方面，结合具体案例，来深入探讨数据新闻的课程思政生成路径。

一、课程准备阶段——深入挖掘课程思政的思想政治教育资源

"课堂思政要成功，既要把显性教育进一步强化，又要把隐性教育做足做深。"在专业知识教育的同时，深入贯彻课程思政。显隐同向，润物无声。换言之，要想做到课程思政的贯彻深入，而不是刻意生搬硬套，首先要熟悉了解课程的思想政治属性及专业特色，并深入挖掘其所蕴含的思政要素，从专业论证的角度进行思政的渗透。

数据新闻是当前备受学界和业界关注的一种新闻理念和实践，它是大数据技术对新闻业全面渗透的必然结果，属于新闻发展的更高形态，是一项业界创新实践。在某种程度上，它被视为媒介变革环境下的热门发展方向。❶ 为了满足业界急据增长的需求，"数据新闻"相关内容被很多高校纳入课程体系，有以单独专业方向形式存在的，如中国传媒大学的数据新闻方向；也有的以短期工作坊的形式对数据新闻进行简要介绍和实践。大部分高校多以"数据新闻"为名开设一学期的短期课程（32学分或48学

---

❶ 赵鹿鸣.填平鸿沟：数据新闻教育与业界对接［J］.中国报业，2018，3（下）：22-23.

分）。但该课程教学仍处于摸索阶段，教学实践还大多停留在浅尝辄止或观望状态，而在课程思政方面，探讨的更是少之又少。

1. 深入理解其交叉学科背景，着力培养学生的数据思维

"课程思政"建设要与学科体系建设相结合，明确学科育人资源，建立学科育人共同体。哲学社会科学课程要注重政治导向，挖掘政治文化的育人价值；自然科学课程要挖掘其人文精神和科学精神，重点强化创新意识、科学素养、生态文明和工匠精神教育。❶ 数据新闻课程作为一门交叉学科课程，是一个跨学科的交叉研究领域，它汇集了来自新闻传播、数据科学、计算机科学、艺术设计等多个学科的知识，是新闻业在大数据时代的应变，体现了多种新闻理念的融合。

随着信息技术的发展，人类进入了新的历史阶段，这是一个"大量生产、传播和消费信息"的时代。"信息爆炸、数据海洋"成为信息社会的重要特征。它给人类提供了全新的数据获取方法和科学计算方法。我们需要通过分析所获取的信息和数据获得对现实世界的认识，而数据新闻就是基于数据的分析与呈现。所以，对数据新闻的认识要建立在对数据的理解基础之上。德国学者保罗·布拉德肖认为，数据新闻"简言之就是一切通过数据处理的新闻"。从新闻生产角度来谈，是基于互联网及其衍伸技术平台实现的基于数据收集、分析、挖掘、可视化呈现而生产出来的新闻。在数据新闻生产的各个环节，数据查找与收集、数据聚合与集成、数据挖掘与分析、数据推荐、数据可视化都依托于数据而存在。其核心，就在于数据驱动。只有深入理解了数据的样态及数据算法的逻辑，才会对数据新闻有一个较为透彻的认识。

清华大学沈阳老师曾介绍，他们开设数据新闻课程的目的"不是单纯地给学生在一个单独的、很窄的面讲数据新闻，而是让学生建立一种在新闻创作或报道中的数据意识"。这种意识包括"对数据真实性、一致性的

---

❶ 邱伟光. 课程思政的价值意蕴与生成路径［J］. 思想理论教育，2017（7）：10-14.

判断"以及"对数据的预测"。这就要求教师在教学准备中深入理解数据思维，并思考通过何种途径来进行学生数据思维的灌输和数据素养的培育。新闻专业的学生多为文科背景，对数据认识较低，或者是盲目接收，或者是天然抵触。学生们容易"偏向于过度相信数据，不对数据质疑，不去质询数据"。所以"有必要增加学生对数据的认识，引导他们对数据保持审慎的态度"。当新闻素养、数据素养和艺术素养三者共同贯穿于数据新闻制作的全程时，数据新闻才会真正发挥其优势。

2. 在深入理解数据新闻的基础上，明晰各国数据话语权的争夺

所谓数据话语权，意为媒介或结构主体策略性地使用数据并通过数据表达使自身话语合法化的能力。❶ 谁掌握数据，如何获取数据，并如何使用数据，已不是技术层面的内容，而是上升为一个"国际话语争夺场域中的数据权利问题"。我国因为人口基数，在单位领域内产生海量数据的机会远远大于世界任何国家，但我国的数据多为隐藏状态，或被集中在 BAT 等巨头手中，大量的数据不能进入公众视野。而西方国家以其庞大、丰富、公开的数据资源和强大的数据分析与处理能力在国际社会中占据主流话语权，并通过数据的表征来传递其价值取向。2010 年，英国《卫报》基于维基百科的解密数据，精心制造了一则数据新闻《伊拉克战争日志：死亡地图》。运用数据地图揭示伊拉克战争的残酷与血腥：地图上的每一个红点代表一次伤亡事件，而鼠标点击其中的红点，会显示伤亡地点、发生时间、死亡人数等详细数据。通过直观形象的数据新闻揭示了战争的意义何在，引起了世界各国对伊拉克战争的反思。

但在西方传统的媒介叙事逻辑中，中国长期处于一个"被动的表征系统"。涉华报道的整体框架是负面的，尤其是在政治问题或意识形态问题上，西方媒体的报道更为苛刻。近年来，西方媒体逐渐在视觉意义上重构中国的形象，而在视觉表征体系中，除了传统的图片和影像作品，数据新

❶ 刘涛. 论数据话语权：数据新闻与国家话语建构的视觉修辞途径［J］. 对外传播，2018（3）：57–60.

闻已逐渐成为一个新的新闻形态。西方数据新闻的可视化实践正在使得数据带有一定程度的意识形态倾向。如《卫报》的数据新闻《中国拖累了世界经济》采用泡泡图的视觉方式呈现中国贸易进口额与世界贸易出口额的数据关系。通过其他国家与中国图形的对比，《卫报》制造了一幕寓意深刻的"拖累"（slowdown）意象：其他国家如高飞的气球浮于图表上方，中国深深地沉于图表下方，似有钳制其他国家经济腾飞之意。但如果客观来分析，导致各个国家贸易额变化的因素很多，这些数据之间并没有必然的逻辑关系，但经过可视化实践的数据重组与"美学想象"，《卫报》重新构造了一种通往现实认知的因果关系和原罪话语——中国贸易进口额下降是导致其他国家经济出口额下降的"元凶"。❶

这就需要教师在前期的课程准备中，深入了解数据新闻、视觉修辞、话语权、大数据等相关的理论知识，并能结合具体案例进行有针对性的讲解，让学生认识到数据话语权构建的重要性，同时，也要从技术层面帮助学生认识到：大数据安全事关国家安全和未来，数据库技术建设是国家战略安全无法回避的核心问题。在大数据时代，如果没有适时建立起安全保障体系，大数据意味着大隐患。❷

二、在课堂教学中，借助多重案例实现马克思主义新闻观的传递

著名哲学家冯契提出"化理论为德性""化理论为方法"。基于此，"课程思政"是指高校教师在传授课程知识的基础上引导学生将所学的知识转化为内在德性，转化为自己精神系统的有机构成，转化为自己的一种素质或能力，成为个体认识世界与改造世界的基本能力和方法。在数据新闻的

---

❶ 刘涛.西方数据新闻中的中国：一个视觉修辞分析框架［J］.新闻与传播研究，2016（2）：5–28.

❷ 刘睿民.打造核心动力 争夺国际大数据话语权［N］.中国证券报，2016–10–26（A04）.

课程教学中，要结合专业特色，在马克思主义新闻观的指引下，让枯燥的数据新闻课程变得有情怀，打造成有温度的课程，并在课程思政的推动下开掘出更多的精神养料。

1.通过案例实现新闻真实的辨析

马克思在《好报刊和坏报刊》一文中，写下一段经典精辟的论述："谁是根据事实来描写事实，而谁是根据希望来描写事实呢？"习近平在新闻舆论工作座谈会上的讲话，同样体现了辩证唯物主义的新闻观："真实性是新闻的生命。要根据事实来描述事实，既准确报道个别事实，又从宏观上把握和反映事件或事物的全貌。"这也是王慧敏等人民记者的共识："只有把握了宏观真实与微观真实的统一，才能抓住事物的本质，才能秉持新闻真实性的原则。"❶

真实与真相是新闻从业者追求的终极目标。但由于信息采集的不完备，在某种程度上限制了新闻媒体制作和传播新闻信息的完整性与客观性，造成"有限的新闻窗"，进而影响受众对世界的认知，新闻媒介呈现给大众的是拟态环境。新闻实践中有简单性新闻事实与复杂性新闻事实的区分，前者构成事项少，事项间关联程度低，一般可以通过感性认识就可以把握；后者构成事项多，事项间关联程度高，一般须通过理性水平的认识才能把握。❷ 数据新闻作为新闻的一种新的呈现样态，具有抽象新闻难以比拟的真实性。数据新闻呈现出事物间的各种关联关系，在宏观事实呈现上有了更大的可能性。

例如，央视《新闻联播》(《晚间新闻》) 在 2014 年春节期间播出了11 集电视节目《据说》，其春运和春节的大数据新闻报道是近几年来比较有影响力和美誉度的数据新闻作品。采用百度地图定位功能，对大数据进行可视化处理，直观形象立体地向观众展示了全国春运迁徙的情况，不仅

❶ 李彬.再塑新闻魂——浅谈马克思主义新闻观及其科学与价值 [J].新闻记者，2016（6）：4–16.

❷ 杨保军.新闻事实论 [M].北京：新华出版社，2001：39–40.

准确反映出人流的方向，消解了人们对传统春运的认知，同时又通过成都火车站的个案采访验证了"逆向迁徙"，这种基于大数据的宏观分析与基于个案采访的微观验证使得新闻报道更全面、客观，从而增强了新闻的真实性，实现微观真实和宏观真实的统一。在课堂教学中，我们邀请该新闻的出品人郭俊义老师详细解析了该案例的出台流程，帮助同学们一方面熟悉了大数据新闻生产的机制，另一方面对新闻的客观性与真实性有了更深层次的认识。

2. 通过案例融入国家大政方针的引导

在课堂教学中，将目标分为知识目标和情感目标，没有德育意识，教师只能是一个教书匠，无法承担教书育人的重任。将课程思政深入专业课的教学中，教师才能从一名授课老师转变成一位真正的教育工作者。数据新闻课程的教学也是如此，要潜移默化地渗透育人的价值，传播社会主义核心价值观，与理论课形成协同效应。不仅要促进学生知识、能力和素养的全面提升，更要帮助学生得到精神层面的熏陶和滋养。因其课程的学科属性，在教学中需要引入大量案例来进行数据新闻的解析，案例的选择较为重要，既要能够蕴含教学内容，同时又能通过案例帮助学生认识国情，树立正确的核心价值观。

2015 年 10 月 3 日起，中央电视台《新闻联播》《朝闻天下》《新闻 30 分》《新闻直播间》等栏目重磅推出一档全新大型数据新闻节目——《数说命运共同体》，节目挖掘超过 1 亿 GB 的数据，分析发现"一带一路"沿线国家 40 多亿百姓休戚相关的密切联系。通过让沉默的数据说话，呈现出来的是"一带一路"沿线国家和地区间前所未见的联系图景。该节目是由央视新闻中心牵头，整合各行业资源，并依托国家"一带一路"数据中心、国家统计局、海关总署、世界银行、世界贸易组织的权威数据库，动用了两台超级计算机，历时 6 个月完成，从讲述贸易、投资、中国制造、基础设施、饮食文化、人员往来等入手，呈现出"一带一路"沿线国家"互通有无、互学互鉴"的数据新闻故事，紧扣"核心命题"，彰显国家主张。该节目使用了国际上最先进的数据可视化技术，创造了数个"首次"：首次使用卫星定位跟踪系统数据，通过大量 GPS 移动轨迹提升数据新闻的视觉表达效果；首次使用数据库对接可视化工具，使节目通过真实数据轨迹全景呈现。"新闻专题《数说命运共同体》，从具体数据和细节故事入手，巧妙把握了宏大主题与新闻传播之间的规律和路径。利用互联网大数据的最新技术，通过整合海内外资源，刻苦研发，打造出了一种全新的传播样态，实现了将宏大的全球逻辑转化为普通鲜活的人物命运，将枯燥的数据翻译成受众易于感知的图形，构建起了海内外受众对'一带一路'宏大战略的认知体系。"❶ 在该案例教学中，不仅要从数据来源、数据挖掘及数据可视化的角度来解析该数据新闻，同时通过该新闻的讨论让学生对"一带一路"倡议有了直观认识，增强了其对国家大政方针的认同感。

近年来，在每年一度的两会报道中，数据新闻都会大展身手，各大新闻媒体都会运用其来展现两会热点话题，挖掘出许多鲜为人知的新闻。如《人民日报》人民网推出的"两会特刊全息图"，是一个多层次多视野的数据可视化报道。在热点话题分栏中，每一天的热点话题都由气泡图来呈现，气泡的大小代表话题的不同热度。当受众对某个话题感兴趣时，可点击气泡链接到相关报道。不仅可满足大众对一个事件或话题在深度与广度上的需求，还可带来参与感与体验感。又如澎湃新闻推出的《一图看懂〈政府工作报告〉》，在对政府工作报告进行热词分析的基础上，不仅呈现出政府报告的趋势比较，大众还可从中看到各个热词之间的横向对比。在教学中，除了带领同学们了解该类数据新闻的形态及产生方式，为学生自己完成数据新闻制作奠定理论基础和案例参照外，更重要的是，在教学中通过两会报道分析让学生认识到我们所处的新时代，以我们所处的伟大时代为荣，并引领他们要在这个时代有所作为。

❶ 摘自新华网，http://www.xinhuanet.com/zgjx/2016-08/30/c_135645314.htm.

结　语

　　课程思政是一种教育理念，是将理性显性教育与隐性教育相结合，在数据新闻课程的教授过程中，一定要结合课程的专业特色，注意课程内容的丰富性与前沿性，注重课程思政的"入深入细、落小落全、做好做实"，深入分析了解学生的心理特征与价值取向，注重课堂形式的多样性和话语传播的有效性，避免附加式、标签式的生硬说教，坚持因事而化、因时而进、因势而新，悉心点亮学生对专业课程学习的专注度，引发学生的"知识共鸣、情感共鸣、价值共鸣"。

"摄影与摄像"课程思政的实践与探索[*]

李瑞华[**]

摘　要　本文基于"摄影与摄像"与"课程思政"相融合的实践经验，对课程思政的模式和实施方案、效果评估进行实践探索，尝试把影像拍摄技能和思政内容结合起来，形成协同效应，拍摄正能量的影像作品，"育人育德"齐头并进。

关键词　课程思政　真实项目　实践教学模式　价值引领

"课程思政"是一种创新的教育理念，从 2016 年 12 月开始，习近平总书记强调：要坚持把立德树人作为中心环节，实现全程育人、全方位育人，努力开创我国高等教育事业发展的新局面。在全面推广"课程思政"的背景下，要求把专业课程教育和思想政治教育融为一体，把思想政治工作贯穿教育教学全过程。

在"课程思政"精神的引领下，以实践为主的"摄影与摄像"课程利用好课堂教学这个渠道，把影像制作技能和思政内容结合起来，形成协同

────────────

[*]　本文系北京联合大学 2018 年度教育教学研究与改革重点项目《摄影与摄像》课程思政建设研究与实践"（JJ2018Z019）研究成果。

[**]　李瑞华，女，北京联合大学应用文理学院新闻与传播系讲师，电影学博士，纪录片制作人，"天缘公益"乡村教育阅读促进项目发起人。

效应。

一、课程思政模式：拍摄正能量

"所谓课程思政，其实质不是在高校中增设一门课程，也不是增设一项活动，而是将思想政治教育融入课程教学和改革各环节、各方面，实现立德树人润物无声。"❶ 习近平总书记所倡导的是将思想政治理论课与其他课程协同起来，在专业课中融入思政元素，使这些课程在传授知识的同时发挥育人功能。

"摄影与摄像"课程是新闻学专业的一门必修课，是理论与实践相结合的一门课程，旨在全方位培养学生的影像制作能力，通过这门课程的学习，使学生掌握摄影与摄像的基础知识、基本理论和基本技能，为新闻和影视创作提供有效的摄影和摄像基础。作为一门带有鲜明动手能力和实践特色的课程，拍摄身边的正能量，记录优秀人物故事，拍摄社会公益题材，实现思政与专业的立体融合，自然成为该课程思政的首选。

1.拍摄"我身边的好党员"，塑造积极向上的价值观

2016 年年底，北京联合大学应用文理学院党总支评选出了 24 位 "我身边的好党员"，学院希望能把这 24 位好党员的故事拍成纪录片，由学生自己来拍摄身边的党员，讲述这些好党员的优秀事迹，用影像来呈现他们的真实生活，让更多的学生来了解优秀党员，认同党员身份，弘扬积极向上的价值观。

学生拍摄好党员，专业技能搭乘思政内容，这无疑是"摄影与摄像"这门课"课程思政"的最佳结合点。这既是一个锻炼学生专业技能的好机会，又是提升学生思想认知的方法。于是，课程设计老师们把拍摄"我身边的好党员"作为"摄影与摄像"课程的一个实践项目融入教学中，让活

---

❶ 李如占，张冬冬.课程思政：各类课程与思想政治理论课协同育人的有效途径［J］.高教论坛，2018（6）.

生生的真实项目进入课堂，拍摄学生自己身边的人。

老师们把两个班的同学分成 12 个创作小组，聘请了多位专业摄影师来拍摄现场指导学生，按照纪录片的拍摄手法，抓真实的生活，多次跟拍人物的日常工作，快速提升了学生的拍摄能力。从学生的视角来拍摄身边好党员的故事，学生参与其中，做了大量的案头工作。首先认真地学习党史，查资料，找视频；然后提前与每一位拍摄对象沟通，集思广益，写策划脚本；之后在紧张的拍摄过程中，一遍遍琢磨每一个拍摄场景，多次补拍，以期望更好地反映出优秀共产党员的精神面貌。

《我身边的好党员》纪录片赢得了学院师生的一致好评，为文理学院的党建工作和"课程思政"建设增添了一抹独特的影像风采。

2. 拍摄博物馆微视频，参与社会公益服务

2017 年年初，北京数字科普协会、北京市文物局信息中心以及北京市科学技术协会信息中心联合举办首都高校博物馆微视频大赛，通过开展首都高校博物馆微视频作品的设计和制作活动，推广"微视频"在博物馆领域的广泛应用，并通过打造"微视频"的拍摄及制作平台，发掘更多优秀的"微视频"作品以及优秀的"微视频"制作人才。

为了让学生参与社会公益活动，用专业技能为社会服务，"摄影与摄像"课程直接搬进了各大博物馆，一边完成专业拍摄教学，一边组织学生拍摄了奥运博物馆、自然博物馆、艺术博物馆、大钟寺博物馆总计 8 部微视频。在后来的比赛中，新闻与传播系获得了 1 个一等奖、2 个二等奖、1 个三等奖、4 个纪念奖。这些微视频宣传了北京市各个博物馆的专业性和公益性，塑造了良好的公众形象。学生们在拍摄这些短片中，丰富了自己的历史文化素养和博物馆知识，提高了拍摄、剪辑技能，增强了专业自信心。

3. 拍摄招生宣传片，宣扬学校品牌文化

每年高考之后，各大高校会推送招生宣传片，一部高质量的学校宣传片不仅能够吸引优质生源，提高招生工作效率，更重要的是能够体现和宣

扬学校的精神风貌、人文素养。一般来说，这样的宣传片是各高校花重金聘请社会上的专业团队来拍摄。但是，文理学院连续两年的招生宣传片都是由新闻与传播系的学生来完成的。2017年6月中旬，有6位学生用了6天时间，在老师的带领下，完成了一部符合影视行业标准、主题明确、影像风格独特的文理学院招生宣传片。这部宣传片一经推出便受到了全院师生的一致好评，网上互动评价、留言丰富且正面，反响热烈，增强了师生对学院的身份认同和自我归属感，为文理学院招生宣传和学院形象塑造与推广贡献了力量。

2018年5月，吸取学院招生宣传片的制作经验，从"摄影与摄像"课上，选拔了大二、大三和大四3个年级的7名优秀学生，用一个月的时间，为文理学院档案学、地理信息科学、法学、历史学等专业制作了7部招生宣传片，7部片子7个创意，风格各不相同。国内高校拍摄招生专业宣传片的并不多，依托于"摄影与摄像课"所诞生的这7部短片创造了由在校大学生制作招生专业宣传片的数量纪录。

二、课程思政实施方案：真实项目与行业接轨

1. 传统的教学实践模式存在弊端

传统的"摄影与摄像"教学一般采取课堂讲授方式，教师在课堂讲解、演示，告诉学生如何拍摄和剪辑，然后学生练习。一般来说，教师会出一个虚拟的题目，比如"拍摄小景深的一段影像"，在课程快结束时让学生反馈练习。这种方式，好的方面是可以节省时间，信息量比较大，并且可以实施大班教学。

但是，这种教学方式也存在很多局限性，主要体现在：一是学生在练习、拍摄阶段，效果并不理想，由于缺乏实战的压力，很多同学并没有做到真正的练习，并且看不到差距，不利于因材施教、选拔一些优秀的学生；二是实操的精确度和准确度远远不够，与行业要求存在一定脱节。因

为是虚拟题目，学生们抱着完成作业的心态，放松了对专业实际操作的要求。

出现这种现象的主要原因是学生学习知识、技能的积极性不够，没有真实项目的压力，没有创作作品的动力，更没有目标，而且缺乏行业标准和规则的真实性制约。

2. 真实的思政项目带动创作

不管是《我身边的好党员》纪录片、博物馆微视频，还是招生宣传片，都是来自社会的真实创作项目。教师把这些真实项目引进课堂，组建传统的学徒模式，如同师傅带徒弟一样拍摄。这些引进课堂的真实项目激发了学生的学习兴趣和创作激情，并且在行业标准的规范要求下，学生们会自觉置换成"社会"的角色严格要求自己，不再以"学生"身份、以"完成作业"的心态来应付实践。

"实践项目"和公司需求之间的社会"契约关系"，督促师生严格按照行业和市场标准进行创作拍摄，极大地提升了实践人才培养的效率和质量。在真实项目的压力下，要把片子推向市场，学生们意识到"失误素材"后，便会积极想办法解决问题。2015级专升本的张莉同学在拍摄《我身边的好党员——黄宗英》时，第一次拍摄的素材画面达不到行业要求，全部废掉。她被迫进行了二次重拍，按照纪录片的行业标准来严格拍摄每一个画面。剪辑成片之后，她发现黄宗英老师采访画面的绿色背景很难看，于是主动进行了第三次重拍。类似这样的重拍经历更多的存在于真实项目中，因为虚拟项目不存在市场检验，学生们不自觉地便放弃了对自我错误的纠正过程，没有对所犯错误的纠正，便很难取得专业上的进步。

几乎每一个真实项目小组都经历过"拍摄失误"，然后"再次重拍"的过程，经过一次次"失误与纠正"的过程，学生们渐渐意识到实践是一种渐进尝试错误的过程。在这个实践过程中，无关的错误反应逐渐减少，正确的反应最终形成。学生们以主动、积极的心态改进了拍摄影像的质量，提高了创作水平，带动了学习兴趣。

三、课程思政效果：传授知识与价值引领同频共振

1. 引领价值观

课程思政不能套用传统课堂的话语体系，而是要建立新的价值引导范式，形成对学生世界观、人生观、价值观引导的新形式。现代"课程思政"注重在价值传播中凝聚知识底蕴、在知识传播中强调价值引领。所以，"课程思政"采取价值引领和知识传授相结合这一最具效能的育人基本实现形式，在专业知识的传授中融入价值观的引领，实现知识传授与价值引领的同频共振。❶ "摄影与摄像"课程思政摈弃了传统的实践理念和方法，突破了单一的专业教育范式，让影像技能搭建了积极向上的拍摄内容，注重在知识技能练习中强调价值引领。

"教育就是一棵树摇动一棵树，一朵云推动一朵云，一个灵魂唤醒另一个灵魂。"通过拍摄"我身边的好党员"纪录片，学生们在跟踪拍摄人物的过程中，记录这些党员的真实工作，拍摄对象身上的闪光点影响着拍摄者，积极为社会奉献的党员精神悄无声息地传递到学生身上。在潜移默化中，"课程思政"引领了积极向上的价值观，实现了思政课程教育目标化与专业课程知识点的精准对接。

2. 培养职业精神

"摄影与摄像"课程思政在引领积极价值观的同时，一直在通过行业实践培养学生的职业精神。要具有职业精神，必须具备专业技能，并且是与时俱进的专业技能，经得起市场的考验。

如今，随着短视频新闻的崛起，普通人也可以成为新闻拍摄者。短视频带动市场活力和产业发展的同时，摄影创作的环境日渐浮躁，许多年轻

---

❶ 杨涵. 从"思政课程"到"课程思政"——论上海高校思想政治理论改革的切入点 [J]. 扬州大学学报（高教研究版），2018（4）.

的新闻工作者为博眼球和流量，在创作上流于表面，基本功不扎实，认为摄影与摄像的门槛很低，缺少深入扎实、追求完美的摄影精神。学生在学习摄影与摄像的过程中，也面临同样的问题，眼高手低，没有真正的实践。所以，在"摄影与摄像"课程思政的设计初期，针对这些问题，首先以"工匠精神"的标准来严格要求学生，以专业的态度追求品质，追求画面和声音的完美，敬业守时，革新审美，以市场的标准，认真对待每一个镜头的拍摄，所完成的短片全部投放到网络上，接受大众的舆论监督。

从某种角度来说，优秀的新闻影视人才必然来自于实际工作，单纯的课堂实践，不利于培养学生的志趣、特长和发展他们的个性，不利于激发学生的独创性。把拍摄好党员、博物馆微视频、招生宣传片等积极向上的真实项目引进课堂教学之后，按照影视行业的标准锻炼学生，培养职业精神，在学校里，完成人才与社会的接轨。

所以，无论是知识传授还是价值引导，都是学生认知领域观念的重构过程。"摄影与摄像"课程思政载体是真实项目，要求是行业规范，评价是市场标准，价值是传播正能量，实现了教学做合一，影视专业课程和思政内容实现了同向同行，协同一致，"育人育德"齐头并进。在专业实践教学过程中，全方位贯彻推进了育人理念，实现了专业课也是育人课，构建起多层次互补，有机融合的思政课程体系。既教授知识，又传递价值，帮助学生"专业成才"，促进"精神成人"。

新媒体背景下高校"应用文写作"课程建设研究

闫　琰[*]

摘　要　本文在新媒体技术迅猛发展的技术背景下，解析传统教育背景下"应用文写作"课程授课中常见的问题和误区，同时探讨了相应的对策和解决办法，提出了调整课程的目标，增加了课堂的开放性和互动性，同时巧妙加入课程思政，课程设计注意情景导入，增加课堂反馈，以期在新媒体环境下提升教师的授课水平，并针对学生的成长背景，提升该课程的学习效果。

关键词　课程设计　培养目标　课程思政

应用文写作是一项基本技能，为高校学生从事各种工作所必需的能力和素质。在新媒体迅猛发展的背景下，以互联网"原住民"著称的"95后"学生的思维习惯和学习方式都在发生变化。而传统教育背景下出身的老师们的授课方法和手段也需要切合时代特点，不断创新，充分调动学生的主动性和积极性，改变陈旧的课程体系。因此在新媒体背景下，应用文写作课程要取得良好的教学效果，达到教学目标，必须革新教学方法和手段，根据专业要求选择教学内容，构建"以学生为中心"的课堂。[1] 对"应

---

*　闫琰，女，北京联合大学应用文理学院新闻与传播系讲师，传播学博士。主要研究方向为新媒体广告、广告教育。

❶　李丹.互联网＋背景下高职院校应用文写作课程建构刍议［J］.教育现代化，2017（5）：105.

用文写作"课程进行新的构建研究，不仅是教学效果和教学对象的需求，更是应对时代发展的必然之举。

一、当前"应用文写作"课程存在的问题

笔者通过对二手资料的分析和综合发现，当前我国高校"应用文写作"课程存在的问题较多，主要集中为教学目标、教材、教学方法、课程体系等几个方面的问题。

1.教学目标局限

从现有的研究文章来看，大部分高校或研究者课程设置以技能培养为主，注意培养和训练学生对于特定应用文体的写作技巧和方法，忽略了"应用文写作"课程对于大学生人文素养层面的培养和引导；同时这些课程集中在"技能"，忽略了每个应用文体技能背后渗透的人文关怀和人文素养，只是一味地强调死板的格式和技法，不能从纵深层面提升学生的人文素养。而近年来提倡的"课程思政改革"部分更是没有相关的研究和体现。

2.教材陈旧，实用性不强

教材是教学的基本工具，是提高教学质量的重要保证，但当前教材质量良莠不齐，落后于教学要求。据调查，72%的学生对教材的总体感觉一般，教材缺乏时代感和时效性，内容往往过分偏重理论描述，47%的学生认为教材的范文缺乏实效性。❶以公文的写作为例，2012年4月16日中共中央办公厅、国务院办公厅联合发布《党政机关公文处理工作条例》，重新规定了党政机关的15种公文种类；国家治理监督检验检疫总局、国家标准化管理委员会于2012年6月29日发布了国家标准《党政机关公文格式》(GB/T 9704—2012)，重新规定了党政公文版心内容的格式❷，甚至落款

❶ 李艳爽."应用文写作"课程建设研究［J］.中国电力教育，2014（8）：120.

❷ 徐中玉.应用文写作［M］.北京：高等教育出版社，2016：16-17.

的格式也较以前有较大的变化和改革。而很多高校和老师还沿用 2012 年以前的大纲和教材，势必会造成教学内容的偏差和失误。

3. 教学方法研究不足

在新媒体背景下，学生信息资料收集比较方便，喜欢互动教学和开放性问题。而一些教师主要研究和讲述写作理论，教学方法研究不足，教学手段上对于网络资料利用不足；教学内容上对于如何引领学生了解应用文、掌握应用文的写作技巧以及培养应用文写作的思维习惯研究不够，教师的教授变成单向传播，授课内容平淡无味，学生学习兴趣不高，进而影响学习效果。

二、"应用文写作"的课程改革对策研究

通过对新媒体背景下"应用文写作"课程对象的研究，并结合课程思政改革的培养目标，以及对"应用文写作"课程培养目标的研究，笔者根据自身在美国访学一年的经验，尝试给该课程一些建设性的改革建议和思考。

1. "应用文写作"课程的培养目标再定位

"应用文写作"课程作为培养学生职业素养的基础课程，其教学目标应该全面涵盖知识、能力和素质三个部分。知识目标主要是使同学了解不同应用文书的基本特点和内容，领会写作要求，同时掌握不同应用文书的写作格式，熟悉不同应用文书的写作技巧，以及不同应用文种的区别；能力目标在于培养学生根据工作需要写作各种应用文的能力，培养学生思路清晰、文通字顺、规范写作的思维能力；素质目标在于从人才培养的高度全面提升学生的人文素养，增强学生团队合作意识、沟通协调能力等职业素养。

在"应用文写作"课程的能力培养层面，对于各种文体的写作格式是较为固定的、死板的、学生容易健忘的。笔者在课程中增加了强化训练，

通过题目和案例的训练让学生了解到应用文写作中常见的语义偏差、格式问题等，增加学生对知识能力的掌握和理解。

素质目标部分，笔者把"应用文写作"中各文体背后所渗透的人文之美和人文关怀传达给学生，引导学生思考并进一步感染学生，提升其人文素养。如在教授欢迎词、欢送词、答谢词这类公关礼仪文体的写作时，笔者把知识目标定位在能够掌握三种文体写作的具体格式，能力目标在于让学生有能力根据不同的对象、不同的场合进行灵活的运用，提升文字表达能力和写作思维的训练；而素质目标则是通过"礼仪之美"的关键词教授中国传统礼仪及现代西方社交礼仪当中的一些原则和方法，让学生了解这些文体格式和规范背后投射的是一些礼仪的基本原则和内涵，让学生学习文体的同时，也通晓相关礼仪的原则及背后的人文关怀。

2. "应用文写作"授课应注重互动性和开放性

笔者在美国访学一年，旁听了大学本科学生的很多课程，发现课堂上师生互动频率较高而且较深入，课堂上学生参与度很高，因此并没有发现学生上课兴趣不高或者刷手机的现象。在新媒体背景下，老师要和学生的手机屏幕进行竞争来吸引学生的注意力。因此必须借鉴美国高校互动开放的授课方式和学习氛围，课程注重教学方法的改革。

首先，课程授课方式上，不再以教师讲解课程内容为主，而是师生共同探究问题，解决学生有困难的问题。[1] 教师根据学生的学习情况把学生分成若干个探究小组，组织学生开展协作探究活动，小组中的每个成员都要积极地参与到探究活动中，随时提出自己的观点和想法，小组成员之间通过交流、协作共同完成学习目标。学生经过开展协作探究式活动之后，将个人及小组的成果在课堂上进行展示，教师根据学生课前和课中的表现来予以评价。[2]

其次，根据新媒体背景下学生的媒介接触习惯，充分利用网络资料和

---

[1] 张惠英.《应用文写作》MOOC（微课）教学探析［J］.企业家天地，2014（5）：146.
[2] 张惠英.《应用文写作》MOOC（微课）教学探析［J］.企业家天地，2014（5）：146.

网络学习空间。师生之间可以通过网络的学习社区相互收发学习资料、教学信息，进行实时交流，如利用微信群、微信公众号等渠道，增加老师和学生学习互动的通道。

另外，教师在课程教授中要多设计开放性问题，让学生深入讨论，增加其对学习的卷入度和理解。如笔者在跟广告专业学生讲授广告文案的写作时，给学生一则支付宝的争议广告文案，让学生充分讨论。两个班级的学生几乎每个人都参与到讨论中并逐一发表个人看法，学生讨论深入，老师也在这一过程中了解学生对知识的理解情况和学习程度。

3. 在"应用文写作"课程中巧妙设计课程思政的内容

对于"应用文写作"课程思政方面的研究较为缺乏。笔者结合自己的上课实践和体验设计了一些课程思政的内容，并将其巧妙设计，使其巧妙、无痕的植入课程内容中。

例如在讲学习者学习"应用文写作课程"的基本条件中，强调加强政治思想修养的重要性，应用文体作者政策水平高低，直接关系到所写出的文稿能否执行上级指示以至国家的路线、方针、政策，同时结合美国大选的例子来让学生了解在美国，公民的政治正确也是非常重要的公民素养。在讲授表扬信和感谢信文体的写作时，笔者收集了近一个月微博热搜上的好人好事，做好人好事者不仅有军人、医生，还有很多普通群众。引入"善"的关键词，并引用《善的脆弱性》这本书中讲述的个人如何在面临不确定性的前提下保持善意和善行，鼓励学生如何坚持自我做善事，及个人如何对待他人的善行，不露痕迹的引入课程内容"表扬信"和"感谢信"的写作。

4."应用文写作"课程设计注意情境导入

在讲授"应用文写作"课程的一些文体时，通过不同教学情境的导入，增加学生的兴趣和投入，让学生参与进来，充分发挥学生的主体作用。例如，学习通告、通知、申请书等文体时，教师先讲述相关的理论要点及注意事项，通过某同学希望在学校征兵入伍而接收到不同通告、通知的信息，及其后续要写的申请书等文体，然后把学生分成若干个小组，分别扮演不同的角色，并让学生充当评委对活动进行点评，最后引导学生总结写通知和通告的异同，真正实现对理论知识的掌握与运用。这样针对不同文种，设置不同模拟场景，不仅丰富了教学形式，活跃了课堂气氛，有利于调动学生的兴趣，提升学习效果。

5. "应用文写作"课程应注意学生的课堂反馈

"应用文写作"不仅需要学生学习写作知识，还需要学生提升能力，这就要求教学者要时刻关注学生的学习兴趣和学习效果。就笔者的上课实践而言，笔者借鉴一些经验和做法❶，制作了《学生自评表》(见表1)，内容包括学生对教学的兴趣、参与活动的积极性、观点的表达、学习方式的适应性、学习目标的达成等，学生把自评表全数返回，让教师了解课程中学生的兴趣和学习状况，适当调整教学内容和侧重点。

表1 "应用文写作"课程学生自评表

内容	细则	分值	得分
知识与能力	学习能力：通过案例教学掌握应用文的概念、特点、写作要求等知识	15	
	思维能力：从案例中获得有用信息、分析材料、研究材料、解决问题的能力	15	
	表达能力：准确表达自己的观点、意见，重点突出，有条理	10	
	创新能力：不断探索新的方法，敢于质疑	10	
情感态度价值观	兴趣浓厚、乐于学习，能够积极参与学习活动	10	
	准备充分、预习到位，有良好的学习习惯	10	
	集体观念强，能够承担责任，与小组成员间关系和谐	10	
	在小组活动中，能够自信地表达意见，并能坚持正确的主张，敢于质疑，敢于竞争	10	
	善于倾听他人意见，学习他人长处	10	
总计		100	

❶ 张宇.案例教学法在中职应用文写作教学中的运用研究［D］.苏州：苏州大学，2009.

笔者通过学期中对学生的调查了解到：学生对于实用性的内容比较渴望，同时希望增加更多讨论和互动。笔者增加了求职信和制作简历的内容，并适当增加了学生互动的内容和设计。

6.甄选教材，避免教材陈旧过时

鉴于前文所述国家 2012 年相关文件对于一些公文的类型及格式进行一些调整和变化，建议该课程老师选用 2012 年以后编著出版的教材，同时注意补充新的范文例文，给学生以更新更适宜的知识素材。笔者所选用的教材为徐中玉主编的《应用文写作》教程，内容较新。此外教材下篇为基础写作导读文选，有大量国内大家关于应用文及写作方面的精品阅读材料，附录附有相关的文件条例等内容；另外教材中有一些电子资源，学生可以扫描书中二维码下载题目和教学资源进行学习，符合新媒体背景下学生的学习习惯和兴趣，可以作为教材备选。

总之，在新媒体背景下，要真正做好应用文写作的教学工作并非一朝一夕之功。社会、学校、教师、学生都会对教学工作产生影响。学校需要了解到新媒体的发展对教育内容及教育对象产生的影响，及时调整课程大纲和课程目标，同时教师的教学需要不断创新教学方法，结合学生的兴趣和特点进行因材施教，开展个性化、创新性的教学，以学生的发展为本，促进学生从能力到素质的全面发展。

国际传播类课程中的课程思政切入点

摘　要　本文探讨了如何以坚定"四个自信"、开阔国际视野、培养批判能力为切入点，在国际传播类课程中进行课程思政教育的策略，澄清学生对西方所谓"自由""真实"新闻理念的思想误区，建立全球视野，并形成批判认识的能力。

关键词　课程思政　国际传播　"四个自信"

一、课程思政的内涵与新闻传播教育

"课程思政"是"课程思想政治教育"的简称。关于课程思想政治教育的内涵，虽然目前还没有统一的定义，但是从学界的讨论来看，应该具备以下几个方面：首先，"课程思政"是将马克思主义理论贯穿教学和研究全过程，深入发掘各类课程的思想政治理论教育资源，从战略高度构建思想政治理论课、综合素养课程、专业教育课程"三位一体"的思想政治教育课程体系，促使各专业的教育教学都善于运用马克思主义的立场、观

＊　张春华，女，北京联合大学应用文理学院讲师。主要研究方向为跨文化传播、国际传播、话语分析。

点和方法，探索实践各类课程与思想政治理论课同向同行，形成协同效应的重要途径。❶ 这里强调的是专业教育的指导理论应该是马克思主义理论。还有，"课程思政"是指高校教师在传授课程知识的基础上引导学生将所学的知识转化为内在德性，转化为自己精神系统的有机构成，转化为自己的一种素质或能力，成为个体认识世界与改造世界的基本能力和方法。❷ 这里强调"课程思政"是隐形的思想政治教育，是与专业教育相结合，隐含在专业教育中的品德和价值观的教育。

对于新闻传播教育来说，罗自文认为："崇高的新闻理想与高尚的职业道德、广博的知识、娴熟的职业技能是新闻教育的三块基石。"❸ 然而正如路鹃（2009）❹、宗春启（2013）❺、李明文和方琪（2015）❻ 等所指出的，近年来我国新闻教育在培养崇高的新闻理想和高尚的职业道德方面，仍然存在较大的改进空间。李明文和方琪指出，应该"综合性地开发学生在身心活动层面、政治社会层面、美感经验层面、人伦道德层面和批判精神层面的价值认识，从而使新闻教育形成新的范式，达到一个新的境界"。❼ 在全球化的时代，我国的新闻教育必须能够培养具有广阔的国际视野的人才，这里不仅仅指学生要熟悉国际新闻界，更重要的应该是"培养学生具有站在世界大格局中审时度势的视野和能力，能用更宽阔的视野、大局观、辩证观来看待不同意识形态下的新闻事件"❽。

国际传播类课程，例如"外国新闻史""国际传播""跨文化传播"，也

❶ 高燕.课程思政建设的关键问题与解决路径［J］.中国高等教育，2017（15）：11–14.
❷ 邱伟光.课程思政的价值意蕴与生成路径［J］.思想理论教育，2017（7）：10–14.
❸ 罗自文.重塑我国新闻教育的三块基石［J］.现代传播，2007（1）：155–157.
❹ 路鹃.我国目前新闻伦理教育的误区与发展路径［J］.新闻界，2009（3）：118–119.
❺ 宗春启.媒体亟待伦理教育［J］.新闻与写作，2013（9）：69–70.
❻ 李明文，方琪.人才培养："互联网+"时代新闻教育的核心问题［J］.当代传播，2015（6）：109–112.
❼ 李明文，方琪.人才培养："互联网+"时代新闻教育的核心问题［J］.当代传播，2015（6）：109–112.
❽ 李明文，方琪.人才培养："互联网+"时代新闻教育的核心问题［J］.当代传播，2015（6）：109–112.

包括"新闻英语""英语报刊选读""英美传媒文化"等课程，它们肩负的使命不仅仅是传授专业知识和理论，更重要的是培养学生以马克思主义的方法看待世界范围的新闻媒体及其产品的能力，从批判的视角看西方新闻媒体的意识形态能力，以及运用适当的方法对西方媒体内容进行分析的能力。

二、国际传播类课程中开展课程思政的思路与切入点

（一）国际传播类课程开展课程思政的思路

在笔者与新闻专业大学生的接触过程中，会听到他们说西方媒体"自由"，想写什么就写什么，可以随意批评政府，言下之意是羡慕他们可以发挥"第四权力"的作用，认为西方国家的媒体更"自由""真实"。这些错误的思想意识如果长期得不到纠正，会产生极大的危害。然而思想意识是在潜移默化中形成的，因此纠偏的方法必须要适当。而国际传播类课程因其教学内容涵盖国外媒体，具备让学生亲身接触国际媒体内容的优势，可以通过指导学生对西方媒体内容进行深入分析，用大量真实的案例，打破西方媒体所谓"自由"的神话，培养学生的道路自信、理论自信、制度自信和文化自信。

对于普通高等院校的新闻传播专业本科生来说，他们接触的国际新闻产品大多来自我国媒体对外媒的翻译和报道，较少来自外国媒体的一手材料。我国媒体关注的新闻主题，大多与中国相关，或者对世界有重要影响的大事，如果学生不具备自主阅读英语新闻的能力，他的国际视野必然受限。开阔学生的国际视野，是国际传播类课程的重要任务之一，但是如何在有限的课时中，尽量让学生的视野更宽阔，是一个值得探讨的课题。

即使学生可以经常阅读一手的材料，在浩如烟海的信息中，如何能够看得清方向、如何能够站在更高层的视角分析？国际传播类课程中的理论

和研究视角应该能够对学生起到引导作用。然而独立分析和批判能力的培养需要更多的实际锻炼，并非单纯了解理论就可以信手拈来的，因此，国际传播类课程应该与其他课程协同配合，锻炼学生的分析和批判能力。

以上是国际传播类课程开展课程思政的思路，综合起来看，就是要着重锻炼和提高学生对外国媒体内容进行有目的、方法适当的筛选能力；对媒体内容的阅读理解能力；结合对外国历史、政治、法律、文化等背景知识，对媒体内容进行解读的能力。当学生具备更宽阔的国际视野和马克思主义的分析视角时，他们心中原有的认为西方媒体所谓"自由""真实"的神话将不攻自破。

（二）国际传播类课程开展课程思政的切入点

前面我们讨论了开展课程思政的指导思路，在具体的教学实践中，可以从以下三个方面切入。

1.用生动、有力的材料使学生坚定"四个自信"

在国际传播课程中，我们可以分析美国的国际传播实践，让学生从事实上看到美国如何控制媒体为自己的利益服务，如何动用政治、经济、法律手段推动好莱坞电影称霸世界等。例如，通过分析美国媒体在伊拉克战争不同时期的表现，引入政府如何引导媒体的材料和美国人对于当时媒体表现的批评，引导学生发现美国媒体与政府真实的、更深层的关系。

在"英语新闻"和"英美传媒文化"等课程中，可以通过对比分析英、美两国媒体对同一事件的报道，引导学生自己发现媒体的政治倾向。通过对新闻集团与各国政界的关系分析，让学生看到媒体与政治和垄断集团千丝万缕的联系，破除西方媒体"自由"的神话。深入分析西方政治体制和意识形态对媒体的决定性作用，进而坚定道路自信、理论自信和制度自信。

在分析国际媒体的发展时，重点介绍我国媒体近年在国际传播能力建设上的成果，让学生看到我国重点打造的旗舰媒体飞速发展的情况和外国媒体对中国发展相关的报道。在学习"英语新闻"的课程中，引入我国的英文媒体如《中国日报》网站、中国国际电视台等的优秀报道，尤其是关于我国的文化、科技事业等领先世界的优秀成果的报道。在学习外媒的英语节目中，选择外媒对中国发展的报道，对中国政府官员、企业家、文化名人等的采访节目，都有利于增强文化自信，鼓舞学生为建设国家的国际传播能力而奋斗。

在练习和讨论内容的设计方面，可以带领学生研究外文媒体的优秀案例，深入分析其创意方案、叙事特点、修辞特点等，并与中国优秀的国际传播案例结合分析，讨论其相同点与差异。然后让学生收集中国优秀文化的资料，结合学习到的优秀国际传播案例的特点，自己设计进行国际传播实践。

2. 打破西方媒体的垄断，进一步开阔国际视野，增强跨文化传播能力

国际传播类课程不仅应该带领学生从关注中文的国际新闻材料，转变为大量接触不仅限于英文的多种外文材料，还应该有意识地引导学生不能把关注点局限于垄断世界话语权的西方媒体，而是要放眼全球，更多地关注发展中国家的媒体。

例如，通过引入金砖国家以及非洲、拉美、东南亚等国媒体的视角，进一步拓宽学生的视野，让他们放眼全球，看到更多的差异，对于同一个问题获得更多思考的角度。鼓励学生组成小组，合作搜索不同国家的媒体对同一主题新闻的报道，分析对比报道视角和框架，然后通过分享和讨论，看到新闻报道背后的意识形态差异，注重分析各国的国际关系和战略对媒体报道的影响，世界的政治局势对媒体的影响等。引导学生通过国与国之间横向的对比，从新闻报道的质量上看到国家软实力的差异，看到我国国际传播能力与西方的差距以及与非西方国家的区别。通过纵向对比我国对于世界新闻的报道，看到我们国际传播能力的进步，从而更深刻地理解我国的国际传播政策。

开阔学生的国际视野，是发展学生跨文化传播能力的基础。学生只有

建立了对于世界各国政治差异的认识与理解、对于各地文化差异性的包容，才能够发展起跨文化传播的能力。

在跨文化传播的课程中，不仅让学生了解文化的差异，更应该强调文化的共性与契合点。例如可以让学生通过优秀的新闻和影视作品案例，找到我国文化与其他民族文化的契合点，分析普世价值的含义和力量。通过分析和学习我国在国际传播领域优秀的影视产品、网络小说等文化产品，培养学生生产跨文化传播力强的文化产品的能力。

3.课程之间形成合力，共同培养学生的批判能力

新闻学专业有很多课程会涉及对西方批判学派如法兰克福学派、英国文化研究学派、美国培养理论、霸权理论、女性主义等的介绍和研究，例如"传播学原理／概论""外国新闻事业史""马克思主义新闻思想""政治与传播""英美传媒文化"等。这些课程之间应对学生的批判能力培养有整体的设计和分工，比如"传播学原理／概论""政治与传播"着重在对批判理论的成果介绍，启发学生从资本主义的基本制度出发，发现西方国家的媒体的本质；"马克思主义新闻思想"则帮助学生运用马克思主义的立场和方法，深入分析西方媒体的内容，看到其中隐藏的统治阶级的立场和意识形态；具体到国际传播类课程中，则是更多通过案例研讨，鼓励学生从批判视角分析新闻和影视剧案例，引导他们发现平时喜爱的电影、电视剧中的意识形态、男权思想、霸权主义等。

结　语

本文主要讨论了国际传播类课程开展课程思政的思路以及具体的三个切入点：在教学内容上，要用生动、有力的材料坚定学生的"四个自信"；要进一步开阔学生的国际视野，增强跨文化传播能力；在多门课程之间，要形成合力，共同培养批判能力。但是要达到思想政治教育的效果，还需要教师在教学大纲中进行精心的设计。

本文对于国际传播类课程蕴藏的思想政治教育资源的挖掘，在深度和广度方面，受到个人经验的局限。但是一旦教师意识到不应该把教学目的局限于对国际传播理论和实践的介绍和指导，一定会探索出更具深度和广度的课程思政指导思想和具体策略，为新时代背景下培养高质量的新闻专业人才服务。

高校专业课教学的课程思政建设

——以"广告文案写作"课程为例

解　嵩[*]

摘　要　思想政治教育是落实立德树人根本任务的重要手段，课程思政实现了传授专业知识和树立价值规范的双重教育目标。本文以广告学专业课"广告文案写作"为例，分析了课程思政在教学中的应用，并提出了应注意的问题。

关键词　思政课程　课程思政　广告文案写作　大学生　思想政治教育

一、从"思政课程"到"课程思政"

大学生思想政治教育工作可以说是我国高等教育的中心环节，思政课与专业课始终以"两张皮"的形式存在，存在一个"各司其职""各管一方"的状态。高校的思政课教学，则切实地落入了"孤岛化"的窠臼；高校的思政课教师，也确实地存在着"单兵作战"的窘境。

早在 2012 年，党的十八大报告中就明确提出："把立德树人作为教育

---

*　解嵩，男，北京联合大学应用文理学院新闻与传播系讲师。主要研究方向为广告法规、广告文案。

的根本任务，培养德智体美全面发展的社会主义建设者和接班人。"第一次把"立德树人"作为教育的根本任务，从而为今后的教育改革发展指明了方向。2016年，习近平总书记在全国高校思想政治工作会议上再次明确指出："要坚持把立德树人作为中心环节，把思想政治工作贯穿教育教学全过程，实现全程育人、全方位育人。"通过这篇讲话，我们可以看到，习近平总书记站在实现中华民族伟大复兴的全局和战略高度，科学回答了高校培养什么样的人、如何培养人、为谁培养人这个根本问题，为做好新形势下高校思想政治工作、发展高等教育事业指明了行动方向。2017年，党的十九大报告中再次提出："建设教育强国是中华民族伟大复兴的基础工程，必须把教育事业放在优先发展位置，要全面贯彻党的教育方针，落实立德树人的根本任务。"2018年五四青年节前夕，习近平总书记在与北京大学师生座谈时再次指出："要把立德树人的成效作为检验学校一切工作的根本标准，真正做到以文化人、以德育人，不断提高学生思想水平、政治觉悟、道德品质、文化素养，做到明公德、守公德、严私德。要把立德树人内化到大学建设和管理各领域、各方面、各环节，做到以树人为核心，以立德为根本。"习近平总书记的五四讲话深刻地说明，要坚持落实立德树人这一根本任务，同时必须牢牢抓住理想信念铸魂这一关键环节。由此可见，在新形势之下，高等学校如何转变思路，创新、整合、完善各类课程思政资源，是一个迫切需要解决的问题。

在这样的新趋势之下，高校学生思想政治教育也从传统的"思政课程"模式迈进了今天的"课程思政"模式。我们每一门专业课程都是一道美味的汤羹，"课程思政"就是一个将盐溶入汤中的过程，既不能让汤羹失去美味，又要让学生从中品出盐的味道。如果说"思政课程"是一种显性的正面教育，那么"课程思政"就是一种隐性的侧面教育，寓教于无形，润物于无声。

二、课程思政在"广告文案写作"课程教学中的应用

"广告文案写作"是广告学专业学生的专业核心课程,也是一门必修课。那么,什么是广告文案呢?一般认为,广告文案是指每一广告作品中为传达广告信息而使用的全部语言符号(包括有声语言和文字)所构成的整体。它与非语言符号共同构成有效传达信息的广告作品。

1. 广告文案特征中的课程思政

广告文案具有真实性的特征,可以说,诚实是广告文案的首要品格,也是广告文案乃至广告文案的生命线。举世闻名的广告教父大卫·奥格威曾经多次讲道:"广告必须提供事实……切忌夸大和不实之词","绝对不要制作不愿意让自己的太太和儿子看的广告"。"诸位大概不会有欺骗自己家人的念头,当然也不能欺骗我的家人,己所不欲,勿施于人"。以上的话深刻地体现了:作为一名现在或未来的广告从业者,必须在执业中保持诚实,绝不可以欺骗和误导消费者。

在广告界,一直流传着一个感人的故事。1967年12月1日,这一天对于闻名于世的李奥·贝纳公司而言是一个值得纪念的日子,全球各地分公司的一千两百多位同人欢聚一堂,来参加公司举行的年会。年会上,首先由总裁提尔畅谈了公司当年的营业额和未来展望。然后,由董事会主席莎弗汇报了公司的利润和盈余。接着,则是资深创意总监泰能和大家分享了公司内部的创意作业。最后,著名广告大师公司的创始人和精神领袖李奥·贝纳登台,发表了他一生中最短小但却最著名的一篇演讲。这篇名为《何时该从门上摘下我的名字》的讲稿,全文只有682字,却淋漓尽致地展现了李奥·贝纳对于广告、对于广告人的期冀。他说:"当你们已经不再是所谓有良知的公司时,当你们开始把你们的诚实打折扣时——而诚实才是我们这一行的生命,是一点不能妥协的——到那个时候,我先坚持从门上把我的名字拿掉。"做一个诚实的广告文案撰稿人,就必须做到不提供虚假信息,不做虚假的或者不能兑现的承诺,不使用虚假的或者未经证

明的证言，不以模棱两可的语言和文字误导消费者，不能偏颇地引导消费观念和价值观念。上述的专业课内容，归根结底都可以落到对学生的思想道德培养，对学生诚实做人、诚实做事的教育。

2.广告文案案例中的课程思政

曾经，在中央电视台播出过一则震撼人心的公益广告——《同升一面旗，共爱一个家》。广告中，从北国边陲到南方都市，从贫困山区到经济特区，从广阔乡村到繁华都市，从军营部队到机关学校，不同地域、不同民族、不同职业、不同年龄的中华儿女同升一面国旗，这则广告表现了强烈的爱国主义情怀，引起了受众的广泛共鸣。在讲授这类案例时，可以同时结合思政内容，对学生进行爱国主义教育，唤起学生爱国爱家的思想情怀。

还有一则脍炙人口的公益广告，就是曾在央视播出的《洗脚篇》。广告的画面是妈妈给奶奶洗脚，儿子看到后转身出去了，年轻的母亲到屋外寻找儿子，看到满脸稚气的儿子晃晃悠悠地端来一盆水，妈妈一怔，儿子却说："妈妈洗脚！"广告在最后的位置点明主题：其实父母是孩子最好的老师。这则广告展现了人性的善良和亲情的美好，赢得了广泛的社会赞誉。分析这则案例，可以在讲授专业知识的同时，对学生进行中华民族传统美德的教育，从而达到潜移默化、润物无声的教学效果。

2016 年，中央电视台为庆祝建党九十五周年播出的一则公益广告《我是谁》火爆了网络，也刷爆了朋友圈。这则广告的文案如下："我是谁？是什么样的人？也许你从来没有想过。我是离开最晚的那一个；我是开工最早的那一个；我是想到自己最少的那一个；我是行动最快的那一个；我是牵挂大家最多的那一个……我是中国共产党，始终和你在一起。"大家知道，社会主义核心价值观是公益广告的灵魂，一则好的公益广告一定要努力挖掘其深刻内涵。但是，这种理论上的东西毕竟过于抽象、笼统和概括，不好用文字表述，亦不好用画面展现。然而，为庆祝建党九十五周年而拍摄的这则公益广告《我是谁》却成功地将抽象的东西具象化、概括的东西细致化。该则公益广告成功地将我党的宗旨——全心全意为人民服务转化为对教师、清洁工人、医生、交警、维修工人等不同职业、不同角色、不同岗位的共产党员的使命担当的展现，并通过他们爱岗敬业、无私奉献、牺牲小我、勇于担当等高尚品格，让受众切实感受到我党宗旨的崇高、厚重、无私、博大。

公益广告作为一种价值宣传，一定要讲究方法策略。如果一味地进行单力植入式的灌输，就会引起受众的不适与不快。这就需要在广告中多采用含蓄化、朦胧化、艺术化等手段，提升公益广告的感染力、说服力与艺术格调，从而在无声无息中完成对受众的艺术感化与精神征服。

有人曾经说过："最好的公益广告是在我们身边行走着的温暖着我们的人。"那些融入了浓郁的生活气息的镜头、场景和画面，才能够真正触动受众的灵魂深处，庆祝建党九十五周年的公益广告《我是谁》就完美地做到了这一点。在广告中，清洁工在黄昏的路灯下打扫街道的卫生，医生在一台手术做完后疲惫地摘下口罩，教师在忙碌完一天的工作后默默关闭教室的灯光……这些情境、这些画面都是对现实生活的浓缩和提炼，能够激发受众的情感共鸣，从而达到较好的广告效果。通过对这则广告的课堂讲授，能够让学生在学习专业知识的基础上，更加直观、深刻地理解我党的宗旨——全心全意为人民服务。通过上述案例的讲授，使得许多学生中的入党积极分子坚定了入党的决心，也使得一些普通学生萌生了要加入中国共产党的想法。通过上述案例的讲授，既使学生真正理解了何为文案和画面的和谐共生，又真正做到了专业教学与课程思政的完美统一。

三、"广告文案写作"课程思政应注意的问题

1. 立足大纲，有所创新

教学大纲是教师开展教学活动的主要依据，是衡量教师教学质量的重

要标准，也是评判学生学业成绩的重要参照，绝对不能因为课程思政而脱离专业课程的大纲。进行课程思政同样要立足于课程大纲，要在专业教学内容的基础上，合理融入思政内容，也就是说要根据授课内容来设置思政内容，从而做到教学内容的合理创新、合理改进。

2. 关注热点，更新案例

广告是国民经济发展的"晴雨表"，广告学的专业知识较其他学科而言更新更快，这就要求任课教师定期更新课程的案例库，选取更新且更适宜融入课程思政的案例进行讲授。另外，思政内容也会随着时代的变化而不断进步，作为专业任课教师同样应当关注社会时事热点，从而使课程思政内容更贴近时代脉络，更反映现实情况，才能起到更好的教学效果。

3. 实操实践，内化于心

众所周知，广告学是一个实践性非常强的专业，因此对于学生的专业动手能力非常重视。在教学工作中，我们采取了以赛代练、以赛代考等方式。比如，去年笔者任教的"广告文案写作"课程就关联了第九届全国大学生广告艺术大赛，通过企业发布的真题真做，来锻炼学生们的实操动手能力。在公益广告单元，策略单给定的题目是"中国精神"。为了做好广告，学生们必须深刻领会中国精神所蕴含的丰富内容，从而使学生们在磨炼专业技术的同时，将课程思政内容内化于心，真正起到了一举两得的效果。最终，我校网媒1401B班的曹晔同学通过她的平面广告作品《中国精神——孝》一举夺得第九届大广赛国家级三等奖，从侧面印证了这种教学方式的优势。

课堂不仅是授业解惑的舞台，更是传道育人的阵地。作为一名高等学校的专业课教师，在研磨专业教学内容的同时，一定要树立课程思政的意识，不断提高教学质量、丰富教学手段，在润物无声中实现立德树人的教育目标。

"广告创意案例赏析"课程中的课程思政

刘星辰* 于　雷**

摘　要　习近平总书记在全国高校思想政治工作会议上强调，要用好课堂教学这个主渠道，各类课程都要与思想政治理论课同向同行，形成协同效应。广告创意案例赏析作为对广告创意案例进行分析和学习的课程，积极响应号召，将课程内容与立德树人相结合，学习符合思政精神的成功广告创意案例的经验，总结失败案例的教训，不断探索课程与思政结合的新方法。引导学生在创作中把握思政精神，帮助学生提高思想水平、政治觉悟、道德品质和文化素养。

关键词　广告创意　案例赏析　课程思政

一、课程思政的含义

2017年12月，习近平总书记在全国高校思想政治工作会议上强调了各类课程都要与思想政治理论课同向同行的重要性。2018年5月，习总书

---

*　刘星辰，女，北京联合大学应用文理学院新闻与传播系讲师，传播学硕士。主要课程为传播学概论、影视广告学、广告创意与案例赏析。

**　于雷，男，北京联合大学应用文理学院新闻与传播系讲师。主要课程为广告学概论、新媒体理论等。

记在北京大学师生座谈会上的讲话中提到"大学是立德树人，培育人才的地方，我们的教育要培养德智体美全面发展的社会主义建设者和接班人"。

课程思政，就是指以构建全员、全程、全课程育人格局的形式将各类课程与思想政治理论课同向同行，形成协同效应，把"立德树人"作为教育的根本任务的一种综合教育理念。

广告专业教师不断挖掘所讲授的专业课程与思政教育的内在联系，将思政理念落实到课程大纲、课程教案、课程讲义和课堂活动中，力求将专业知识与思想政治教育充分结合，培育出高品格高水准的专业人才。

二、"广告创意案例赏析"课程简介

"广告创意案例赏析"课程是新闻与传播系广告学专业的一门专业任选课，该课程以经典广告案例为基础，借鉴中外广告大师、广告创意机构的经验和主张，着重阐述广告创意的基本原理，介绍广告创意的概念、广告创意的思维过程、广告创意的原则和广告创意的方法等。通过广告理论与案例的密切结合，使学生理解和掌握广告创意的相关知识，强化对不同创意流派的主张及广告风格的了解，吸收借鉴其精华，培养学生的创造能力。该课程一般安排在本科第一学年的第二学期，从创意角度欣赏、分析和理解广告作品。

三、在授课中进行课程思政的实践

1. 学习符合思政精神的成功创意案例经验

人才培养一定是育人和育才相统一的过程，而育人是本。人无德不立，育人的根本在于立德，这在广告创意活动里有明显的体现。广告创意活动是要将广告信息以独特的手法进行展现，以期达到特定的广告目的。广告作品在社会生活中大量存在，广告文化已是社会文化的重要组成部分，与社会文化有着互动关系，这就要求广告作品必须要有正确的价值导向，不能因为求新求异而随意降低道德底线。广告创作者的价值观、道德品质、思想倾向、思维方式等，皆会对广告表达有重要影响，决定着广告作品是否符合正确的价值观，是否符合伦理道德的要求。这方面有大量的成功广告创意案例。

在"广告创意案例赏析"课程中，师生通过学习成功案例，体会其中的"正能量"。

比如中央电视台自 2001 年以来，一直积极开展利用公益广告的形式来推动全民思想道德建设的工作。这项工作自 2001 年 2 月正式启动以来，到目前为止，共播出中央电视台组织制作及其他社会力量提供的公益广告（包括思想道德主题和其他主题）总数达到 649 条，总播出时间合计约 1069 小时，公益广告播出时长占广告播出总量的 8%，平均每年所占用的广告时间的价值约 10 亿元。这项工作的开展引起社会的强烈反响，为推动社会主义精神文明建设起到了很好的促进作用。

从 2013 年开始，中国中央电视台每两年举办一届"全国电视公益广告大赛"。大赛组委会邀请专业、权威的评审人士，科学评选出一批优秀的电视公益广告作品和创作人。大赛的举办成功激发了社会的创新力量，通过电视公益广告作品，传递社会正能量，形成了较大的社会影响力。

例如 2017 年的大赛，以"行动改变未来"为主题，呼吁更多机构和个人投身电视公益广告事业，通过公益创意，改变未来，感动世界。大赛征集主题多样、直抵人心的电视公益广告作品，涉及的主题有十九大精神、我的中国梦（社会主义核心价值观、爱国、"一带一路"、精准扶贫、大众创业）、文明中国（全民阅读、文明旅游、医患关系）、绿色地球（节能环保、垃圾分类、生物多样化）、中华文化（尊老孝亲、新春系列、中国传统文化）、对外传播中国（这里是中国、中国的发展、中国青年风采、中国人的多彩生活、中国的海外维和、中国的海外援助），等等。大赛表彰中国优秀的电视公益广告作品及创作力量，提升电视公益广告的感染

力、号召力、影响力，以此传递中国梦，弘扬社会主义核心价值观。

此外，为更好地发挥公益广告培育和弘扬社会主义核心价值观的积极作用、为实现"中国梦"凝聚正能量，中国网络电视台"全国优秀广播电视公益广告作品库（电视类作品库）"发布上线。作品库支持全国各级电视台和播出机构观看和下载视频优秀公益广告作品。该平台提供了大量的可以学习和借鉴的成功案例。

除了传统意义上的公益广告，一些弘扬社会主义价值观、弘扬人性真善美的商业广告，降低了人们对商业广告的心理防线，使产品或品牌更易于被消费者接受，同时具有公益宣传作用，这类作品同样值得学习。

2. 总结失败创意案例的教训

广告在通过新颖独特的创意达成较强的传播效果的同时，一定要注意立意和手法是否符合道德要求，是否体现了正确的价值观。倘若违反以上原则，即使广告没有违反法律法规，仍然会引起社会大众的不满，为广告或品牌带来消极影响。

例如最近在网上流传的两则宜家品牌的广告，投放后不久就成了众矢之的。其中一则是拿"剩女"这个概念做文章，广告中母亲角色的台词是"再不带男朋友回来，就别叫我妈！"，女儿角色马上领来了男友，父母兴奋地举全家之力接待这位男友。这种三观不正的创意，充满了对单身女性的歧视，很快招来了大量不满之声，宜家最后只好将广告从一些平台上撤下来，并发布了道歉声明。广告中的情节虽然在一定程度上反映了现实，父母对子女催婚可以说是常见现象，针对"剩女"的言论也是俯拾皆是，但广告作为一种在媒体中广泛传播的文本，不可推卸地肩负着传播正确价值观和伦理道德的社会责任，在选取广告创意元素时要谨慎注意可能带来的社会影响，是否不经意间鼓吹了某种思想观念。

另一则广告的内容是一只与老人情谊深厚的小狗，在老人突发疾病被送上救护车之后，在车后穷追不舍，即使遭遇拦截，也奋力突围。这份情谊和坚持通常会让观看者感动甚至落泪，但是这则广告就此转折：当小狗跨过宜家床品之后，却回过头去，心满意足地窝在宜家床垫上，停止了对老人的追随。创作者想用这样的情节表达宜家床品舒服极了的主题。这样的内容安排确实达到了"出人意料"的效果，但从一些对该广告作品的评论可以看出，这种情节会让观看者感到困惑：只因为贪图舒服，就不忠诚了？就放弃执念了？有网友评论说：本来想要转发分享这则广告，看到最后放弃了这个念头；本来看得想哭，看到最后，哭不出来了。这则广告作品只注意情节逻辑关系的铺设，却忽略了道德和价值观的检验。这样的作品会造成观众的理解混乱，不知所谓，很难得到正面的评价。广告创作者应该具备正确的价值观和道德觉悟，这会有效避免以上创意问题的产生。另外，在创意头脑风暴过后，一定不要忘记从价值观和道德要求的角度检验一遍创意想法或作品，如果在这个环节不合格，即使创意再独到、新颖、震撼，也只能弃之不用，重新来过。

通过对失败案例的学习，学生首先从感官认识层面了解到这种作品的不足，找出其中存在的问题，再分析问题产生的原因，最后总结经验，思考如何避免类似问题的产生。

3. 指导学生在创意练习中贯彻思政精神。

为了能够在创意上新颖独特，教师引导学生进行各种尝试，联想、推理、检验，在文案、图像、结构等方面进行构思。除了分析已有案例的成功与失败，在带领学生进行创意练习时，学生们的创意想法和作品也可以作为案例进行分析，有些想法在逻辑关系上有一定道理，也有一定的新颖性和震撼性，但不符合道德和价值观的要求，就一定要纠正。否则这种创意即使可以付诸实践，也会招致大众的批判。

通过分析成功和失败案例，可以使教师和学生认识到以德树人在创意工作中的重要性。创意课堂上对德行的重视与对创意方法的学习同样重要。作为一名教师，应把教书育人和自我修养结合起来，做到以德立身、以德立学、以德施教，真正做到以文化人、以德育人，不断提高学生的思想水平、政治觉悟、道德品质、文化素养，做到明大德、守公德、严私德，做到以树人为核心，以立德为根本。

四、进一步提升思政水平的设想

1. 在创作实践中强化效果

学到的知识只有应用到实际才能巩固和发展，形成闭环学习。广告创意案例赏析课程在课程安排上有一定比例的课内学时和课外学时留给学生进行创意练习。在这个环节可以安排以弘扬社会主义价值观为主题的创意活动，例如可以借鉴央视公益广告比赛的主题。虽然本课程安排在大学一年级，大多数学生尚未练就扎实的实践基础以参加正式比赛，我们仍然可以借鉴比赛的可选题目进行练习，组成创意小组、选择创意主题、协同创意发想、完善创意作品、总结创意经验、进行创意展示，为今后的广告创意实践打基础，弘扬社会主义价值观。

2. 与相关专业课程共创思政环境

"广告创意案例赏析"课程在广告学课程体系中，与专业其他课程有紧密的关联，例如"广告学概论"课程概括地介绍了广告创意的知识与内容，"传播学概论"课程提供广告创意的传播理论，"市场营销学"课程阐述了广告创意对于产品销售的重要作用，"广告设计"课程为广告创意提供设计理论和设计方法，"广告心理学"课程为广告创意提供心理学依据。因此本课程的课程思政成果可以与本专业课程体系中其他科目的成果相互辐射、共同发展，逐步建立起专业课程思政的完整体系。

将古代汉语纳入通识教育的思考

纪凌云 *

摘 要 通识教育在西方已发展成熟，它强调对人的培养。随着专业教育和职业教育弊端的显现，我国也开始探寻通识教育之路。但是照搬欧美通识教育的模式是行不通的，我们需要建设一条适应中国国情的具有中国特色的通识教育之路。面对新的形势和人才培养中存在的问题，新时代中国特色的通识教育要求我们必须高度重视中华经典的呈现，因为中华文化基本的价值和我们民族的根与魂都蕴含在经典当中。古代汉语课作为一门经典阅读课、文化课正好满足了这一需求。同时工具课的属性，又使古代汉语课的价值超越了单纯的经典阅读课。作为一所应用型地方高校，为了适应首都建设对人才培养提出的要求，我们更应该将古代汉语课纳入通识教育体系。

关键词 通识教育 古代汉语课 经典阅读

一、什么是通识教育？

通识教育（general education）源于古希腊雅典的自由教育（liberal

---

* 纪凌云，女，北京联合大学应用文理学院新闻与传播系讲师。主要研究方向为汉语历史语法、对外汉语教学、语言规划等。

education，又称人文教育或通才教育）。1829 年，美国博德学院（Bowdoin College）的教授帕卡德（A. S. Parkard）首次提出了近现代意义上的通识教育概念。20 世纪美国教育学家们主要针对现代化的专业教育或职业教育的缺陷，经过大胆而有益的尝试，摸索建设了较为完善的通识教育体系。目前，通识教育已在世界上不同国家和高校中陆续发展和成型。

通识教育不是普通常识的教育，不是通才教育或通俗教育，也不是复合型教育。通识教育强调通过对知识的融会贯通，使受教育者在"通"的基础上学会识别判断，形成正确的价值选择和判断能力。其关键是要在心灵上启迪学生的自觉性，使受教育者成为人格健全、视野开阔、和谐发展的完整之人。

二、我们需要什么样的通识教育？

自从学习西方建立高等教育制度以来，我国的高等教育可以说一直是在摸着石头过河，处在不断调整之中。当下教育界有一个基本共识是：单纯的专业教育显得过分功利化，要培养出有益于社会进步的人才，只靠单一的知识传授或技能训练是不够的，还需要对学生进行良好的综合素质教育和培养。我们在现实中不难看到，那些拥有学位但没有好学精神的人照样被知识的更新淘汰，那些有着优异成绩但缺乏信念的人照样被社会的变化淘汰，生活的挫折轻易便摧毁一个人。究其原因，这都是由于他们缺乏健全完善的人格、健康的世界观人生观和强大的内心所致。而这些又是单纯的专业教育和职业教育不可能给予学生的。正如舒大刚教授（2016）所言：西化的教育使我们收获了科技成果，取得了有目共睹的物质成就，但也付出了精神和文化的代价，我们对自己历史文化的真相和精神已不够清楚，我们优秀的价值观、伦理观有所丢弃，这不利于我国的长治久安。❶

---

❶ 舒大刚，朱汉民，颜炳罡，于建福.国学经典价值与高校通识教育［J］.国家教育行政学院学报，2016（12）.

教育学界也意识到这个问题，自 20 世纪 80 年代起，以北大为代表的一批国内高校开始进行本科教育教学改革。改革的方向是从以专业教育为主要特征的苏联教育模式向以通识教育为主要特征的英美教育模式转变。目前国内许多高校基本模仿欧美大学的通识教育体制，将所有课程区分为通识教育课（有的称为"通选课"）、专业课和实践类课程几大模块。通识教育课程中绝大部分学分为英语、政治和体育类课程。剩下的很少一部分学分又分别要在几个大类里选课完成。而各大类中可供学生选择的课程多数属于各专业知识领域内的导论课或科普课，虽然这些课程在一定程度上拓展了学生的知识面，但很难说它们在学生整体素质的培养方面能够发挥多大的作用。这种把通识教育仅仅当作多门跨学科选修课程的知识传授，是国内诸多高校的普遍理解和做法。这种理解和做法实际上只是对欧美通识教育形式上的模仿。

人才培养的实践已经告诉我们，这种单纯形式上的模仿是行不通的，我们必须建设一条适应中国国情的具有中国特色的通识教育之路。秦春华（2016）在谈到构建中国特色的通识教育之路时，提出至少要把握三个要点：第一是不同文化的通识教育有其不同的思想源泉；第二是不同国家和民族的通识教育有其不同的立场；第三是不同社会的通识教育要解决各自所面临的不同的社会问题。❶毫无疑问，中国特色的通识教育必须根植于中国传统文化，解决当代中国社会发展中所面临的问题。

我国现阶段正经历快速城镇化时期，工业高度自动化，农业现代化，各个行业信息化、智能化趋势加快，产业不断升级，各个行业领域对劳动力的素质水平和能力结构的要求不断变化，劳动者需要不断调整岗位以适应新的需求变化。❷在这样的现实情况下，学生所接受的教育不能仅仅只是专业教育与技能训练，而更应该注重培养学生的学习能力、创新能力和思考能力。

---

❶ 秦春华. 我们需要什么样的通识教育［J］. 中国大学教学，2016（11）.
❷ 田俊忠. 关于通识教育本质的认识［J］. 北方民族大学学报（哲学社会科学版），2017（2）.

习近平总书记倡导"中国梦"的实现，不仅是经济、军事、政治上的强大，更应该是文明的崛起，而文明的崛起必须首先要有一套支撑自己文明的精神。总书记在北大的讲话强调高校要"扎根中国办大学"。实际上已经给我们指明了方向，那就是新时代中国特色的通识教育必须高度重视中华经典的呈现，因为"中华文化基本的价值蕴含在经典当中，这里面有中华民族的根与魂，我们要通过研读、感悟经典来传承价值"。❶通过研读、感悟经典来重塑我们自己的民族精神，在研读、感悟的过程中培养学生的学习能力、创新能力和思考能力，并从其中汲取适应新时代的精神力量。

三、古代汉语为何可以进入通识教育？

古代汉语课首先是一门经典阅读课，这满足了新时代中国特色通识教育对教学内容的要求。教育部《完善中华优秀传统文化教育指导纲要》中要求："深入学习中国古代思想文化的重要典籍，理解中华优秀传统文化的精髓。"历经几百年几千年时间考验流传下来的经典，是中华民族核心价值的载体，一直影响着我们的价值观念、思维方式、行为方式，而这些正是人的全面发展中最核心、最基础的部分。正确价值观念的形成，良好行为方式的养成是远比单纯的专业能力更有意义和价值的，它们超越了专业教育对学生谋生技能的培养，给了我们一种能够在社会中安身立命的更深厚的基础、更持久的耐力和更高层次的追求。

古代汉语毫无疑问也是一门文化课。当代许多青年人受西方文化的影响，对中国传统文化不屑一顾，这种态度也源于他们对于传统文化的无知。古代汉语课通过对经典的传授和语言文字的解读，让学生感受和领会丰富的传统文化，实现对自我、民族乃至国家的文化认同。

古代汉语课还是一门工具课。传统经典都是用文言记录和书写的。汉

❶ 舒大刚，朱汉民，颜炳罡，于建福.国学经典价值与高校通识教育［J］.国家教育行政学院学报，2016（12）.

语经过几千年发展，言文 ❶ 早就开始脱节，文言成为一种必须要经过专门训练才能读懂的语言。白话文运动以来，我们实现言文统一的同时，也使得文言离我们愈发遥远。由此掌握文言对于今天的人来说就成为了解和继承优秀传统文化的一把钥匙。通识教育强调培养学生的学习能力，古代汉语课正是通过字词的讲解和相关语法知识的介绍传授给学生自主阅读和学习传统经典的能力。授人以鱼不如授人以渔，从这个意义上说，古代汉语课的价值又远远超出单纯的经典阅读课。

可以说将古代汉语课纳入通识教育是一个一箭双雕、事半功倍的选择，通过这门课既能深入阅读和体验传统文化经典的思想魅力，实现继承传统，从传统中汲取营养的目的，又能掌握解读传统经典的工具，提高学习能力。

四、作为应用型地方高校，将古代汉语纳入通识教育的必要性

目前应用型高校办学中普遍存在的问题是过于注重应用性和职业性，这必然导致与高职院校职业教育的混淆。那么应用型大学究竟要培养什么样的人才？我们如何区别于技术类的高职院校？培养学生具有某个领域的专业知识，掌握一技之长，是应用型高校和高职院校均能实现的教学目标。而我们有别于技术类高职院校之处在于我们培养的学生应该具有更全面的综合素质，更深厚的文化底蕴。

作为北京的一所地方院校，我们主要为首都建设输送各领域所需人才，但是这只是意味着我们培养的人才将主要服务于首都建设，而北京作为政治中心和文化中心，对人才基本素质的要求只会更高。北京作为创新之都，需要的不仅仅是应对当前就业体制需求的各个行业的人才，更需要具备创新精神，具备全方位适应能力，能够随着形势变化更换职业的社会

---

❶ "言文"指口语和书面语。

通才。北京作为国际之都,更需要了解传统,熟悉传统文化,能够用我们的中国之音与世界沟通交流的古今融通之才。

正如前文所言,古代汉语课既是一门经典阅读课,又是一门文化课,还是一门工具课。习近平总书记强调:"读优秀传统文化书籍,是一种以一当十、含金量高的文化阅读。"学生通过这一门课,获得的收获是多方面的,培养的能力是多层次的。在当前推行学分制,各专业的专业课学分大幅压缩的情况下,将古代汉语纳入通识教育便显得更加合理和必要。

五、通识教育中的古代汉语讲什么?

通识教育中古代汉语课首先是经典阅读,经典的范围不仅仅局限于儒家,而是要放眼整个民族文化经典,包括代表中华民族精神信仰、价值观念层面的儒释道各家经典。通过这些经典作品的成书背景、作者情况、重要篇章及其经久不衰的思想价值的介绍,以点带面,使学生全面了解形成我们民族文化性格的儒释道各家思想的核心价值。经典是一个开放的体系,我们回归传统经典不断汲取传统智慧的同时,更要批判性地继承传统思想和文化中的精华,并不断开拓其新的适应时代的价值。因此教学中我们也应引导学生积极思考传统思想和文化在当代的表现及其价值,积极思考哪些精华该取哪些糟粕该去。正如朱汉民教授所说:我们要以文化自信,接续中断了的文化传统,接续文化命脉;同时,我们要不断挖掘传统文化经典中与时俱进的东西,以不断开拓出适应时代的新思想,构建出带有本民族文化特点的一套新的文明形态。❶

字词教学始终是古代汉语课的教学重点和基础。但是通识教育中的古代汉语教学不同于初高中阶段古文教学中的字词教学。对于汉字,我们强调其表意性,强调古人在创造汉字过程中体现出来的智慧。汉字本身也是

---

❶ 舒大刚,朱汉民,颜炳罡,于建福.国学经典价值与高校通识教育〔J〕.国家教育行政学院学报,2016(12).

中国文化的一个重要组成部分，汉字体现出丰富的文化，通过汉字，我们可以窥见古人的思维和古代社会生活的很多方面。对于词，我们强调词义的发展演变，总结归纳词义的发展演变规律，强调词义演变过程中体现出来的古人的思想，培养学生举一反三的能力。

　　深入学习习近平总书记发表的一系列有关弘扬中华优秀传统文化的论述和教育部颁发的《完善中华优秀传统文化教育指导纲要》，我们有理由相信，古代汉语课是一门适应新时代发展需要的各专业学生均应修习的通识教育课，其教学内容也将非常好地体现和完成课程思政的目标和任务。

课程思政与课堂教学

课程思政的内在逻辑与路径探究

——以新闻实务课程教学为例 *

吴惠凡 **

摘　要　从内在逻辑上看，课程思政就是在工具理性和价值理性统一的基础上，追求教育的本质和育人的终极目的，实现知识导向与价值引领的融合，突出显性教育和隐性教育的融通，实现从"思政课程"向"课程思政"的创造性转化。在新闻实务的课程教学中，一方面要在价值引领上下功夫，另一方面要在课程教学环节培育学生正确的道德观念和法律意识，让学生知道新闻工作者在进行新闻报道时，除了需要遵守相应的职业操守和职业规范，还需要遵守一定的道德准则，以及相应的法律法规。

关键词　课程思政　内在逻辑　路径　新闻实务

---

* 本文系"北京联合大学人才强校优选计划"项目成果（BPHR2017DS02），并受北京联合大学应用文理学院 2018 年度院级教育教学改革项目"课程思政背景下的新闻采写课程案例库建设"和 2018 年度院级重点课程建设项目资助。

** 吴惠凡，女，北京联合大学应用文理学院新闻与传播系副教授，硕士生导师。主要研究方向为新闻实务、网络传播。

引　言

高校是党的意识形态工作的前沿阵地，也是党的意识形态工作的独特战线。高校思想政治工作关系到人才培育目标的实现、国家核心竞争力的提高和中华民族的伟大复兴。❶ 习近平总书记在全国高校思想政治工作座谈会上指出，"要坚持把立德树人作为中心环节，把思想政治工作贯穿教育教学全过程，实现全程育人、全方位育人"。"要用好课堂教学这个主渠道，思想政治理论课要坚持在改进中加强，提升思想政治教育亲和力和针对性，满足学生成长发展需求和期待，其他各门课都要守好一段渠、种好责任田，使各类课程与思想政治理论课同向同行，形成协同效应"。❷ 中共中央、国务院印发的《关于加强和改进新形势下高校思想政治工作的意见》指出："要加强对课堂教学和各类思想文化阵地的建设管理。充分发掘和运用各学科蕴含的思想政治教育资源，健全高校课堂教学管理办法。"

以上表述体现了"课程思政"的精神和要求，是对"课程思政"的科学概括和集中阐发。可以说，课程思政就是"立足课程作为学科专业发展的基础地位，从育人维度来关照课程价值，实现思政寓课程，课程融思政，发挥各类课程的思想政治教育资源，共同致力于提高学生的思想水平、政治觉悟、道德品质、文化素养的高校思想政治工作新理念新模式"❸。尽管课程思政的重要性不言而喻，然而长期以来，我国高校大学生思想政治教育始终面临着"孤岛"困境，思政教育与专业教学往往呈现出"两张皮"的状态。在推进"大思政"的背景下，各类专业课程在教学理念、教学目标、教学方法上都需要进行一系列的调整和创新。本文以新闻

❶ 何红娟."思政课程"到"课程思政"发展的内在逻辑及建构策略［J］.思想政治教育研究，2017（5）：60.

❷ 把思想政治工作贯穿教育教学全过程 开创我国高等教育事业发展新局面［N］.人民日报，2016-12-09（1）.

❸ 余江涛，王文起，徐晏清.专业教师实践"课程思政"的逻辑及其要领——以理工科课程为例［J］.学校党建与思想教育，2018（1）：64.

实务的课程教学为样本，探讨课程思政的内在逻辑与生成路径。

一、内在逻辑：追求工具理性与价值理性的统一

德国学者马克斯·韦伯（Max Weber）提出"合理性"（rationality）概念，并将合理性分为两种形式，即工具（合）理性（instrument rationality）和价值（合）理性（value rationality）。其中，工具理性又称"功效理性"或"效率理性"，是指在实践中通过确认工具或手段的有用性，从而追求物的最大价值的功效，是通过精确计算的方法最有效达至目标的理性，是一种以工具崇拜和技术主义为生存目标的价值观；价值理性又称"实质理性"，是指行为者"通过有意识地对一个特定举止的伦理的、美学的、宗教的或作其他阐释的无条件的固有价值的纯粹信仰"，由此"向自己提出某种'戒律'或'要求'"，❶它所关注的是从某些特定的价值理念的角度来看行为的合理性。

工具理性强调行动由追求功利的动机所驱使，行动者纯粹从效果最大化的角度考虑，借助理性达到预期目的，而在一定程度上忽视人的情感和精神价值；价值理性强调动机的纯正和选择正确的手段去实现自己意欲达到的目的。近代以来，两种理性的分离和割裂促使人们在更高层面思考两者之间的关系。工具理性在给人类带来高度发达的物质文明的同时，也给人类带来了新的困惑。如何实现价值理性与工具理性的统一，至今仍是学界的关注热点。

有学者指出，"人们在实践中依靠工具理性实现人的本质力量的对象化，会促使人在更深层面领悟人生价值，深化对价值理性的思考"，而"价值理性的存在，为工具理性的存在提供精神动力"，"如果说我们是通过科学认知实现工具理性的话，对人本质导向在道德层面理想自我的追求

---

❶ ［德］马克斯·韦伯.经济与社会（上卷）［M］. 林荣远，译. 北京：商务印书馆，1997：56.

117

则是价值理性追求的目标"。❶价值理性体现一个人对价值问题的理性思考，价值理性视野中的世界是以"合目的性"的形式存在的意义世界。在这个世界，人对价值和意义的追问，人的最终归宿和终极关怀成为人们关注的重点。在"价值理性"层面，行为人注重行为本身所能代表的价值，即是否实现社会的公平、正义、忠诚、荣誉等。因此，一个人合目的、合规律的社会实践活动的成功，即个人精神价值向社会价值的转化，取决于价值理性与工具理性的统一。

从内在逻辑上看，课程思政就是在工具理性和价值理性统一的基础上，追求教育的本质和育人的终极目的。课程作为科学知识的载体，蕴含着人们对自然、社会和人的思考和探索，承载着人类实践过程中的经验和认知，最终目的是为了促进人与自然、人与社会的和谐，实现人类自由而全面的发展。课程思政突破了传统意义上知识体系的割裂，力求在"育人"这一更高的教育目标上实现知识汇流。具体而言，课程思政就是挖掘课程背后所蕴含的隐形教育资源，传授有温度、有厚度的知识，而非单向度、线性化的知识，让学生在课程的学习中得到精神层面的熏陶和滋养，促进学生知识、能力和素养的全面提升。

二、目标调适：实现知识导向与价值引领的融合

基于以上逻辑，在推进"大思政"的背景下，如今的课堂教学要进行适度的目标调适，把过去那种单纯的知识传授，转变为知识、能力和素养的全面培育，实现知识导向与价值引领的融合。我们知道，课堂教学本身就是"育人"的过程，而知识传授和价值引领是"育人"的基本实现形式。因此，在课程教学中，既要注重在价值传播中凝聚知识底蕴，又要注重在知识传播中强调价值引领，突出显性教育和隐性教育之间的相互融

---

❶ 魏小兰.论价值理性与工具理性［J］.江西行政学院学报，2004（2）：64.

通，实现从"思政课程"向"课程思政"的创造性转化。❶

　　首先，应正确认识和处理知识导向与价值引领之间的关系，要明确知识导向不能没有价值作为支撑，价值导向引领着人才培养的方向；其次，应正确认识和处理专业技能训练与人的全面发展的关系，要注重对学生世界观、人生观以及价值观的塑造，为学生成长打下扎实的价值底色；再次，应正确认识和处理意识形态主导性和课程丰富多样性的关系，既要增强马克思主义在意识形态领域的主导地位，又要根据不同课程的特点有所侧重，使主导性与多样性紧密结合。❷

　　具体到新闻实务的课程教学中，要实现课程思政的"育人"目标，就应该平衡知识传授、技能训练和价值塑造之间的关系，选择正确的价值维度，在教授学生关于新闻业务的理论知识和实践技能的同时，帮助学生树立马克思主义新闻观和社会主义核心价值观，培养学生正确看待社会问题和社会现象的能力，明确他们作为新闻工作者的历史使命感和社会责任感，提升他们的新闻敏感和政治敏感，培育正确的道德观念和法律意识。

　　具体来讲，要坚持不懈地培育和弘扬社会主义核心价值观，引导学生做社会主义核心价值观的坚定信仰者、积极传播者、模范践行者；要结合新闻实践，教育引导学生正确认识世界和中国发展大势，从中国共产党探索中国特色社会主义的伟大历史实践中，认识和把握人类社会发展的规律，全面客观地认识当代中国、看待外部世界，并运用正确的价值导向，对社会热点事件和热点问题展开报道和评论，做政治合格的传播者；要培养学生的大局意识，树立新闻人的远大理想，坚定为中国特色社会主义奋斗的信念和信心；要帮助学生明确时代责任和历史使命，用中国梦激扬青春梦，激励学生自觉把个人的理想追求融入国家和民族的事业中，勇做走在时代前列的奋进者、开拓者。

---

❶　高德毅，宗爱东.从思政课程到课程思政：从战略高度构建高校思想政治教育课程体系［J］.中国高等教育，2017（1）：44.

❷　邱伟光.课程思政的价值意蕴与生成路径［J］.思想理论教育，2017（7）：12.

比如，在新闻评论的课堂上，引导学生关注社会热点事件，关注党和国家的大政方针，深刻领会党中央治国理政的新理念、新思想、新战略，同时把社会主义核心价值观融入课程教学当中，帮助学生树立正确的世界观、人生观、价值观，既传授给学生扎实的业务能力，同时也培养学生作为一个新闻评论员的基本政治素养；在课程教学中不断加强国家意识、法治意识、社会责任意识教育，加强社会公德、职业道德、家庭美德、个人品德教育，引导学生坚定中国特色社会主义道路自信、理论自信、制度自信、文化自信，为社会输送政治合格、业务过硬，并且具有远大理想的新闻工作者。

此外，教师要善于因时、因势利导，推进课程思政与课堂教学相结合。比如在记者节当天的课堂上，在讲到新闻报道的社会功能时，可以引导学生思考当代新闻工作者的责任和使命，告诉学生：记者的使命就是做历史忠实的记录者和守望者，因为今天的新闻就是明天的历史，记者应该给后人留下可资镜鉴的信史，而非稗史逸闻；记者的使命是一种秉笔直书、为民请命的社会良知和济世情怀，是一种忧国忧民的社会责任感和历史使命感，更是一种将公众利益、社会公平放在第一位的思想境界和价值追求；记者的使命还在于弘扬一种人文理念，使诸如公平、正义、自由、民主、科学等理念融入人心。通过课堂讨论和教师引导，让学生明确新闻工作者作为"历史见证人、时代记录者"的角色定位，让学生知道记者"笔下有财产万千，笔下有毁誉忠奸，笔下有是非曲直，笔下有人命关天"，帮助学生树立"铁肩担道义，妙手著文章"的理想和情怀，真正实现知识传授和价值引领的融合。

三、路径延展：促进道德观念与法律意识的强化

价值观的引导需要潜移默化、春风化雨，因此，课程思政需要将马克思主义新闻观、社会主义核心价值观等贯穿于教学的各个环节，融课程思

政于课堂教学之中。具体到新闻实务课程，除了要在价值引领方面下功夫，还应该在课程教学环节培育学生正确的道德观念与法律意识，让学生知道新闻工作者在进行新闻报道的过程中，除了需要遵守相应的职业操守和职业规范，还需要遵守一定的道德准则，以及相应的法律法规。这种课程思政的路径延展，具体表现在以下几个方面。

1. 明确自身角色定位，依法进行新闻监督

新闻监督是指对社会上某些组织或个人的违法、违纪等不良现象及行为，通过媒体报道进行曝光和揭露，以达到抨击时弊、抑恶扬善的目的。在新闻报道中，有相当一部分是以揭露、批评为主的报道，它所揭露与批评的重点往往是同百姓生活密切相关的现象和问题，特别是一些社会不公正现象。这类监督报道不仅更真实、更全面、更深入地反映了社会现实和民情民意，有助于社会问题的及时解决，同时对于民众来说也是一种情绪宣泄的渠道，在一定程度上起到了"排气阀"的作用，有利于缓解社会矛盾，维护社会稳定。某些久拖不决或处理不公的严重违法犯罪案件，一旦在新闻媒体中予以曝光，往往能够迅速引起有关部门的重视，乃至全社会的关注，从而使问题得到较快较好的解决。

然而，新闻监督是一把双刃剑，如果运用不当，容易产生一些负面影响，特别是对于涉警、涉案新闻的监督报道，如果尺度把握不当，很容易产生越界行为，甚至造成不必要的权益侵害。对此，在新闻实务的课程教学中，一方面，要强调社会责任的重要性，告诉学生新闻记者要秉持公平正义原则，深入社会基层，直面复杂、多变的社会生活，关注各类人群的生存状态，关注可能引发冲突的社会关系和社会矛盾，对社会舆论中的热点、难点问题，以及触及某些敏感区域的社会问题，勇于进行揭露，努力还原真相；另一方面，要让学生明白，媒体只是一个传播讯息的机构，并不具备行政和司法的职能，当它在进行新闻监督的时候，一定要明确自身的角色定位，把握正确合理的尺度，从客观公正的立场出发，揭露事件的真实面目，呼吁相关方对事件进行彻底调查和妥善解决，切不可越俎代

庖，对职能部门和司法部门施加不必要的压力，甚至干预司法，产生侵权行为。

总之，通过课程思政的融入，学生不仅应该掌握基本的专业知识和实践技能，还应当明确，在新闻报道的过程中，记者要保持审慎的态度，牢记自己的职业身份，冷静、客观地对事件进行分析，如实反映民意民情，切不可感情用事，在报道中过度渲染、煽情，违背新闻报道的基本原则；新闻媒体要恰到好处地发挥监督的力量，让新闻监督成为社会良性运转的保障，而不是激化社会矛盾、加剧社会不公的导火索。

2. 明确自身职权范围，避免"媒介审判"

"媒介审判"是指新闻媒介超越正常的司法程序对被报道对象所做的一种先在性的"审判预设"。从法理学的视角看，"媒介审判"损害了媒体作为社会公器的形象，是新闻媒体的职能错位，它使得司法独立和新闻自由的天平过分倾斜，有悖于法治精神。

新闻报道常常涉及一些社会纠纷或违法现象，报道内容有时已进入司法程序。因此，媒体在报道过程中既要保障公民的知情权，充分发挥舆论监督功能，又要严格恪守职业规范，把握报道的"度"，切不可发生媒体干预司法的行为。在课堂教学中，可以结合案例讨论，引导学生明确新闻报道过程中应该遵守的行为规范：尽量保持客观中立的态度，给涉事各方一个平等发言的机会；不要对还未做出判决的案件进行提前预判，也不要对事件进行过分的情绪渲染；不要以第一人称的身份发表带有主观色彩的导向性言论，不要肆意煽动舆论；保证当事人的合法权利，不要对一些不宜提前披露的案件细节进行公开；保护当事人的人格尊严，不要随意披露与案件无关的个人信息和个人隐私；尊重涉案人员亲属及友人的合法权利，不要干扰他人生活。

总之，要增强学生的法律意识，在报道中明确自身的职责与权利，在法律允许的范围内披露真实准确、没有异议的事实性信息，不要发布一些未经核实、模棱两可的信息，不要刻意制造带有争议性的话题以引发民众的猜测和质疑。在涉案新闻报道中，媒体要做的是信息公开，保障公民合法的知情权，而不是判案断案，充当法官的角色。因此，通过新闻实务的课程教学，学生应该确立基本的价值导向：面对一些敏感性强、社会影响大、公众关注度高的案件时，要确保报道客观公正，防止出现背离事实真相的不当炒作；要进行舆情追踪，当出现偏离事实真相的舆情时，要及时加以引导，在条件允许的情况下，主动披露事实信息，掌握话语主动权；要注重司法裁判对社会主流道德取向的引导作用，把正确的价值判断和社会主流价值观有机地融入司法裁判当中，实现案件法律效果与社会效果的统一。

3.明确自身价值追求，杜绝"新闻寻租"

"新闻寻租"是指媒介机构及其从业人员利用掌握的新闻报道权力，为自身谋取不正当的政治、经济利益的行为。新闻媒体作为"第四权力"的象征，具有监督社会、引导舆论的作用。如果记者自身的职业素养不高、自律意识不强，就容易为一些别有用心之人所利用，成为"新闻寻租"的对象。

当前，最为普遍的一类"新闻寻租"行为是媒介机构被商业组织收买，为这些商业组织发布变相的"有偿新闻"，如为企业和机构进行夸大性质的不实宣传，或对竞争对手进行不当打压。另一种典型的"新闻寻租"行为就是收受和索要"封口费"，特别是在调查性、监督性报道中，记者可能会面对涉事方主动提供的"封口费"，或是其他具有诱惑性的交换条件，此时记者如果自我约束意识薄弱，就容易做出违反职业操守的行为。此外，一些媒体在采访到对某些商业机构不利的负面新闻后，为了追求经济利益，会主动对该商业机构进行要挟，要求对方给予一定的经济补偿来换取信息的不发布。更有甚者，一些媒体会主动寻找目标对象，要求其支付一定数额的所谓"合作费用"，否则就会调查并发布与其相关的负面报道，甚至通过夸大其词、虚张声势、无中生有的手法，对负面消息进行大肆渲染。

新闻工作者应当是社会发展进步的守护者、监督者，早期报人"不党、不卖、不私、不盲"的主张，在各类压力和诱惑层出不穷的今天，对新闻从业者来讲不失为一个很好的提点和警示。"新闻寻租"行为不仅有违新闻职业道德，而且严重损害了媒体的公信力，破坏了正常的市场秩序，理应杜绝。通过课堂教学，应该让学生明确自身价值追求，并且让他们深刻地意识到，对于新闻从业者个人而言，如果不能慎重地对待和珍惜手中的新闻报道权力，而是用这种权力去交换不当的政治、经济利益，那么损失的不仅是自己的信誉，甚至会葬送自己的整个职业生涯。

结　语

当前，多元文化相互碰撞，各类思想彼此交锋，这既给高校带来了发展机遇，也带来了一系列冲击和挑战。作为青年人，大学生群体的思想是极具可塑性的，他们除了在学校接受主流思想和社会主义核心价值观的教育外，还可能受到社会上各类非主流思想和形形色色价值观的影响。对此，教师在课堂教学中不仅要注重学生知识和能力的培养，更要注重学生的思想和价值观的塑造。由于高校的办学是分学科、分专业的，因此高校的"课程思政"建设要在服务学科发展和专业培养目标的基础上，承载起精神塑造和价值引领的功能，使学生"既具有个人的小德，也具有国家、社会的大德，树立价值观自信，确保高校立德树人根本目标的实现"❶。

普利策曾经说过，"倘若国家是一条船，记者就是船头的瞭望者。他要观察海上的任何风浪，并及时发出警报"。在新闻实务的课堂上，通过课程思政，我们培养的未来新闻工作者就应该具备这样的素养：他们不只是掌握报道技巧的事实记录者，也不只是掌握媒介技术的信息传播者，而应当是一个具有良好思想境界、高尚人文情怀和高度社会责任感的时代记

---

❶ 邱伟光.课程思政的价值意蕴与生成路径［J］.思想理论教育，2017（7）：11.

录者，是一个具有政治洞察力、新闻发现力和思想穿透力的社会进步推动者。教师在课程教学中应弘扬主旋律，发出中国声音，弘扬中国精神，传播社会主义核心价值观，重视对学生良好思想品德的塑造和培育，使教学过程成为引导学生增长知识、锤炼心志、修养品性的过程，最终实现"教书"和"育人"的统一，真正将思政教育与专业教学这"两张皮"融为一体。

新媒体与课程思政双重视域下的本科课堂教学面临的挑战与对策研究[*]

冯春海^{**}

摘　要　新媒体语境下，信息传播方式发生巨变，社会关系得以重塑。在此背景下，本科课堂教学主要面临三个挑战：知识平权，注意力稀释，信息接收和认知习惯变化。这种情况下，课堂教学"过时论""替代论"和"消亡论"三种论调甚嚣尘上。从"思政课程"到"课程思政"的转变更是对课堂教学提出了新的要求：如何正确地认识"课程思政"以及这种转变，"课程思政"在课堂教学中如何实施，这都是课堂教学面临的新问题。面对这些问题与挑战，高校教师需要革新观念和创新实践。观念层面，"课程思政"是教育价值理性的回归，课堂教学是新媒体时代开展"课程思政"的美好方式；实践层面，提高教师媒介素养，创新课堂教学模式与方法。在"变"与"恒"的辩证统一中，打造新时代的本科课堂教学，提高课堂教学效果。

关键词　新媒体　课程思政　课堂教学　挑战　对策

---

* 　本文系北京联合大学 2018 年度教育教学研究与改革重点项目"《传播学原理》课程思政建设研究与实践"（JJ2018Z017）研究成果。

** 冯春海，男，北京联合大学应用文理学院新闻与传播系讲师，传播学博士。主要研究方向为应用传播。

无论是新媒体的发展还是"课程思政"的提出，都对课堂教学这一传统方式提出了新的要求。本文结合作者自身的教学经历，以及参与北京市属高校教师发展基地研修的过程，利用实地观察、深度访谈和个案分析等研究方法，研究新时代本科课堂教学面临的挑战并提出相应的对策。

一、新媒体语境下课堂教学面临的挑战

新媒体不仅带来了信息传播方式的革新，而且重塑了社会关系。在此背景下，本科课堂教学主要面临三个挑战：知识平权，注意力稀释以及信息接收和认知习惯变化。

（一）知识平权

新媒体改变了和正在改变着人类信息的生产、分配、流通与消费，每个会使用新媒体的人都可以生产信息、发布信息和消费信息，信息垄断被打破，信息平权和民主得以初步实现。与此相应，作为信息集成、加工和处理的产物，知识垄断也开始被打破，人们可以借助新媒体免费或适度付费生产、发布和获取各种各样的知识。这一方面降低了知识生产、发布与消费的成本，加速了知识平权和广泛传播，促进了文化传承；另一方面带来了知识的碎片化和知识权威的消解与衰落。

这种情况下，传统大学面临各种"网络大学"的冲击与挑战，大学职业教师作为人类知识集成者和文化传播者的角色与相应的职责面临着更多的替代性竞争，课堂教学的主导地位遭遇挑战，教师的职业权威不断被消解。这是由新媒体带来的知识平权所引发的结果，也是课堂教学在新时代面临的重要挑战之一。

（二）注意力稀释

简单而言，注意力是人们关注一个事物的持久程度，它是有限的稀缺

资源，不能共享，无法复制，学生的注意力亦不例外。

新媒体环境下，学生注意力，尤其是课堂注意力被不断抢夺、稀释，甚至是侵害。根据中国互联网络信息中心的最新数据，截至 2017 年 12 月，中国网民达到 7.72 亿。其中，手机网民 7.53 亿；学生群体占比 25.4%，是用网第一主力；大专学生占比 9.2%，本科及以上占比 11.2%，累计用户约 1.6 亿；即时通信、网络搜索、网络新闻、音频和视频还有网络游戏等是网民主要应用，其中即时通信用户 7.2 亿，网络直播用户 4.22 亿；平均每周上网时长为 27 小时。透过这些最新的权威数据，我们不难看出，争夺学生注意力的主要因素是新媒体及其相关应用。可以说，在新媒体时代，"课堂教学面临着零散化的信息对学生学习精力的侵害"。❶ 这样，我们也就不难理解，上课看手机成为大学"独特风景"的现实了。

（三）信息接收和认知习惯变化

媒介思想家马歇尔·麦克卢汉认为，媒介是人体的延伸，新媒介在延伸人们各种感官的同时也改变着感官比例和神经中枢系统，进而形塑人们的认知和思维方式。根据麦氏的这一理论，当代大学生的信息接收和认知习惯发生了巨大变化：相较于语言文字，更喜欢接收多媒体信息，尤其是图片和视频；相较于纸质阅读，更喜欢电子阅读；相较于传统讲授方式，更喜欢互动方式接收信息，而不是单向传播。

在此背景下，基于语言文字和纸质阅读的深度认知和严密的逻辑思维不断被消解，新媒体带来的"浅阅读、浅思考、浅理解和浅记忆"则成为主导式认知。这有助于解释一些教学现象：学生不喜欢阅读纸质书籍和撰写读书报告类作业，一篇几百字的小论文就语病频出且缺乏逻辑。

总之，面对新媒体上述的三种挑战，课堂教学"过时论""替代论"甚至是"消亡论"等论调甚嚣尘上，很多大学老师亦深以为然或不为所动。

---

❶ 郑琪. 新媒体时代下的新闻传媒课堂教学［J］. 今传媒，2017（2）：137.

二、"课程思政"语境下课堂教学面临的问题

在新媒体时代，各种社会思想观念与价值观多元并存，对高校思想政治工作形成了挑战。在此背景下，全国高校思想政治工作会议于2016年12月召开，习近平总书记在会上强调，要坚持把立德树人作为中心环节，把思想政治工作贯穿教育教学全过程，实现全程育人、全方位育人。这种以"立德树人"为根本目标，将各类课程与思想政治理论课协同，构建全员、全程和全课育人格局的综合教育理念与实践便是"课堂思政"。

从"思政课程"到"课程思政"的转变，对高校课堂教学的理念与实践构成了双重挑战。首先，如何客观、理性、系统和科学地认识"课程思政"构成了观念上的挑战。面对这一相对较新的事物，高校教师在心理准备和认识上还不够充分，或观望、或抵触、或排斥、或误解：认为价值引领是"思政课程"的任务，其他专业课只管知识传授和能力培养，"思政课程"与专业课程两张皮，无法协同。❶另外，有的高校和教师将"课程思政"片面地理解为纯粹的政治意识形态灌输，将专业课程几乎等同于"思政课程"，忽视了专业课自身的规律和独特的育人功能。其次，如何利用课堂这一主渠道开展"课程思政"教学，即实现"专业"与"思政"的有机融合与统一，构成了实践上的挑战。在新媒体时代，课堂教学本身就面临多重挑战，"思政课程"的课堂教学更是不容乐观。面对崭新的"课程思政"，很多高校老师往往感觉无从下手，这是当下较为普遍的现象。

总之，什么是"课程思政"以及如何开展"课程思政"构成了新时代高校课堂教学面临的主要问题。

---

❶ 李国娟.课程思政建设必须牢牢把握五个关键环节［J］.中国高等教育，2017（Z3）：28.

三、课堂教学是新媒体时代开展"课程思政"的美好方式

面对新媒体与"课程思政"带来的挑战与问题，高校课堂教学在观念上需要解决两个问题：科学理解和全面把握"课程思政"的内涵、本质与意义，专业和历史地看待课堂教学的地位、重要性和生命力。

（一）课程思政是教育理性和本质的回归

"课程思政"中的"课程"不是某一门或某一类的教学科目与教育活动，而是学校育人的所有教学科目和教育活动。❶可见，这里的课程是广义的泛课程体系和生态系统，既包括思想政治类课程，也包括专业类课程；既包括理论课程，也包括实践课程。进一步言之，凡是具有育人尤其是德育资源和功能的教学科目、环节和活动都可视为"课程"，都是"思政"教育的载体。

"课程思政"中的"思政"首先是"思"，泛指古今中外人类社会所有优秀的思想观念、伦理道德和法律法规等，它是资源也是手段；"政"是政治方向、政治意识、政治知识和政治素养，规定了教育教学的方向、宗旨、定位和结果。进一步言之，"思政"不仅是意识形态，更是人类思想；不仅是资源手段，更是结果。

总之，"课程思政"是教育理念，主张所有课程都具有"育人"功能，而且是第一位的功能；"课程思政"是课程生态系统，全课程全环节育人，专业逻辑背后蕴藏着丰厚的"思政"资源；"课程思政"是教学实践，将专业知识与"思政资源"有机融合，将知识传授、能力培养和价值引领有机统一；"课程思政"是定位系统，明确了教育教学方向，指引着"为谁培养人、培养什么样的人和怎么培养人"。一言以蔽之，"课程思政"的本质是教育价值理性的回归，由培养知识和技能为主的工具理性向价值引

---

❶ 邱开金.从思政课程到课程思政，路该怎样走［N/OL］.中国教育报，2017-03-21.http：//www.cssn.cn/jyx/jyx_xzljy/201703/t20170321_3458813.shtml.

领的价值理性转向，"将高校思想政治教育融入课程教学和改革的各环节、各方面，实现立德树人润物无声"。❶

（二）课堂教学是经济、有效和美好的教学方式

面对课堂教学"过时论"，甚至是"消亡论"等论调，中央从国家战略高度提出，课堂教学是立德树人的主渠道，从国家高度和政治层面否定了这些片面的说辞。

从人类社会历史发展的进程来看，教育具有悠久的历史传统，传承下来很多跨越时空且颠扑不破的教育方法和规律，课堂教学便是其一。从辩证的发展的眼光看，在新时代，课堂教学依然是最为经济、有效和美好的教学方式。笔者在参与北京市属高校教师发展基地研修的过程中，对一些高校教师进行了深度访谈：北京大学哲学系杨立华教授的课堂教学至今不用幻灯片，主张在教育理念上回归中国传统，在《礼记》"学记"篇等经典中寻找颠扑不破的教育规律。在课堂教学上精耕细作，使其成为教师成长的场所。北京大学教师发展中心邓辉教授认为，传统未必是坏的，现在各种教学理念和改革是反传统的，这是错误的。比如，"慕课"潮流刚过去，"翻转课堂"便接踵而至，这种形式的变化和过度追求形式创新并未解决教学的实质问题，反而增加了老师和学生的负担。互联网时代，面对面的教育依然是性价比最高的教学方式，最核心的依然是传统课堂教学。之所以造成课堂教学目前的一些困境，不是课堂教学本身的问题，而是金钱思维和科研思维绑架和碾压教学的结果。北京师范大学李芒教授对此持有同样观点，无论时代和教育技术如何改变，面对面课堂教学具有不可替代性，讲解式教学方法是世界上最美丽的教学方法。现在不是这种方法出了问题，而是人出了问题，使用方法的人出了问题。从这些代表性的访谈结果来看，课堂教学依然是最为经济、有效和美好的教学方式，具有恒久的

---

❶ 高德毅，宗爱东. 课程思政：有效发挥课堂育人主渠道作用的必然选择［J］. 思想理论教育导刊，2017（1）：33.

生命力。

从传播的专业视角看，课堂教学是组织传播、小群体传播和人际传播的叠加与整合。首先，课堂教学是组织内的正式传播活动，是组织化的个人高校教师在教学规范的要求下开展的有目的的正式传播活动，具有制度性、严密性和规范性的特点；其次，课堂上小组讨论和教师点评等环节又体现出小群体传播的特点，活泼而灵动；最后，提问和回答等环节则是典型的人际传播活动，而互动性强和反馈快是人际传播的突出特点，这有助于课堂互动和实时调整课堂教学活动，进而提升课堂教学效果。三者以人际传播为基点，你中有我，我中有你，优缺点互补，决定了课堂教学的不可替代性和无与伦比的生命力。

总之，专业地和历史地看课堂教学，它依然是新时代最为经济、有效和美好的教学方式。

四、提高媒介素养与创新课堂教学模式及方法

虽然课堂教学具有不可替代性，是最为经济、有效和美好的教学方式，但这并不等于抱残守缺和故步自封，而是需要与时俱进，不断创新。具体而言，在新媒体和"课程思政"双重语境下，课堂教学需要双管齐下：提高高校教师的媒介素养，创新课堂教学模式和方法。

（一）提高高校教师的媒介素养

简单而言，媒介素养是指人们正确地认识媒介，建设性使用媒介技术与资源的意识和能力的总和，包括科学全面的媒介认知以及批判性的媒介使用。课堂教学，尤其是新闻传播类的课堂教学本身就与媒介技术密切相关。无论是什么专业，高校教师都必须切实提高自己的媒介素养，尤其是网络媒介素养。

高校教师可以通过多种途径提高媒介认知水平，包括利用网络自学，

去本校或附近兄弟院校的新闻传播院系或教育学相关院所交流或聆听相关课程与讲座，参与本校教师发展中心组织的相关培训，参与北京市教委等机构发起的相关项目。笔者通过自学、参与北京市高校教育技术等级培训与考试以及北京市属高校教师发展基地研修等方式提高自己的媒介素养，受益匪浅。

在有了科学的媒介认知后，高校教师就可以理性地运用媒介技术和资源服务于课堂教学。这里的理性有两层意思：建设性地使用媒介技术和资源，也就是出于好的动机和目的往好的方向使用媒介；批判性地使用媒介技术和资源，在使用媒介的同时看到其缺陷、不足和负面功能，尽量加以避免。笔者在北京师范大学聆听了吴娟、董艳和郑葳教授的讲座并在课后与他们进行了交流。他们都认为，在教育技术变革的背景下，要重视"学情分析"，了解学生接收和认知习惯的变化，充分利用雨课堂、蓝墨云班和轻提文献等媒介技术资源服务教学，提升教学效率、效果与效益。但也有部分老师认为，这些媒介技术资源的引入会在课堂教学过程中"喧宾夺主"，干扰课堂教学效果。这就要求我们结合"学情"，平衡利弊，理性运用。

（二）创新课堂教学模式与方法

新媒体时代，学生信息接收和认知习惯都发生了巨变，更喜欢"富文本"的多媒体呈现形式以及相对意义上的感性认知；同时，学生主体人格觉醒，要求互动和平等的沟通与交流。"课程思政"则要求"专业"与"思政"融合，知识传授与价值引领统一。

这种情况下，在提高媒介素养的基础上，高校教师还需创新课堂教学模式与方法。具体而言，从传统教学模式向新媒体教学模式转向，从演绎教学向归纳教学转变，引入案例教学、情景教学、互动教学和多媒体教学等教学方法。

1. 教学模式的双重转变

我国现行的大学课堂教学模式受苏联影响较大。苏联教育家凯洛夫提倡将组织教学、导入新课、讲授新课、巩固新课和布置作业五个环节结合的教学模式。❶ 这种单向的线性教学模式最突出的特点就是"满堂灌",学生的主体性、互动性和参与性非常弱,这就造成了教师"热情"讲授和学生"冷漠"玩手机的冰火两重天的现象。知识传授的效果都很弱,更不用说能力培养和价值引领了。这与新媒体和"课程思政"的要求是不匹配的,需要由传统教学模式向新媒体教学模式转向。"利用新媒体建立师生互相交流的信息平台,显示出现代教学的显著新特性,即创新性、先进性、贴近性、覆盖性,以及实时性和互动性。"❷ 相较于传统课堂教学而言,新媒体教学模式契合了学生媒介使用偏好、信息接收和认知习惯的变化,满足了当代大学生渴望平等参与、互动交流和自我展示的心理需求,遵循了学生感性认知的规律,调动了学生学习的积极性、主动性和参与性,盘活了课堂教学这个师生共生的场域,提高了知识传授、能力培养和价值引领的效果。这种转向既考虑了作为教学客体的学生的习惯,又尊重了作为教学主体的学生的需求,兼顾了学生的客体性与主体性。在这种转变下,课堂教学由单一文本呈现转向多媒体"富文本"展示,由单向传播走向双向互动。比如,在"公共关系"课堂教学过程中,笔者通过引入与主题相关的网络视频或影视作品案例,来调动同学们的兴趣和注意力,进而通过现场互动讨论或"微信课堂"讨论实现多元互动,最大限度地吸引学生充分参与,教学效果反馈较好。

与此相应,课堂教学过程需要从演绎教学走向归纳教学。从教学论的视角看,目前我国课堂教学模式主要有演绎教学和归纳教学两种,而且以演绎教学为主,归纳教学较少。❸ 新媒体时代,大学生更喜欢视觉信息,并基于此形成了感性认知行为。由浅入深,由个体到一般的归纳教学模式

---

❶ 张利民.课堂教学模式的选择与应用[J].陕西教育学院学报,2004(1):115–120.

❷ 吕延昌.新媒体下课堂教学的创新与拓展[J/OL].科学与财富,2016(29).http://www.fx361.com/page/2016/1227/449252.shtml.

❸ 王鉴,田振华.从演绎到归纳:教学论的知识转型[J].教育理论与实践,2013(4):45.

更加适合这种认知习惯。因此，课堂教学过程的组织模式需从演绎教学转向归纳教学。比如，在"传播学原理"课程"两种传播观"的讲解时，作者原来采取的是演绎模式，先讲解"传递观"和"仪式观"的概念、区别和联系，然后再举例分析，效果不是太理想；后来，笔者先从"春晚"这一同学们熟悉的案例切入，通过互动讨论的方式调研大家看"春晚"和不看"春晚"的原因与理由，然后一起总结背后的传播观，进而分析其区别与联系。这样由浅入深，由个体到一般，学生不仅理解得快、掌握得牢，而且训练了其思维方式和学习方法。

2. 引入案例教学、情景教学、互动教学和多媒体教学方法

在新媒体教学和归纳教学模式下，引入案例教学、情景教学、互动教学和多媒体教学方法并综合运用，是提升课堂教学效果和实现"课程思政"目标的重要路径。

案例教学作为经典的教学方法在新媒体时代需要加以创新使用。通过长时间的探索与实践，"案例视频化"是一个不错的选择。在"公共关系"第一次课中，通过播放影视作品《摩纳哥王妃》这一案例，吸引学生带着问题去观看，然后互动讨论，初步感知"公关何谓"与"公关何为"，进而喜欢上这门课，同时启发了学生在人生十字路口时如何抉择等。在讲解"美国公关史"上第一个现代企业公关部诞生的过程中，通过观看《美国商业大亨传奇》《交流电之父特斯拉》以及影视作品《电力之战》等视频剪辑，重新穿越到过去的情景中，感知爱迪生与特斯拉、直流电与交流电、通用电气和西屋电气之间的商业大战以及背后的公关战，进而引出公关伦理与价值观的问题，让同学们在一开始就重视公关伦理与价值观的作用，为其将来创新创业奠定好伦理基础。在"传播学原理"课堂教学中，通过引入《领导人是怎样炼成的》《中国共产党与你一起在路上》《中国国家形象宣传片》等一系列最新的时政短视频案例，同学既了解了时政知识、学习了重大时政新闻的创新传播技能，又提升了政治素养。

情景教学是通过情景再现和模拟演练而实现教学目标的一种教学方

法，在应用传播课程中非常有效。在"危机传播管理"课程中的"新闻发布"章节，通过教师设置和学生自选组成若干个实际或模拟的危机情景，然后分组认领其中一个情景，小组中一半的成员扮演危机公关的新闻发言人团队，另一半扮演媒体记者团队。小组按照抽签顺序进行模拟演练，其他各组同学可以即兴提问、事后讨论、做评委给每组打分，教师最后做点评总结，最终选出前三名并进行适当奖励。这种情景教学充分调动了学生的积极性、参与性，最大限度发挥了其主体性，又充分实现了双向互动，课堂气氛活跃，学生参与度高，效果很好。

互动教学与其说是一种方法，不如说是一种理念。教师可以通过新媒体技术实现互动，也可以利用传统方式实现互动：现场提问、课堂讨论、现场辩论等。无论哪一种方式，都是为了调动学生的积极性和参与性，发挥其主体性，实现真正意义上的互动。所不同的是，传统互动方式局限在课堂上，新兴互动方式则可以延展到线下，包括课前、课中和课后，实现全程互动，比如雨课堂技术，这种教学方法是与案例教学等其他方法叠加在一起使用的。

多媒体教学在这里具有双重含义：一个是利用投影、幻灯片和VR等多媒体技术手段立体化呈现和展示教学内容，另一个是利用人际传播互动性强、反馈快和"多媒体性"的特点来提升课堂教学效果，通过言传和身教实现"课程思政"教育。前者很好理解，不做过多赘述，这里重点分析后者。正如上文分析，课堂教学本质上是一种组织化的人际传播，根据人际传播"多媒体性"的特点，教师的语言符号表达固然重要，但非语言符号流露更加重要：语气、语速和语调等伴生符号，面部表情、手势、姿态和肢体动作等体态符号，服装和首饰等物化符号，这三类非语言符号传递的有效信息高达九成以上。教师利用这种"多媒体性"展示自己的个性，吸引学生深度参与课堂教学，也是一种名副其实的"多媒体传播"。同时，人际传播还有一个最重要的特点和功能，就是"容易建立信任"。通过人际传播的"言传"和"身教"，尤其是身教，有助于和学生建立信任关系，这种信任不仅有助于课堂教学效果的提升，更有助于"课程思政"的"润物细无声"。而且这种信任关系还会从课堂延续到课下，从一门课延续到学年论文和毕业论文，甚至是毕业之后。

总之，案例教学、情景教学、互动教学和多媒体教学不是彼此孤立的，而是相辅相成，共同构成了课堂教学应对新媒体和"课程思政"双重挑战的实践路径与策略。

媒介技术在变，教育和教学理念在变。不变的是对教师职业的敬畏，对三尺讲台和学生的热爱，对教学的全身心投入，这是最为重要的。涂光晋教授在教学研讨沙龙上表示，老师没有诀窍，就是要热爱这项事业，要把教学和学生放在第一位；张征教授则提出，教师要"忠诚"于教学；杨立华教授强调，要树立对教育的崇高感，由衷而出的教育热情和持续专注的学习与投入至关重要；邓辉、李芒和周华教授则认为，需要改变当下"重科研轻教学"的评价机制和人事制度。在"变"与"恒"的辩证统一中，在"个体热情"与"机制体制"的真正结合中，全程育人、全课育人和全方位育人的目标方能实现。

“新闻采访写作”课教学要讲政治、重理性

——以“新闻价值和新闻选择”部分教学设计为例

惠东坡*

摘　要　新闻采访是新闻工作者通过专业的技巧感知、发现、探寻、获取相关信息的过程；新闻写作则是对所获取的信息进行加工、处理、呈现和建构的过程。论文结合“新闻价值和新闻选择”章节的教学实践，从三个方面探讨了“新闻采访写作”课“讲政治、重理性”的教学途径：一是“新闻采访与写作”课“讲政治、重理性”的原因。二是“新闻采访与写作”课贯彻“讲政治、重理性”的教学思路。三是“新闻采访与写作”课“讲政治、重理性”的具体教学设计。探索新闻采访写作课教学“讲政治、重理性”的宗旨是：切实提升学生新闻选择的能力和水平，为新闻报道坚持正确的政治导向保驾护航。

关键词　新闻采写　新闻选择　讲政治　新闻价值　客观理性

一、“新闻采访与写作”课为什么要“讲政治、重理性”

新闻传播是现代社会人与人、组织与组织、国家与国家、人与组织

*　惠东坡，男，北京联合大学应用文理学院新闻与传播系教授，传播学博士。主要研究方向为修辞与传播、新闻话语、城市文化传播等。

和机构沟通的重要渠道。而获取信息和呈现信息是信息传播、沟通的前提。新闻采访就是新闻工作者通过专业的技巧感知、发现、探寻、获取相关信息的过程；新闻写作则是对所获取的信息进行加工、处理、呈现和建构的过程。可见，新闻采访与写作是信息社会人际沟通与大众传播的主要的手段和必备技能。"新闻采访与写作"课正是以培养新闻传播专业学生基本的新闻采访与写作的方法为目的的一门专业核心课程。新闻采访与写作是新闻内容生产的重要和核心环节。如何感知和接触事实、观察和剖析事实，如何掌握基本技巧顺利进行采访和客观理性地呈现和建构事实和信息是新闻工作者的基本素养和职业技能。因此，"新闻采访与写作"课要启发学生善于观察和思考问题，要启发他们分析和判断社会问题和事物间的矛盾并找出解决方法。通过学习该课程，要使学生掌握和学会新闻采访和写作的基本技巧和技能，具备迅速捕捉问题和正确分析问题的能力、口头和文字表达能力、采集和呈现信息的能力以及积极参与社会实践的能力。"新闻采访与写作"课要为未来的新闻工作者打下坚实的业务基础，"讲政治、重理性"是非常重要的教学原则，这是基于以下原因的考虑。

坚持正确政治方向是党对于做好新闻工作的历来主张，也是马克思主义新闻观的基本要求。新闻工作是政治性很强的工作，它涉及最广大群众的根本利益，因此包括新闻采访和新闻写作等新闻内容生产过程的任意环节都马虎不得。否则，就可能损害最广大人民的利益。列宁在《党的组织和党的出版物》一文中将新闻事业纳入马克思主义政党领导下的整个无产阶级事业中，他提出："写作事业应当成为整个无产阶级事业的一部分……写作事业应当成为社会民主党有组织的、有计划的、统一的党的工作的一个组成部分。"在中国，新闻工作是中国共产党伟大事业的一个有机组成部分，新闻采访和写作工作以服务于中国共产党伟大事业为第一要旨。任何媒体、任何社会媒体和作为媒介的个人不遵守党的纪律，企图破坏社会主伟大事业进程，扰乱社会秩序，侵害广大人民群众根本利益的做法，都是不允许的。习近平总书记强调：党的新闻舆论工作是党的一项重要工作，是治国理政、定国安邦的大事，要适应国内外形势发展，从党的工作全局出发把握定位，坚持党的领导，坚持正确政治方向，坚持以人民为中心的工作导向，尊重新闻传播规律，创新方法手段，切实提高党的新闻舆论传播力、引导力、影响力、公信力。❶因此，"讲政治"是新时代背景下新闻工作的指导原则，我们的新闻生产工作必须以党的路线、方针、政策为指导，坚持正确的政治方向，这样我们的新闻宣传和信息传播活动才能在最广泛的公众中产生影响。习近平总书记在党的新闻舆论工作座谈会上鲜明提出48字的职责和使命，并强调要承担起这个职责和使命，必须把政治方向摆在第一位。广大新闻工作者要将其作为指南针和座右铭，任何时候任何情况下都要讲政治。❷这就要求从事新闻工作的人，在采访和写作的任一环节在政治上要和党中央保持一致，不能偏离党的路线、方针和政策。在移动互联网技术迅速发展的今天，人人都成为信息的发布者，人们获取信息的速度越来越快、越来越便捷，人们的思想也越来越多元，意识形态领域的斗争也日趋复杂。有些阻碍社会主义伟大事业进程和背离党的政策的错误思潮也混杂其中，这就要求新闻工作者要坚持正确的思想导向，具有高度自觉和正确的政治敏锐性，在涉及重大是非和政治问题时要有鲜明立场：维护党和国家的路线方针政策，正确引导广大群众，让错误思潮无处容身和无法传播。

为了正确贯彻党的路线方针政策，新闻工作者还要保持理性思维、坚持实事求是，从坚持新闻真实性这一大前提出发从事新闻内容生产工作。这不仅要求新闻记者在前期采访时要理性地分析和判断新闻事实信息，而且还要在后期的信息建构和新闻写作阶段保持客观、理性的工作方式。只有这样，新闻报道才不会违背基本的逻辑常识。只有这样，基

❶ 杜尚泽.坚持正确方向创新方法手段 提高新闻舆论传播力引导力［N］.人民日报，2016-02-20（001）.

❷ 王刘生.新闻舆论工作任何时候都要讲政治［N］.安徽日报，2016-03-09（005）.

于事实的新闻报道才有说服力，才符合党的"实事求是"的工作作风。从这个意义上来说，理性思维是新闻工作坚持正确的政治导向的前提和保障。因此，为了培养合格的新闻传播人才，让他们了解党的新闻事业的特点和工作规律，成为未来我党政治路线坚定的宣传者和传播者从而坚定地维护最广大人民的利益，"新闻采访与写作"课在教学过程中应该而且一贯地坚持"讲政治、重理性"。下面，就以"新闻选择和新闻价值"这一章节的教学设计为例，探讨一下"新闻采访与写作"课教学如何讲政治、重理性。

二、"新闻采访与写作"课"讲政治、重理性"的教学思路

作为新闻生产的基本概念和新闻选择标准，"新闻选择和新闻价值"这一章节在"新闻采访与写作"课中占有重要的地位。新闻选择的价值判断标准是新闻采访和写作的基本要求。为了讲清楚"新闻采访与写作"课教学是如何讲政治、重理性的，笔者的教学案例选取的是《参考消息》关于中国的报道，以此来探究《参考消息》所反映的中国的国家形象及"把关人"所坚持的价值观，同时辅助选用本人发表在《青年记者》上的《公民如何提升网络媒介素养》一文。本次教学设计将新闻选择的价值标准作为研究对象，从理论上解析新闻选择的宣传价值、政治敏感和注重新闻社会效益的重要性。从量化考察中分析《参考消息》所塑造的中国国家形象，从质化的方法中探索国家形象所反映的"把关人"的价值观这两个方面对"中国新闻选择的价值追求"进行案例剖析和具体分析。

因此，本次教学设计的教学思路主要体现在如下几个方面：

第一，以"新闻选择的价值标准"作为体现"新闻采访与写作"课教学"讲政治、重理性"的切入点。在这门业务性极强的课程中，如果像多数课程思政教学那样，直接把社会主义核心价值观加入到教学过程中，不但显得突兀，也不符合学生的认知和接受特点，还会使新闻采写专业内容

教学与课程思政脱节。因此，鉴于"新闻采访与写作"属于业务性极强的专业必修课程这一特殊性，在这一课程的教学过程中，为了融入思政的内容，选择"新闻选择的价值标准"作为教学载体恰如其分。这样的教学设计既具有强烈的思想针对性，又有深切的现实关照，比较容易达到"润物细无声"的教学效果。

第二，将科研、案例教学与课程思政紧密结合在一起。如前所述，"新闻选择和新闻价值"这一章节的教学设计是结合《参考消息》关于中国的报道，探研《参考消息》所反映的中国的国家形象及"把关人"所秉持的价值观。而且，在教学过程中，还结合新媒体时代社交媒体、个人自媒体异常活跃的特点，融入本人新近发表的科研论文《公民如何提升网络媒介素养》设计而成，在一定程度上，这不但体现出新闻采访写作教学面临的新时代的新形势，而且体现了科研、教学相长的特点。

第三，为了贯彻我校"学以致用"的办学宗旨，本教学设计还将业界新闻生产实践和课堂教学相结合。在"新闻价值和新闻选择"这一次课堂的教学设计中，以《参考消息》关于中国的报道为案例，让学生思考如何进行新闻价值判断和新闻选择，选择和生产什么样的新闻才能提高新闻报道的正面社会效应。这样的思政案例教学，才有可能为新闻传播系学生以后的新闻生产和价值判断奠定初步而扎实的新闻业务基础。

三、《新闻采访与写作》课"讲政治、重理性"的具体教学设计

（一）教学目的

1. 知识目标

（1）了解新闻选择和新闻价值的基本要素，重点是新闻政策和宣传价值。

（2）掌握新闻选择的新闻政策标准。只有符合政治标准的事实，才能

成为新闻媒介公开传播的新闻。如果某个事实不符合政治标准，即使它的新闻价值再大，那也不能进行公开报道。

（3）理解和掌握"新闻选择"的社会效果。只有社会效果是积极的，才是我们所需要的新闻；相反，如果被选择的新闻或事实对社会可能产生消极影响甚至负面影响，这样的新闻和事实就不能成为新闻，就不能被生产出来，更不能公开传播。

2. 能力目标

"新闻选择的价值标准"这一章节教学的能力目标，就是要培养学生在"讲政治、重理性"的原则指导下，提升他们"新闻选择和新闻价值判断"的能力，从而在未来的新闻工作中增强大局意识和看齐意识，在新闻生产和传播活动中始终坚持中国共产党的领导，坚定地维护、宣传和传播党和国家的路线、方针和政策。

（二）教学内容及重难点

（1）教学内容。新闻选择和新闻价值的基本要素，新闻政策和宣传价值。

（2）教学重点。新闻价值和宣传价值的和谐统一，即实现"双重价值"。

（3）教学难点。新闻选择和价值判断的政策标准。

（三）学生特点分析

（1）年龄特点。学生为大二新闻传播专业，学习态度端正而认真。已经学习过新闻传播学的大部分课程，对传播学相关课程比较感兴趣，对"新闻采访与写作"课不一定有充分的了解，课堂学习兴趣不一定很高。这就要求在教学过程中，要通过案例教学、实践教学等方法调动他们的学习兴趣，启发他们发现问题、研究和分析问题并找出解决问题的方法。

（2）知识特点。"新闻采访与写作"课程属于新闻传播各专业最核心

的必修课，学生可能对理论学习不感兴趣，可能会误认为新闻采访写作课只是简单的沟通和写作训练技能课程。对新闻采写的价值和选择规律了解不多，对中国新闻选择和价值判断的标准更难做出理论分析，也缺乏必要的批判性思考。

（3）学习特点。大二学生开始尝试独立思考和完成学习任务并不断完善和形成自己的学习方法。随着新闻传播课程专业性的增强，实习课的开设，他们会逐渐增强"学以致用"的意识，把所学知识和新闻报道结合起来，不断体现出所学课程知识的实战性。

（四）教学策略和方法

（1）案例教学。无数的实践证明，案例教学是提高教学效果行之有效的方法之一。对于理论性比较强的课程，尤其如此。新闻采访写作课的基本原理、基本原则和各种采写技巧掌握起来比较难，即使学生能背会这些概念和定义，在实际的采写过程中也不能很好地灵活运用。所以为了让学生能真正理解我国新闻选择和新闻价值的基本内涵和标准，最好的方法就是通过具体的涉及新闻采写的案例来讲解新闻选择的理论和原理，这样，学生才能深透地理解新闻选择的基本概念、基本原则和基本原理，"讲政治、重理性"的意识才能深入脑海，才能烂熟于心，才能在实际的采写实践中自觉不自觉地践行新闻采写的基本政治要求！本此课程设计就是想通过《参考消息》关于中国报道的案例讲解，提升学生新闻选择和价值判断能力。❶

（2）互动教学。通过问题导引和组织讨论，鼓励学生积极思考和参与。在本次案例教学中，教师与学生的关系是"师生互补，教学相辅"。学生积极参与，在阅读、分析案例和课堂讨论等环节中发挥主体作用，而教师在整个案例教学中则始终起着"导演"的作用。通过恰当和可行的互

---

❶ 惠东坡，徐梅香.以"案"说"法"——新闻法规课教学的有益尝试［J］.新闻爱好者，2012（15）.

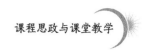

动设计，让每一个学生得到充分的锻炼。❶

（3）多媒体讲授法。在通过案例讲解新闻选择和价值判断的规律、技巧和要求时，为了充分地调动同学们的积极性，可以充分利用多媒体手段和微信公号推送《参考消息》关于中国报道的相关案例。通过生动活泼的教学形式向同学们讲解新闻选择和价值判断的规律、标准和技巧。

---

❶ 惠东坡，徐梅香.以"案"说"法"——新闻法规课教学的有益尝试［J］.新闻爱好者，2012（15）.

分组教学在高校文科教育中的实践与思考

莫常红[*]

摘　要　今天的高校课堂，如何切实提高学生的出勤率、抬头率，充分发挥学生的积极性、主动性，最终提高教学质量、教学效果？分组教学正是一种行之有效的教学方法。本文拟结合笔者在"史""论""鉴赏""实践"等不同性质课程的教学中，展开分组教学的大学本科教学实践，总结其经验，评估其成效，反思其得失。希望通过具体的案例，为高校本科文科专业教育探索一套科学而有效的教学方法。

关键词　分组教学　文科教育　大学本科

今天的高校课堂，如何切实提高学生的出勤率、抬头率，充分发挥学生的积极性、主动性，最终提高教学质量、教学效果？分组教学正是一种行之有效的教学方法。"分组教学即为小组合作学习。它是在传统的班级授课制背景下产生的一种新的教学方式，即教师以学习小组为重要的教学组织手段，以课堂教学为主要的基本教学组织形式，通过学生为主体，教师为引导的方式，合理指导学生间展开合作，形成组内合作与组间竞争并存的学习模式，有效发挥学生群体的积极性，提高学生自身的学习能动

---

*　莫常红，男，北京联合大学应用文理学院新闻与传播系副教授，电影学博士。主要研究方向为影像传播、纪录片。

性，从而达到完成教学任务的目的。" ❶

在中国，分组教学的实践主要集中于体育、声乐、英语、社会工作等学科，在全国各地的中小学，不少教育工作者在课堂内外开展实施分组教学，并由此研究其方法，总结其经验，评估其效果。在理论方面，有的探讨分组教学的作用，比如激发思想火花，培养竞争意识，增强沟通能力，促进团队合作（荆婵，2009）；比如活跃课堂气氛，激发学生兴趣，提高学习效率（陈冬云，2005）。有的探讨这种教学方法的特点：特定的适用对象、特殊的组织形式、特殊的教学活动（葛锦文，2014）。有的研究分组的模式，如内外分组、能力分组或选修分组等（孙祖复，1992）。有的研究者反思分组教学的利与弊：利在合作、多样和竞争；弊在放任、草率与松散（任衍信，2012）。

本文拟结合笔者的大学本科教学实践，在"史"（"中外电影发展史""中国现当代文学史"）、"论"（"新闻理论"）、"鉴赏"（"中国现当代文学作品选读""影视艺术鉴赏"）、"实践"（"影视策划创意实践""纪录片理论与实践"）等不同性质课程的教学中展开分组教学，总结其经验，评估其成效，反思其得失，以此希望通过具体的案例，为高校本科文科专业教育探索一套科学而有效的教学方法。

一、教学示范

大学本科课程中，有专业必修课、选修课，有跨专业校选课，不同课程的授课对象在学习之前对教学内容了解深浅不一，因此，和硕士生、博士生具有较高的专业基础不同，有必要在设计一门课程的教学大纲之际，为本科生安排一定数量的讲授式教学课时，以介绍本门课程的知识要点、整体框架和逻辑顺序，包括一些基本概念、专业理论、前沿研究和特定技

---

❶ 石锐.分组教学在大学课堂中对研究性学习的应用探究［J］.辽宁教育行政学院学报，2015（5）：47–49.

能，最主要的是，这一步骤为分组教学进行前期准备，为学生作出必要的教学示范。

比如，教授"新闻理论"课程，授课老师应该逐步安排课时，讲解新闻的客观性、真实性、实效性，对新闻选择、新闻价值、新闻自由、新闻与宣传、新闻生产、新闻伦理、新闻从业者素质、新闻法规等概念提前有所介绍；同理，教授"纪录片理论与实践"课程，授课老师就要对纪录片类型、选题创意、叙事方法、人称与结构、后期制作等，择机开展普及。通过讲授，使学生提前对这些专业术语与概念有所了解，对课程的教学目标具有清晰的认识，使之在随后的分组中有所依据，有所聚焦，对项目任务才能深刻理解与领悟，完成项目也才有的放矢，不会跑题走偏。

教师讲授基本概念、理论在先，在分组教学之前展开一定的准备与示范工作，这在教学设计与课时安排上就要体现出来。面对硕士、博士研究生的教学，教师的示范课时至少安排2—4课时；与之相较，面对本科生的教学，学期开头，教师的教学示范一般需要占据一门课的10个课时左右。除前几周的讲授之外，还有必要在学期中、后阶段与分组教学穿插进行，对具体任务进行整体的、宏观的、背景式的介绍，以调整学生完成项目任务的方向、重点，纠正其偏差。比如，在"影视艺术鉴赏"课程的教学中，教师先期对视听语言各个元素加以讲解；在后来分组教学阶段，在学生完成影片《与狼共舞》《精神病患者》《饮食男女》的鉴赏之前，教师安排课时，分别穿插讲授西部片专题、希区柯克专题、台湾新电影专题，以确保学生对电影类型特点、历史发展变迁有所整体了解。这样，轮流穿插教师讲授与学生分组讲解，不仅可以引导和示范操作，加深和强化知识，还能改换教学的节奏，活跃课堂的气氛，避免一个教学阶段的单调乏味。

二、科学分组

关于如何分组，持有不同教育理念就会采用不同的分组方法。主张英才教育者，采取加速型分组教学；推崇机会均等者，实施矫正型分组教学；强调因材施教者，化用深造—矫正型分组。随之而来，现有科研文献对分组提出了不同的方法：或提出按学生的能力或水平分组，以提高教学效果；或按成绩优、良、中、差交叉组合分组，实现组与组之间的同质化，以便于同步进步，比较教学效果。有的系老师强制分组，有的任由学生自主选择；或者进行动态分组，先由学生自由分组，然后每个学生可以根据各组的学习情况重新选择。

高校教学适宜采取自愿分组和专项能力交叉分组为宜。和中小学固定的班级教学不同，班主任和课任老师对学生的学习历史、学习现状、性格特征有深入的了解，大学阶段的课程，除数量、比例有限的专业必修课实行行政班级教学外，大部分的专业选修课和全部的跨专业校选课，其学生来自不同的专业，不同的年级，甚至不同的院校，学生的基础、背景、个性各个不同。面对这一临时聚合的集体，不可能要求课任老师对学生有深入、持续的了解。因此，教师插手强制分组，会带来诸多弊端。不如先期放手让其自由、自愿分组，按照规定的小组人数规模结组，在随后的教学中，结合学生的课堂表现和专项动手能力，有限而适当地进行微调。这种自发自愿的结组办法，符合大学生个性成长的特点，也有利于随后组内成员的分工与合作。

当然，不少大学生在不同的课程学习中沿用相同的、固定的组合，多按寝室成员、同班同专业等亲密关系进行分组，这阻碍了他们展开更大范围内的社会交往，从而限制其在校园中的社会化进程。针对这一情况，任课老师应该鼓励同学打破这一藩篱，建议在学习中结识新朋友；同时要求分组时考虑性别构成，以利于性别均衡，推动学生在小组学习中了解异性，认识异性，发挥不同性别的特点与优势，甚至在共同的学习中发展异性朋友，以利大学生的身心健康和全面发展。

分组时，专任教师应该向学生提前介绍项目任务的要求，以便学生在分组时考虑组内成员的技能与特长，随后才能各尽其能，取长补短，愉快地完成指定的项目任务。比如，在"影视策划创意实践"和"纪录片理论与创作"等涉及创作实践的课程中，因为需要组员的分工与合作，才能完成音视频的创意、编剧、导演、摄像、录音、剪辑等各项工作，因此，拥有不同专长、擅长不同技能的同学结组在一起，才能互相学习，互相帮助，协调分工，最终制作出高质量、专业性强的音视频作品。而这样的分组，并不以此前期末卷面成绩作为衡量学生能力、水平的唯一标准，以此，应激励大家都以负责的态度、饱满的激情参与到活动中来，从而在总体上形成组间差异不大的同质组，利于组内合作与组间竞争，并最终提升学生的责任心和自信心。

小组最好实行组长负责制，由推选或轮值的组长负责协调组内的分工与合作，并借以加强与专任老师的沟通。经过推选而不是教师指定的小组长，其统领与协调工作，才有群众基础，从而保障组内同学团结一致、齐心协力地完成任务。如若一个学期有多个项目任务，可以考虑采取轮值的方法，以适当满足个体的荣誉心、进取心和虚荣心，以培养更多学生的组织能力和领导能力，以及人际沟通能力和活动策划能力。

三、明确目标

分组教学的目的就是要改变传统"满堂灌"的讲授式教学方式，化教师主导型为学生主导型，通过设计数量适当、难度相当的项目任务，激发学生的主动性和创造性，在完成项目任务的过程中，加强、深化他们对一门学科知识、理论、技能的理解与掌握，最终灵活、生动、高效地实现本门课程的教学目标。

安排明确的分组项目任务，设定合理的分期教学目标，以适应最大多数学生和小组的现有的能力与水平。"教学目标应与各组学生现有发展水平接轨，以适应各组学生之间的差异。现有水平是学生再发展的基础，再发展目标应与其相衔接，并以此为起点构一条层层相连、逐级递进的序列。"❶ 如此，既避免学生"吃不饱"，不能激发其兴趣和挑战的激情，又能避免学生"吃不消"，超过学生的耐受阈限，干脆失去信心和放弃尝试。

因此，设置的小组项目任务，既有一些基础任务，还有一些拓展任务，以弹性的指标驱动、衡量小组的表现。比如，在课程"中外电影发展史"教学中，近 200 部代表性电影作品的出品国家、年份、导演、编剧、片长、主要演员、电影类型、主题歌曲等需要学生识记的相关信息，要求小组完成表格的填写与记忆，这是基础的任务；而每一部影片，还要求小组分别撰写 20 字、100 字、300 字左右的内容梗概。这种结合客观性题目与主观性题目的项目任务，给予学生充足的弹性的空间，使之能够点面结合，精益求精，既考查了学生知识掌握的情况，还训练了同学逻辑思维、语言表达的综合能力。

在课程"中国文学作品选读"的教学中，要求各组讲解规定或自选的文学篇目，包括小说、戏剧、散文、电影和诗歌，每一个同学朗诵一首诗歌，争取每人都有上台展示的机会，讲解精心准备的 PPT，分享小组的阅读体验。在课程"视听语言"教学中，安排 6 个小组分别就 6 部影片轮流展开主题与形象、景别与角度、运动与长度、光线与色彩、声响与音乐、剪辑与节奏等 6 个方面的探讨学习，以深刻地理解一部影视作品复杂而立体的语言，学会专业地鉴赏和批评视听艺术。在课程"影视策划创意实践"教学中，则要求组内同学分工合作，分解角色任务，共同完成创意、导演、摄像、解说、采访、录音、剪辑（包括后期）的工作，拍摄 10 分钟左右的纪录或虚构短片。

于此，下达的项目任务既要实现课程的教学目标，还要符合院系的培养计划，更要契合学校的宏观定位。笔者任教的"纪录片理论与创作""影视策划创意实践"课程，引导学生从身边做起，从城市入手，关注北京城市文化，要求学生拍摄一部具有一定长度、反映都市文化的视频作品。通

---

❶ 葛锦文. 班内分组教学的特点、模式与操作技术研究 [J]. 上海教育科研，1994（1）：12–15.

过这一分组项目，训练学生的影像思维，娴熟利用视听语言，最后能够创造性地制作出相对专业的影像作品。这一过程，既完成课程的教学任务，融入院系新闻与传播学学科的专业培育目标，还契合北京联合大学城市型、应用型大学的定位，从而理论联系实际，在实操中深化理论学习，培养满足新媒体时代需要的专门技能人才。

四、客观评估

分组教学中，各小组领取完任务，多在小组内部进行分解，分工合作完成规定的项目，最后提交课任老师或班级课堂以读书报告、专题讲解、视频作品等形式呈现的成果。有效评估其工作态度和成果质量，确定严格的评分机制，完善公平的奖惩手段，不仅可以提升后续课堂的教学效果，切实巩固分组教学的成果，还能激励学生以良好的心态积极地投入到此后的学习和工作之中。

评估分组项目完成情况，以之作为小组、学生个人的课程成绩，一般来讲，可以采取学生自评、小组互评、他组测评和教师点评等方式进行评估，以公开、公正地推动分组教学的深入开展。具体操作中，不同性质的课程，不同阶段的项目任务，采取的评估方式应有所侧重。比如，在"中国文学作品选读"和"影视艺术鉴赏"的分组教学中，就学生分享给班级的选读或鉴赏之专题讲解，除了鼓励小组间的互相监督，任课老师要根据任务完成的实际效果，及时进行切中肯綮的点评，以树立优秀榜样，警惕敷衍塞责。再如，在学期期末，不同小组提交了"影视策划创意实践""纪录片理论与创作"的影视作品的初稿或成片，就可以安排全体同学共同观看视频短片，就优点与不足展开热烈的讨论，在互评中逐渐形成对各组作品相对客观的评价。

在大学本科的分组教学中，评估项目任务最终就是要评估各个分组以及小组中的学生个人。"以小组评估为主，通过小组评估渗透、体现整体评估和个人评估。主要是围绕核心任务完成情况，全面评判各个小组在学习态度、学习方法、学习能力、学习效果等方面的表现，同时结合分工情况，全员评价小组成员的表现，评价的过程贯穿完成任务的整个过程。"❶ 在此过程，课任老师需要揣摩学生的心理，注意激发组间的竞争意识和组内的合作意识，争取杜绝组内"搭乘便车"的现象，排除组间"串通放水"的可能，同时，还要在坚持原则的前提下，注意班级的团结、友爱、互助，避免恶意的拆台、蓄意的破坏和不正当的竞争。

笔者曾经尝试在组间开展"中外电影发展史""中国现当代文学史"知识点的识记测评，但很遗憾地发现，在教师视野之外，小组之间没有真切地落实测评任务，网开一面地互给高分，这就背离小组互评的初衷。而任务分工，如在"影视策划创意实践""纪录片理论与创作"课程短视频作品的拍摄与制作中，又会出现首尾不顾、各自为政的局面。因此，通过课任教师抽查的手段，惩罚"放水"行为，一定程度可以控制组间测评的效度；而在分阶段完成项目任务时，用一定的指标鼓励、规范小组成员的全程参与，比如，无论小组成员是否担任策划编剧，都要求每个小组成员按时提供创意，这样，群策群力，集思广益，虽然具体分工各司其职，但又要求小组成员全员全程参与，在项目任务完成的整个过程中贡献自己的力量，并切实地在操作中见贤思齐，在互帮互助中提高知识、眼界和技能。

自然，将小组的整体评估作为重要的依据，以之确定小组的平均成绩，而组内个体的成绩，还有赖组内贡献的大小、分工职责的完成状况，以及专题讲解的具体表现等，而小组长的成绩可以根据任务完成质量高低适当增分或减分，以体现管理、组织的水平。总之，组内成员的成绩应该有所差异，这才能消除"吃大锅饭"的嫌疑，以实现按劳分配、多贡献多得的绩效分配原则。

---

❶ 王玉香，权福军，王焕贞.社会工作专业实验课程分组教学的研究与评估［J］.山东青年政治学院学报，2011（9）：138-142.

结　语

满堂、全程灌输式的讲授，是如今高校教师最通行、也最无效的教学方式。其结果，即使老师激情满怀，学生仍然可能无动于衷。分组教学就是要改变教师"一言堂"的局面，发动学生积极参与，通过小组内部分工合作，以及小组之间的竞争竞答，在专业的实践中，在独立的思考中，将传统的师者"传道"改为学生"悟道"，将传统的"填鸭式"教学改为"启发式""讨论式""点评式"相结合的教学，以期促进知识与技能的认知、消化、掌握和吸收。

无疑，切实开展分组教学，可以实施寓教于乐，活跃课堂气氛，激发学生创意和潜能，变充耳不闻为积极参与，变被动学习为主动学习，可以有效地提高教学质量和教学效果。只要完善机制，密切监控，消除实施过程中的弊端，分组教学能够推动团队协作，促进师生交流，乃至改进同学关系；培养竞争意识，增进归属感和荣誉感，从而在班级内部形成凝聚力量。此外，分组教学还可以推动学以致用，满足自我价值实现，并为将来的毕业设计、未来的工作积累实战的经验，有利于促进学生综合素质的全面发展。

课程思政：教师角色定位探究

——以新生研讨课程教学为例[*]

周　明[**]

摘　要　从实质上看，课程思政就是在教学中，将知识传授与价值引导有机结合的过程，追求理性和感性的统一，思考结论与实际决策的统一，知识传递与学生行动的统一，实现知识导向与价值引领同向同行。教师需要大量缄默性知识，在专业教学中实现从"思政课程"向"课程思政"的超越。在新生研讨课的课程教学中，一方面注重正确价值引领，另一方面转换教师角色，在课程教学各个环节，在知情意各个方面，积极培育学生正确的道德观念和跨文化意识。

关键词　课程思政　教师角色　多重性　新生研讨

引　言

"课程思政"是当前高校普遍讨论的热点话题。讨论始于习近平总书记在全国高校思想政治工作座谈会上的讲话："要坚持把立德树人作为中

---

*　本文系"培养应用型引导型英语教师项目"的研究成果。
**　周明，女，北京联合大学应用文理学院新闻与传播系教师。主要研究方向为跨文化研究。

心环节，把思想政治工作贯穿教育教学全过程，实现全程育人、全方位育人。""要用好课堂教学这个主渠道，思想政治理论课要坚持在改进中加强，提升思想政治教育亲和力和针对性，满足学生成长发展需求和期待，其他各门课都要守好一段渠、种好责任田，使各类课程与思想政治理论课同向同行，形成协同效应。"❶中共中央、国务院印发的《关于加强和改进新形势下高校思想政治工作的意见》指出："要加强对课堂教学和各类思想文化阵地的建设管理。充分发掘和运用各学科蕴含的思想政治教育资源，健全高校课堂教学管理办法。"习总书记的讲话和国务院的文件，推动了中国高等教育从"思政课程"到"课程思政"的进程。

余江涛等论述了课程思政的内涵："立足课程作为学科专业发展的基础地位，从育人维度来关照课程价值，实现思政寓课程，课程融思政，发挥各类课程的思想政治教育资源，共同致力于提高学生的思想水平、政治觉悟、道德品质、文化素养的高校思想政治工作新理念新模式。"❷思政课程内容丰富，如何结合思政课程，变为有效的课程思政，专业教师的责任重大。本文以新生研讨课程教学为样本，探讨课程思政的教师角色转换。

一、课程思政主体：教师

课程思政，课程是主要元素，课程的主导是教师，承担思政导向的课程。教师可以承担这个任务，有什么挑战？教师有何特点？课程思政任务有何特点？针对不同群体的学生如何进行课堂课程思政？

国内外针对教师类型的研究繁多，但分类标准差异很大。有的是从人格特征角度进行分类，有从外显的教学风格进行分类，有从理想教师特征

---

❶ 把思想政治工作贯穿教育教学全过程 开创我国高等教育事业发展新局面 [N].人民日报，2016-12-09（001）.

❷ 余江涛，王文起，徐晏清.专业教师实践"课程思政"的逻辑及其要领——以理工科课程为例 [J].学校党建与思想教育，2018（1）：64.

进行分类。从教师职业目标进行分类的教师类型大约有以下几种：专家型教师、研究型教师或学者型教师、创新型教师和反思型教师。

当代教育心理学中，将教师自身的发展分为三个阶段：（1）关注生存阶段；（2）关注情境阶段；（3）关注学生阶段。这是教师从入职、成长到成熟的必经之路。❶1986 年，卡内基教育促进会发表了《国家为 21 世纪准备教师》的报告，提出了一个衡量"具有胜任力的教师"的标准，即是否能够熟悉教师理论并能在课堂中灵活运用。英国则提出了"完整型"教师的培养主张，其完整型的含义包括了优良的个人品质、精湛的教学教育技能和自学能力三个方面。❷

国外针对有效教学模式的研究已有几十年的历史，并总结出促成有效教学的五种关键行为：（1）清晰授课；（2）多样化教学；（3）任务导向；（4）引导学生投入学习过程；（5）确保学生成功率。以及辅助性行为：（1）利用学生的思想和力量；（2）组织；（3）提问。❸肖川认为教师的专业成熟包括：专业眼光——能用发展的眼光、教育的眼光看待学生和用整体的、和谐的眼光看待教育性活动；专业品质——建基于教育理想与信念的、体现于日常的细微的行为之中的以身作则、率先垂范；专业技能——课堂监控、演示讲解、练习指导等方面的技能。❹

每位教师，从教学新手到专家型的教师，都需要一个专业成熟的过程。教师成长是有一定阶段的，教师在专业技术、知识的储备，以及针对不同学习者的引导经验等方面，均需要时间增长。在目前高校工作量庞大的情况下，如果老师在课程中加入思政的内容，那最好的方式就是给老师提供一个可实现的、可实施的，比较现成或者简单的、有效的模型。本文拟就新生讨论课教学如何更好地结合思政进行展开论述。

---

❶ 陈琦，刘儒德．当代教育心理学［M］．北京：北京师范大学出版社，1997：2-3.

❷ 周明．引导型教师培养［M］．北京：高等教育出版社，2006：13.

❸ ［美］加里·D. 鲍里奇．有效教学方法［M］．易东平，译，南京：江苏教育出版社，2002.

❹ 肖川．论教师的专业成熟及其途径［J］．高等师范教育研究，2001（4）：48.

二、教师角色调整

教师角色最为人知的莫过于"师者，所以传道、授业、解惑也"（韩愈：《师说》）。传统的教师角色以传授者为主，这个角色在网络发展的今天，已经不如以前重要。教师角色定义已经更加丰富，包括规划者、传授者和领导者、促进者和引导者等。

思政是一种价值观的引导，不是知识的灌输。思政，常常看不见，摸不着，但又无时不在，如空气一般，无色通明。讲授专业知识，已经不简单，对许多老师已经是挑战，再加上思政的任务，难度大大提升。教师角色调整可能可以帮助实现课程思政目标。

新生研讨课是面向全校的选修课，是探讨文化价值观异同、促进多维度思考、提升学生综合素养的课程。课程分为八周，每周两学时。这个课程和思政结合紧密，学生就东西方价值观和文化议题进行探讨，思政本身就是价值观的引领。在这个新生研讨课上，教师比较容易尝试思政内容，在讨论中西方价值观的差异时，将思政内容融入课程。笔者在其他的课程中也尝试过思政。专业性越强，思政内容就需要更多的和专业结合。在新生研讨课上，通过调整教师角色和课程设计，可以将课程与思政有机结合起来。

1.献宝与寻宝；导游与陪游

首先，作为教师需要角色转换。从授道者变为共同学习者，从领导者变为学习管理者，教师从原来的传授知识和引领学习变为更多地与学习者一同学习。在高校课堂中，老师需要介绍前人的经验和成果，但这份经验和成果往往有时过于璀璨，忽略了形成结果的过程，学生只听到结论，并不知道得出结论的过程。当学生抱着一堆结论和一堆知识，去面对实际问题的时候，他并不知道怎么去做决定，应该运用哪种知识。在知识大爆炸的今天，学生很容易就找到各种各样的知识，但是知识的发现过程，其实亦是一个欣喜之旅，这份欣喜，这份过程性的欣喜，不应该被剥夺。老师可以陪同学生一起发现人类智慧,一起下五洋捉鳖,一起上九天揽月,一起在知识的海洋中徜徉。所谓献宝不如挖宝,提供结论不如一起发现结论,导游不如陪游,全陪不如地陪。教师在课堂中,与同学一起发现正向价值形成的过程,一起踏上发现之旅。

其次,教师从独行侠,可以成为同路人,可以尝试与思想政治理论课同向同行。新生研讨课上,我会很直白地问学生,你们思政课程都讲什么,你觉得你最喜欢哪些内容?你觉得哪些内容对你来说相当困难?你觉得哪些内容你无法落实?因为不是任课教师,学生不担心成绩问题。学生一般实话实说,常有挑战老师的时候。他会讲课堂上讲的都是冠冕堂皇的大道理,但是实际上根本就不是这么回事。面对学生的挑战,专业老师怎么办?他没有挑战你的专业知识,而是提出来他对现实的一份愤怒和失望,学生已经有足够强的困惑才会如此愤怒。这时候,是最好的思政时刻——与同学一起挖宝的时刻。

如果学生有情绪时,完全可以坐下来陪谈,通过提问的方式发现对方的议题。比如说在刚才那个情况下,我一般会这样回应,嗯,所以你看到的社会阴暗的一面,这要祝贺你,只有看到阴暗面的人,才会渴望光明;没有看到阴暗面的人,要不然就是太天真,要不然就是还没有经验,只是在象牙塔里待着。但是看到黑暗的人,如果一旦有勇气,就愿意把光带进黑暗,就愿意解决问题。所以,你看到黑暗面了,那我们要不要一起商讨一下怎么做?你看到有什么可行的方式吗? 我还会再继续问,既然这些规范都没有用,那么几千年下来,为什么大家还夸夸其谈谈这些事呢? 在大山里,很少有人去用路旁的栏杆,最多站在栏杆的旁边。可能你会说这些栏杆没什么用。如果没有这些栏杆的话,会怎样?你可能会说,有的人都不守规矩,根本不在栏杆里面,他在栏杆外面,栏杆外边很好玩啊,干嘛就我一个人在这个栏杆里面呢,干嘛就我一个人守规矩呢?我不是很吃亏吗?你是否愿意跨越这个栏杆?因为别人跨越了栏杆,你是不是也想冒险去跨这个栏杆?可能他刚开始跨栏杆的时候很美,觉得很舒服,比如贪官。但是时间久了，你也会发现历史。现在有多少人去纪念希特勒？他家还有多少人，咱们查下吧？（一起探寻）学生会发现，希特勒的亲属以他为耻，选择不结婚，让自己的家族消亡。我最后会问，所以，有些可能让你现在不舒服，但是有些可能让你永远不舒服，你选择什么？课程思政是老师和学生共同成长、共同学习的一个机会。

课程思政是在每一个学生的提问、每一次学生的情绪的起伏、每一次学生的疑惑中自然涌现的。同学生所思所想进行对话，这部分的引导是老师在大学期间可能给毕业生最好的礼物之一。

教师在这个陪游的阶段，最难的可能是急躁情绪，或者是焦虑心理：也许是对学生的不满；也许是觉得速度太慢，不愿意让学生去探索，反而愿意告诉他结论。笔者的建议是你一定一步一步走，在他有问题的时候，是他学习最好的时候，也是课程思政最好的时光。从全陪到地陪这个过程中是专注地去陪，而且非常落地的去陪伴，探索学生困惑的来源，探索学生如此思考的视角。思维陪同非常不容易，因为你看不见，而且对方的思维可能有很特别之处。

2. 思考结论与思考交警

教师不光是地陪，跟学生一起去发现人类知识的瑰宝，教师还可以与学生沟通、帮助学生卸载多年的负向思维或者负向的价值观。教师可以做思维交警，指挥思维车辆，疏导思维交通，防止不同思维车辆的激烈碰撞，以免伤到思维者本人。教师可以用提问技能不断地挖掘，使思维进程秩序井然，即使是在最繁忙的思维路口，交通依然顺畅。

思考交警的指挥棒为与大脑功能对等的三类型问题：记忆性问题、逻辑性问题和创造性问题。记忆性问题泛指以前曾经的经历、感觉、记忆；逻辑性问题是针对记忆的事件、人物、知识综合分类、对比、逻辑排序以后得出的一个整体性的结论；创造性问题指的是运用想象力，超越现实，寻求解决方案的一种提问方式。一般而言，通过这三个序列，可以有效地帮助别人梳理他的思维。

高校教师一般受过良好的专业训练，熟知各种概念和专业术语，习惯直接问逻辑性问题，也就是经年累月成熟思考者才可以回答专家型的问题，如概念型问题。比如说什么是互联网商业运作模式？但是这一类的逻辑性问题对于学习者来讲，往往需要思考前人成果，引经据典，才能得回答出来。不少教师等不及答案，便打出 PPT，直接呈现专家的意见。建议教师可以从记忆性问题开始，然后再问逻辑性问题，最后以创造性问题结尾。

比如对于中国和平崛起这一提议，有的同学不以为然，觉得"武力至上，能揍就揍"。在新生研讨课上，讨论一些文化的特殊现象，如某太平洋岛国处理冲突的方式极为独特。全村到村外，男女老少看着冲突的双方，用长长的羽毛跳舞，对方尽可能用羽毛触碰另一方，哪一方先笑，哪一方就得认输。而且在整个举着羽毛跳舞的时候，两个冲突对立方都需要赤身裸体，谁先绷不住，谁先笑，谁就是失败者。如果使用上面的三种类型问题提问，可以如此问：这事听说过吗？你喜欢这种解决方式吗？（记忆）你认为这个方案用于情敌比赛如何？比决斗好吗？（逻辑）战争手段与和平手段解决冲突，你选择哪种，为什么？通过讨论，同学认识到战争的方式当时很痛快，但过后，长时间的代价不可言说。

所以作为思维交警，教师可以在思维课程中加入引导，推进思考进程，促进学生反思。当然，思维交警可以使用不同的指挥棒，比如说六顶思考帽，以及刚才所介绍的三类型问题。

另外，作为提问技能，教师要锻炼提问技能，而且是不同类型的提问技能，相对而言，比起掌握专业技术知识，庞大的思政内容，相对容易一些。在思维引导过程中，教师要和学生共同成长。

3. 价值说教与价值摄影师

由于价值观的抽象性、恒常性，它无所不在，时刻包围着我们，常常使人不识庐山真面目。我们与自己的价值观共生，其他人很难一目了然。教师课堂上看不到学生心中的价值体系，走过，路过，错过。课程思政如果能够有效进行，必须能让同学看到自己的思维价值取向。看到，想到，

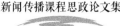

才能做到。改变的最初阶段是看到。因此，除了地陪、思维交警，老师还要把自己调整成思维摄影师，照出高峰体验。

典型练习如沉没中的泰坦尼克号，可以问学生带什么上救生艇，或者放弃什么，去交换他在救生艇的那个位置？是父母吗？是游戏吗？是情人吗？是成功吗？是钱吗？很少有人选学业，但是也有人却不放弃梦想。所以，当学生真正知道他们在意些什么的时候，教师才可能进行引领。每一次做思维摄影师，把影展摆在大家面前的时候，那都是全班课程思政最具备峰值体验的时刻，常常可以发现学生心中真实的底图，教师如摄影师一样用语言或图画形式呈现学生内在的价值底图，这份看得见，才是改变的前提。教师作为价值摄影师，可以通过举行价值影展，进行全班的课程思政交流。当谈到某文化的家庭问题时，教师邀请全班男女生互相猜测对方的理想配偶底图，再与对方描绘出的理想配偶底图相比较，理想配偶价值影展极为震撼，双方的猜测与实际底图出入非常大。大家笑过后，教师问："不同人种谈恋爱，你们觉得会是什么感觉？"全班大多数答："不谈了。"我问："如果谈了，失恋了，你们会如何？会如我以前的学生那样抑郁吗？不上课吗？"我得到了比较理性的答案。真正的看到是课程思政的起点。看到、想到，也许做到；看不到，可能想不到；想不到，不可能做到。教师课堂上是最有价值的摄影师，给班级提供机会：走过，路过，不错过！

价值说教容易，教师说几个应该就可以了。但真正的力量来自读你，懂你，"读你千遍也不厌倦"。思维摄影师，正是为此而来。但是思维摄影师，尤其是内心活动摄影师往往需要受过心理咨询师的共情训练，很多专业的老师并不是专门受训过，可能需要去学习。

4.课程编剧兼导演

除了陪同、思维交警、价值摄影师，教师还有一个角色：编剧兼导演，以戏剧化的方式呈现思政价值观的内容，这部分要求课程设计者有相当的技巧。

价值观往往很抽象，比如尊重另一种文化，尊重别人，尊重自己的同时也尊重别人，尤其是尊重跟自己完全不一样的思维方式、生活方式的人，虽然没有同学反对，但是很难体会。所以我借鉴了一位培训师的活动：学生两排站好，脱掉鞋子。在哨音后，有一定时限下，到另外一个对面的队友前，随意挑一双鞋子穿回来，回来的时候站一会儿或者是走一走，或者是稍微小跑几步。然后在大家的笑声中，双方坐下来，谈自己内心的感受。穿别人的鞋子容易吗？舒服吗？喜欢吗？希望总穿吗？你喜欢别人穿你的鞋子吗？是，为什么；不是，为什么不是。然后再问，如果对方和你的价值观不同，就像穿别人穿得很舒适的鞋子一样，别人很舒适的方式加在你身上，你会习惯吗？你会把你自己的习惯强加给别人吗？我想课程中有很多知识点，也许学员会忘记，但是这份体验，他们不会忘记。男同学穿了女生的高跟鞋，穿不上只能用一个脚趾夹着在地上走，而女生非常反感，不愿意去穿男生又大又臭的球鞋等。

小　结

课程思政是一个广泛的话题，本文仅介绍了一点点个人的体会，如何运用提问、陪伴、同理等，引导思维、鼓励积极正向的接受正确价值观。但是，根据脑科学的最新成果，镜像神经元是同理心的前提，如果教师在课程思政当中，可以运用同理心和镜像神经元的道理，那么教学将事半功倍。

课程思政建设的关键在教师，课程思政对教师提出更高的要求。角色转变帮助教师与同学共同成长。如何接纳一个与你完全不同的思维方式的人，是每个老师必须应对的一个职业挑战。千里之行，始于足下。角色转变是课程思政的起点。

教师在课程思政的主要角色转化：陪同学挖宝，属于教师的态度范畴或教育理念；思考交警、价值摄影师、编剧分别代表教师在认知、共情、意义提炼方面的教学能力。课程思政的核心为价值观引领，教师需要先改变自己，才能带领他人。课程思政如春雨无声，教师的角色转变也在于无声处。

课程思政与专业建设

浅谈新媒体专业的人才培养和课程建设

金　韶*

摘　要　新媒体和媒体融合的快速发展，促进各高校加快建设新媒体专业。高校的新媒体专业建设，既要结合自身优势探索不同特色，又要契合传媒市场对于新媒体人才的需求，进行培养方案和课程体系的优化。传媒市场对新媒体人才需求集中在擅长融媒体传播的内容采编人才、擅长用户体验的产品设计人才和擅长市场营销的经营管理人才三类，因此，新媒体专业课程的规划要注重跨学科融合和跨专业延伸、加强学生跨专业知识结构和能力培养、强化实践教学的优化创新。

关键词　新媒体专业　人才需求　课程建设

一、新媒体专业的发展现状

在新媒体和媒体融合的发展推动下，各高校的新媒体专业顺势而生、蓬勃发展，并且结合新媒体市场和高校优势在专业特色上各有侧重，但整体而言我国高校的新媒体专业建设仍然面临比较大的挑战和问题。

---

*　金韶，女，副教授，传播学博士。主要研究方向为新媒体、影视传播、文化产业。

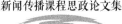

1. 新媒体和媒体融合的发展背景

新世纪以来，移动互联网、大数据、VR/AR、人工智能等新技术加速更新，持续引发传媒业的变革。数据新闻、VR/AR 新闻、机器人新闻，新媒体技术不断创新新闻业态，带来人机协同发展的未来传媒模式。❶ 继纸媒、数媒、网媒、众媒之后，我们进入了万物皆媒的智媒时代。❷ 传媒发展的实践证明，新旧媒体不是互相取代的关系，而是既竞争又协作的融合发展。2014 年 8 月，国家发布《关于推动传统媒体和新兴媒体融合发展的指导意见》重要文件提出："推动传统媒体和新兴媒体在内容、渠道、平台、经营、管理等方面的深度融合，着力打造一批形态多样、手段先进、具有竞争力的新型主流媒体，形成立体多样、融合发展的现代传播体系"，为我国新闻传播业的发展提出了路径指导。

2. 高校新媒体专业的顺势发展

各大高校的新闻传播院系积极顺应潮流，纷纷开设新媒体专业课程。整体来看，各大高校对新媒体专业的培养目标和课程设置各有侧重，主要有三种模式：新闻传播学的基础训练、网络传播的应用技能训练、互联网信息的技术训练。❸ 这些模式的不同，反映了新媒体人才培养具有顺应实践、复杂多变、跨学科领域的特点，对高校人才培养的理念和方式提出了更高的要求。2013 年教育部修订《普通高等学校本科专业目录》，在新闻传播学类专业中正式开设"网络和新媒体"专业，既体现了国家教育部门对于新媒体专业的高度重视，又体现了社会发展和传媒业界对于新媒体专业人才的迫切需求。

3. 新媒体专业面临的挑战和问题

新媒体专业的重要性显而易见，但其面临的挑战和问题也很突出。一

---

❶ 喻国明，姚飞.试论人工智能技术范式下的传媒变革与发展—— 一种对于传媒未来技术创新逻辑的探析［J］.新闻界，2017（1）.

❷ 彭兰.未来传媒生态：消失的边界与重构的版图［J］.现代传播，2017（1）.

❸ 谭天，刘方远.试论新媒体专业建设与人才培养［J］.渤海大学学报（哲学社会科学版），2013（6）.

方面，新媒体专业的课程内容要么涉猎太宽，缺乏明确的学科归属和专业特色；要么太窄，只是在传统的新闻传播学课程上加以延伸和辅助。另一方面，高校的新媒体专业大都脱胎于传统新闻传播学科，师资、技术、设备、资金等资源难以匹配。这些都造成新媒体专业的人才培养难以跟上新媒体实践发展的速度，难以满足新媒体业界的人才需求。因此，如何建设科学合理、适应需求、可持续发展的新媒体专业成为亟待解决的问题。

二、新媒体专业的人才需求和培养方向

新媒体专业教育的根本目标是满足社会发展和传媒业界的人才需求。2018 年 2 月腾讯新闻最新发布的《传媒人才需求调查报告》指出，传媒业人才需求全部新媒体化，不仅是互联网企业，传统媒体的人才增量几乎全部向新媒体岗位急速倾斜。❶根据此次调查结果，以及笔者和同行对于传媒业界和学生就业情况的观察，新媒体人才需求主要有如下三大方向。

1. 擅长融媒体传播的内容采编人才

新媒体不断创新和媒体融合发展的传播业态，使得媒体机构需要能够熟练运用多媒体技术手段、进行融媒体传播的内容采编人才。新媒体编辑是既有新闻写作和评论功底，又有图像视频制作能力；既精通创意策划和内容生产，又擅长全媒体平台适配分发的复合型人才。因此，在新媒体专业的教学中，要明确"一专多能"的融媒体人才的培养目标，进行媒介发展理论、传播学原理、新闻实务、新媒体技术应用等多层面、多模块的课程内容设计，让学生树立起融合新闻报道、融媒体传播的意识，激发学生的全局观念和创新精神，提升学生的专业水平、思考能力和动手技能。

2. 擅长用户体验的产品设计人才

产品经理是互联网企业的核心岗位之一。产品经理的重要职责就是对

产品功能和用户交互界面（User Interface）进行设计，以提升产品的用户体验。比如"今日头条"运用大数据技术打造为用户提供个性化内容定制和分发的媒介平台，并陆续推出"悟空问答""西瓜视频"等内容服务，其本身就是一个成功的、创新的媒介产品。新媒体产品设计人才，不一定会编写程序和技术开发，但能领悟技术、功能和人的关系，具有技术敏感和产品。新媒体产品设计人才善于将新技术转化成洞察用户状态、适配用户需求、优化用户体验的媒介产品和服务❶，并能组织"前台"的新媒体编辑和"后台"的技术开发人员进行协作，保证媒介产品的最终上线。新媒体产品设计人才需要具备创新思维、服务意识、策划能力和组织能力，这些思维和能力在新媒体专业课程中很难一蹴而就，需要结合课堂知识和课外实践加强应用训练，逐步地培养和提升。

3.擅长市场营销的经营管理人才

随着媒介产业化、市场化和竞争程度的加强，媒介经营从早期的媒介广告销售，拓展为媒介品牌推广、媒介广告策划、媒介产品的宣传发行，以及围绕自身媒介资源的整合营销乃至以商业模式创新为目标的业务经营和用户服务等多元化的经营体系。而随着互联网和社交媒体的发展，对于用户粉丝群体的维系和经营，也成为媒介经营管理的重要内容。著名的微信自媒体"逻辑思维"，就是依靠强有力的粉丝经营，打造了以读书内容为特色、以会员服务和粉丝营销为商业模式的社群平台。媒介经营管理人才需要熟悉媒介市场的运作规律，精通市场营销的原理，以挖掘用户需求为出发点，通过多元化整合的营销手段，将媒介产品的商业价值最大化。高校新闻传播院系普遍设有广告学专业，广告学与市场营销学在学科划分和教学内容上有交叉，广告类课程应当成为新媒体专业课程的重要部分。通过加强市场营销学和广告学的教学，培养学生的市场营销意识和广告营销技能。

---

❶ 谭天，刘方远.试论新媒体专业建设与人才培养［J］.渤海大学学报，2013（6）.

三、新媒体专业的课程建设

我们既需要契合新媒体专业的人才需求进行课程设置，又需要契合新媒体专业的跨学科融合、紧跟实践变化的特征，强化学生的跨专业拓展学习和应用训练。

1. 课程体系的规划和延展

现有高校新媒体专业的课程设置，主要是在传统的新闻传播课程基础上增加新媒体实务类课程，如新媒体概论、网络营销、广告策划、数字媒体技术应用、网页设计制作、动画创意设计等。课程内容"看似宽泛、实则窄化"，轻理论重应用，轻讲授重训练、不成体系。任何一门专业的课程体系，应从该专业的发展史、理论基础、方法论、业务实践等多个层面进行规划设计。在新媒体发展史方面，除了新闻史，需要关注和增加媒介技术史、媒介社会史的内容；在新媒体理论和方法方面，除了传播学方法，需要关注和增加社会学、政治经济学、哲学的研究方法；在新媒体业务实践方面，可以在现有实务课程基础上更加突出特色。

2. 跨专业知识结构和能力培养

互联网和新媒体已经渗透到社会、经济、文化发展的各个层面。社会层面，互联网通过信息传播的扁平化和去中心化，塑造了社群化的新型社会关系；❶经济层面，网络经济、数字经济、共享经济等新型商业形态出现；文化层面，互联网作为一种"高维媒介"，搭建了个人传播和机构传播的开放平台，并促进政府管理角色转换。❷新媒体专业教育应该拓宽视野，逐步从新闻传播学，向文化艺术、经济管理、法学、信息科学、社会哲学等学科方向延展。腾讯新闻发布的《传媒人才需求调查报告》指出，媒体机构对跨学科专业的人才需求越来越大，金融学与经济学人才排名第

---

❶ 金韶，倪宁 . "社群经济" 的传播特征和商业模式［J］. 现代传播，2016（4）.

❷ 喻国明，张超，等 . "个人被激活的时代：互联网逻辑下传播生态的重构——关于"互联网是一种高维媒介"观点的延伸探讨［J］. 现代传播，2015（5）.

一、二位，紧随其后的是社会学、法学、哲学和政治学❶，这一调查结果进一步印证了新媒体发展所需的跨专业人才结构。跨学科的课程体系设置，任务艰巨，但理应成为新媒体专业建设的努力方向。在现阶段，建议先开设社会学、艺术学、网络经济学、管理学的基础课程，或者通过院系协作促进学生跨专业选修，逐步建构适应新媒体专业发展的课程体系，培养学生的跨专业知识体系和学习能力。

3. 实践教学的优化创新

在实践教学方面，很多高校的新媒体专业有了很多有益尝试。以笔者所在高校为例，新媒体专业教学中采取了校企共建实习基地、企业专家进课堂、业界导师全程指导等多元方式，来加强学生的实践应用技能培养。在此基础上的创新方向和改进建议有：第一，加强对学生实习实践的进度管理和效果评价，避免让学生的校外实习流于形式，通过对学生实习效果的准确评价，对实习企业和实习基地进行选择、管理和改进；第二，加强本校老师和业界导师的配合，让本校老师的理论讲授和业界导师的经验分享能够无缝衔接和有效融合，真正促进学生学习和实践能力的提升；第三，拓展视野和格局，聘请传媒行业采编、设计、营销、产品、技术、人力资源等多领域的业界导师，拓宽学生的实习岗位选择和多元技能训练，不断提升实践教学的质量和水平。

---

❶ 腾讯新闻：2018 传媒需要什么样的人才？腾讯新闻发布传媒人能力需求报告［EB/OL］.http://new.qq.com/omn/20180224/20180224A0VYZN.html.

广告学专业课程思政的融入思路

刘　丽[*]

摘　要　课程思政是将马克思主义理论贯穿教学和研究全过程的一种教育理念，从战略的角度对高等教育和专业教育提出了人才培养的更高一层的要求。广告学专业在人才培养方面考虑课程思政的融入需要因地制宜，结合现有的培养方案和自身的特殊性来进行。本文分析了广告学专业课程思政融入的必要性、可行性，并对课程思政的融入思路进行了思考，提出了与专业实践结合、开设新的课程、关注广告案例的思想导向等融入方案。

关键词　广告学专业　课程思政　案例教学

2017年年初，为了加强大学思政课的价值引领，打破思政课教师"单兵作战"、思政课"孤岛化"的窘境，复旦大学、上海师范大学等上海高校率先探索构建全员、全课程的大思政教育体系，让每门课程都体现一定的思政映射点，让专业课充满人文与社会关怀，充分发挥育人功能。这股课改浪潮被称为"课程思政"。课程思政是将马克思主义理论贯穿教学和研究全过程，深入发掘各类课程的思想政治理论教育资源，从战略高度构建思想政治理论课、综合素养课程、专业教育课程"三位一体"的思想政

---

*　刘丽，女，北京联合大学应用文理学院新闻与传播系讲师。主要研究方向为公益广告。

治教育课程体系，促使各专业的教育教学都善于运用马克思主义的立场、观点和方法，探索实践各类课程与思想政治理论课同向同行，形成协同效应的重要途径。❶

课程思政是一种教育理念，表明了在专业教学的过程中，要时刻考虑立德树人的问题。专业教育不仅要培养学生专业知识和技能，同时还要担负起德育的责任。要在专业课程中提取能够与德育工作结合的元素，将这些元素进行加工，成为教学的案例和知识点，在专业教学中融入理想信念层面的精神指引。

对于广告学专业这样一个应用性很强的专业来说，融入课程思政主要还是应该从案例教学入手，深入挖掘教学目标、教学案例、教学方法与思政的结合点。

一、广告学专业教育中课程思政融入的必要性

1. 纠正行业的拜金形象

广告学专业是适应我国市场经济发展的需要而在国内大学中开办的专业，人才培养也主要服务于广告行业的用人需求。对于市场来说，广告最主要的功能就是帮助企业实现更好的销售，获取更多的营业额，能够为企业带来经济效益是广告的价值所在。因此，无论是企业、广告代理商还是高校，对于广告活动的关注焦点主要集中在其传播的商业效果上面，关注广告为了实现商业效果而使用的各类传播技巧。为了实现更好的商业效果，广告中常常迎合大众的趣味，甚至会使用一些低俗、媚俗的视听符号。某些不良商家还会有虚假宣传、误导宣传的情况，鼓吹消费主义，推崇一些拜金的生活方式。这些广告不仅伤害了消费者的权益，同时也给广告行业的总体形象带来了不良的影响。如果任由这种风气泛滥，人们只能

---

❶ 高燕．课程思政建设的关键问题与解决路径［J］．中国高等教育，2017（23）：11–14．

看到行业拜金、浮夸的一面，而行业和专业本身在传播技巧上的突破、在价值观引导方面的巨大能量都被忽视了，对行业和专业建设来说都是巨大的损失。

在广告学的专业教育中融入思政教育，首先能够促进高校师生反思行业的不良风气和现象，从自身做起，抵制一些错误的广告运作理念。比如在教学中使用到一些房地产广告的案例，可以将鼓吹消费主义的广告与传播社会正能量的广告放在一起进行对比，启发学生思考不同广告文案的价值导向差异，引导学生进行判断和思考，树立自己对于房地产市场和房地产广告的认识，贯彻"房住不炒"的价值理念，抵制过度消费和炫耀性消费理念。

2. 提升人才培养的质量

高等教育的人才培养目标并不是要培养行业流水线上的熟练工，而是要培养出具有比较扎实的基础知识和基础理论的、具有创造性和探索能力的高级人才。这样的人才具有必要的专业知识和技能，同时更重要的是具有较高的文化素质，有良好的职业道德、有良好的社会适应能力、有良好的学习能力。思政教育从理想信念角度入手，强化有关世界观、人生观、价值观的内容教育，以健全人格的培养为目标，能够从根本上帮助学生树立正确的人生目标和职业追求，培养学生高尚的道德情操，帮助学生成为一个具有持久发展潜力的、健康的行业从业者。因此，融入思政教育的专业教学，能够有效提高人才培养的质量。

广告教学中使用到大量的广告案例，其中有很多涉及世界观、人生观、价值观的内容，特别是那些使用情感诉求的广告作品，比如平安保险公司的形象广告（地名篇）中，使用了中国各地的地名中带有"平安"字眼的名称，还有不同地区象征"平安"的人物、符号，广告整体上突出了中国文化对和谐、安宁、友善、互助的推崇。教学中引导学生对作品内容进行分析，特别是引导学生对作品透露出的中国文化价值观的探讨，让学生关注到作品本身以外的社会文化，能够丰富学生对中国文化的认识和理解，提高学生的文化敏感。

二、广告学专业教育中课程思政融入的可行性

考虑到教学活动的规范性，课程思政的具体融入可以与现行培养方案结合，也可以考虑新的途径。广告学现有的人才培养方案已经有了一定的课程思政融入条件。现有的人才培养目标强调广告学专业培养的人才是复合型的人才，除了具备专业知识和技能，也要"具有较好的人文社会科学素养、社会责任感和良好的职业道德；掌握基本的创新方法，具有一定的创新意识和创业思维，在解决实际问题时能够综合考虑社会、健康、安全、法律、文化以及环境等因素；具有一定的组织管理能力、较强的表达能力和人际交往能力以及在团队中发挥作用的能力；具有适应发展的能力以及终身学习能力；具有一定的国际视野和跨文化交流及合作能力……"这一系列比较细化的人才培养目标体现了广告学专业教育一直以来对学生健全人格培养的重视，并且已经设计了相应的课程体系和教学环节，教师们只是还没有将这些内容和环节上升到课程思政的高度来设计教学。将这些内容和环节与马克思主义的立场、观点和方法相结合，在筛选案例和课堂讲解的过程中使用马克思主义的立场和观点，就能够实现课程思政的融入。

另外，在现有的人才培养方案中虽然有关于学生综合素质的培养要求，但是从培养目标的角度来说这些要求是偏低的，属于基本的职业道德的要求，并且针对性也不强，没有考虑行业、专业自身的特殊性和特殊的要求。而当前"课程思政"的教育理念很明显是一种具有战略高度的思想体系，强调了要为学生提供理想信念方面的指引，这实际上是对人才培养提出的更高的要求，我们培养的不仅是具有基本职业道德的人才，同时还是具有正确的理想信念的从业者。这就要求教学人员研究广告学专业的理想信念究竟是一种什么样的理想信念，我们的广告学教育与西方资本主义

制度下的广告学教育有什么不同，从而有意识地开发新的课程、新的教学方法、新的人才培养方案，考虑更多的课程思政的融入途径。

三、广告学专业课程思政的融入方案

关于广告学专业课程思政的融入，考虑到专业教学本身的特点，可以从以下角度展开。

1. 寻找课程思政与专业实践的结合点

广告学专业是一个注重学生实践能力培养的专业，学生们在学中做、做中学是一贯的传统，课程思政的融入也应该考虑从实践环节入手。可以考虑现有的实践教学体系，如集中实践课程、分散实践课程等环节，从中分出一定的课时进行思政教育，或者考虑将实践课程的考核与思政内容进行结合，将思政内容作为学习和考核的重点。此外，也可以将思政教育与学生比赛或者作品创作进行结合。如在学生参与各类专业比赛的过程中，适当引导学生更加关注公益类比赛主题。各类专业赛事中的公益选题，由于背景资料比较少，同时奖励相比于商业选题也很少，因此学生参赛的积极性较低。这就需要教师有意识地引导和约束，让学生更加关注公益选题。在进行商业类广告创意设计的过程中，也可以引导学生关注广告作品的思想性、社会影响，分析作品内容与社会主义核心价值观的相关性，在比较中寻找最佳的广告创意。

2. 开设专门的课程或者专题讲座

现有的广告学专业课程主要的内容设计是服务于商业性广告的，商业性广告为了追求利润最大化，总是考虑用各种方法刺激受众的感官和心理需要，在一定程度上加剧了消费主义的流行。但是广告作为一种传播工具，并不是只能服务于商业性的目的，公益广告和政治广告就是与商业广告截然不同的广告类型，在广告主题、表现、创意等方面有着自己独特的属性。公益广告的主题大多是一些社会热点问题，而且不同于商业广告的是，公益广告往往会涉及一些社会问题，会号召人们禁止一些行为或者转变一种观念。政治广告往往与选举相关，主要以政治人物或党派的理念、主张宣传为主，比较重视情绪和情感表现手法的使用。这两类广告在一些严肃主题的表现和社会价值的选择上与商业广告差异很明显，并且注重社会意识形态的引领，是值得研究和学习的领域。广告学专业课程思政的融入可以考虑在现有的人才培养体系中开设新的课程或专题讲座，将广告创作中更加注重引导社会正能量的作品进行系统、集中的分析和研究，如"公益广告专题"或"政治广告专题"等，作为商业广告学习的补充。

3. 关注案例教学中的思想导向问题

广告学专业教学中会使用大量的真实广告作品作为教学案例，师生要在教学中研究这些广告的策划过程、广告的创作技法、表现技法等，最重要的是广告内容是否能说服消费者发生态度转变或者购买，也就是广告传播的直接效果。课程思政的融入对传统的案例教学法提出了新的要求，在研究、分析广告案例时，还要关注广告内容传递出来的思想、价值观，不仅研究广告的直接效果，还要考虑广告的社会效果，要在更广阔的社会背景和历史背景下考虑广告作品的价值，对持有错误意识形态的广告作品要保持警惕。事实上，随着全球文化流动和跨文化传播的日益增多，很多广告作品在跨文化传播的过程中遇到的问题，就是广告设计者忽略了广告作品在价值观和社会文化层面的影响，因此遭遇到了其他文化群体的抗议，其中像丰田霸道汽车、耐克、立邦漆等品牌都曾经投放过虽然创意优秀，但是在价值观和文化层面冒犯了中国消费者的广告，结果遭到了广泛的抵制，最终被迫退出了市场。因此，在教学过程中，广告作品分析在关注技法和专业性的同时，也要关注作品传递的价值观、意识形态。

4. 提升教师课程思政的意识水平和执教能力

每位教师对马克思主义的立场、观点和方法的理解不尽相同，对于"课程思政"的内涵与外延目前也还不是非常清晰，在执教过程中大多是根据教师的个人理解进行的，讲解与分析难免会有不恰当、不深刻的地方。因此，促进专业教育与课程思政的融入，首先要让教师关注社会热点，定期接受思政教育，同时加强教师间的交流、学习，请一些富有经验的教师开办讲座，供教师们学习和借鉴。同时还要加强不同专业教师之间的交流互动，特别是思政课程类教师们与各专业教师们之间的交流。这样教师才能灵活把握教材，挖掘背景材料，通过引入热点话题、案例分析等方式，找到思政与专业教学的最佳集合点。

5. 创新教学方法

传统的灌输式的教学方法已经不能满足当前大学生个性化学习的要求，专业教学与课程思政的结合也要尝试不同的教学方法，比如课间交谈、微信、微博等多种渠道，在与学生的互动中，以学生喜闻乐见的方式将思政理念传播给学生。比如在为学生推荐实习单位的过程中，可以跟学生交换对当前行业发展趋势的认识，对于当前行业中的不良风气、不良做法进行批评，引导学生坚定自己的理想信念，将职业理想与社会理想结合，做一个对社会有价值、有贡献的专业人士。

结　语

习近平总书记在全国高校思想政治工作会议上强调，"要用好课堂教学这个主渠道，思想政治理论课要坚持在改进中加强，提升思想政治教育亲和力和针对性，满足学生成长发展需求和期待，其他各门课都要守好一段渠、种好责任田，使各类课程与思想政治理论课同向同行，形成协同效应"，为"课程思政"改革指明了方向。在专业教学方面，要继续挖掘专业知识、技能与思政教育的结合点，深入研究社会主义核心价值观的内涵和外延，充分发挥广告教学案例丰富的优势，深化作品分析和讨论，将正确的、反映了社会主义核心价值观的广告作品作为教学的重点，丰富教学手段，真正达到润物无声的教学效果。

广告学专业课程中开展课程思政的思考

于　雷[*]　刘星辰^{**}

摘　要　随着习近平总书记在全国高校思想政治工作会议上重要讲话的发表，课程思政开始成为高校教育中着力发展的一个环节。课程思政能在专业课中提升课堂氛围，增加学生学习社会主义核心价值观念和马克思主义思想的积极性与主动性，从而达成良好的教学效果。开展课程思政是现阶段高校专业课程中必不可少的内容，广告学专业课程也要进行课程思政教学，但由于广告学专业与其他专业的不同特点，在教学活动中对课程思政的开展提出了独特的要求。本文围绕广告学专业课程中开展课程思政的内容进行相应的思考，提出了在广告学专业课程中开展课程思政的一些方法，希望能对广告专业的课程思政教学起到一定的帮助。

关键词　广告学　专业课程　课程思政

---

*　于雷，男，北京联合大学应用文理学院新闻传播系讲师。主要课程为广告学概论、新媒体理论。

**　刘星辰，女，北京联合大学应用文理学院新闻传播系讲师。主要课程为传播学概论、影视广告学、广告创意与案例赏析。

一、课程思政的概念与作用

1.课程思政的概念

随着习近平总书记在全国高校思想政治工作会议上重要讲话的发表，课程思政作为一个新的教学领域被全国高校所认知，成为高校教学中必须重视的环节。"习近平指出，我国高等教育肩负着培养德智体美全面发展的社会主义事业建设者和接班人的重大任务，必须坚持正确政治方向。高校立身之本在于立德树人。"❶这是对我国高校思想政治教育提出的重要指示，也是目前社会发展对大学生思想教育所提出的新要求。从习总书记的讲话中可以看出，课程思政，是高等院校思想政治课程在专业课程中的延伸，是以不同形式的专业课程内容来完成对学生思想政治教育的表现，也是党和国家对现代高等教育提出的新的要求，思政课程的出现实际上是现代教育中思想教育发展的重要体现。

随着我国高等教育的发展和社会环境的变化，高校学生接触的信息环境越来越复杂，再加上不良社会思想侵蚀和敌对势力恶意的信息导向，使得很多高校学生对我国社会主义的主流思想产生了误解扭曲。在这种情况下，光靠思想政治课程的内容远远不足以对高校学生进行正确的世界观、价值观和人生观教育，因此，在专业课程中开展课程思政教育就成为现代高校教育的重要工作内容之一。正如习总书记所讲："要用好课堂教学这个主渠道，思想政治理论课要坚持在改进中加强，提升思想政治教育亲和力和针对性，满足学生成长发展需求和期待，其他各门课都要守好一段渠、种好责任田，使各类课程与思想政治理论课同向同行，形成协同效应。"❷课程思政是思想政治理论课程与专业课程相结合的产物，每门课程都应建设自己的思政内容。所以，专业课程的教师应在教学过程中有意识地进行课程思政的教学活动，为学生营造良好的课程思政氛围，发挥课程

---

❶ 新华社.习近平在全国高校思想政治工作会议上的重要讲话［N］.人民日报，2016-12-08.

❷ 新华社.习近平在全国高校思想政治工作会议上的重要讲话［N］.人民日报，2016-12-08.

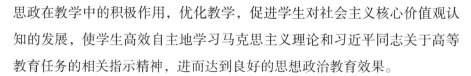

思政在教学中的积极作用，优化教学，促进学生对社会主义核心价值观认知的发展，使学生高效自主地学习马克思主义理论和习近平同志关于高等教育任务的相关指示精神，进而达到良好的思想政治教育效果。

2. 课程思政的作用

课程思政在高校的专业课程教学中具有重要的作用，这主要表现在以下三个方面。

第一，利用专业课程进行课程思政教育，引导学生树立正确的人生观、价值观、世界观，有效地减少学生对思想政治理论的抵触心理，潜移默化地教育学生，使学生树立正确的社会主义思想观念。习近平总书记强调："我们的高校是党领导下的高校，是中国特色社会主义高校。办好我们的高校，必须坚持以马克思主义为指导，全面贯彻党的教育方针。要坚持不懈传播马克思主义科学理论，抓好马克思主义理论教育，为学生一生成长奠定科学的思想基础。"❶ 课程思政，是马克思主义教育在政治理论课程之外的重要表现，是利用专业课程传播马克思主义思想，培养大学生正确世界观、人生观、价值观的主要手段。在以前的高校课程体系中，政治理论课程和专业课程是两个体系，二者相互之间没有联系，这就使专业教育和思想教育相互割裂。学生在学好专业知识的同时，忽略了自身思想水平的提升。因此在高校专业课程中开展思政教育，是目前高校教育中提高学生思想政治水平的必要途径。

第二，通过课程思政教育，使学生树立正确的人生理想和工作观念。习近平强调："正确认识时代责任和历史使命，用中国梦激扬青春梦，为学生点亮理想的灯、照亮前行的路，激励学生自觉把个人的理想追求融入国家和民族的事业中，勇做走在时代前列的奋进者、开拓者；正确认识远大抱负和脚踏实地，珍惜韶华、脚踏实地，把远大抱负落实到实际行动中，让勤奋学习成为青春飞扬的动力，让增长本领成为青春搏击的能

---

❶ 新华社. 习近平在全国高校思想政治工作会议上的重要讲话［N］. 人民日报，2016-12-08.

量。"❶ 大学正处于从学校走向社会的转折阶段，在专业课程的学习中，高校学生在逐渐了解自己的专业内容的同时，往往对自己的未来发展充满幻想，但是又对就业情况和社会发展的变化认识不足。因此很多大学生对自己未来的发展方向感到困惑，不知道自己所学专业知识在社会中的作用和意义，在就业上产生迷茫。课程思政能将学生的专业知识与学生的发展观念、就业观、工作观、奉献观结合起来，通过课程思政的形式，使学生在专业课程的学习上建立良好的学习目标和方向，树立社会主义的工作观念，培养学生的奉献精神，使学生能从社会需要出发，建立良好的择业心态，帮助学生树立明确的发展方向，指导学生进行职业规划，为学生未来的就业做好准备。

第三，通过专业课程的思政教育，能培养学生的团结协作能力和集体主义精神。团结协作能力是现代社会工作必不可少的能力之一，但是现代的大学生大多数都是独生子女，他们在家庭里受到长辈的关注，因此大多以自我为中心，缺少协作精神的现象非常明显。而随着社会分工的发展，现代社会中的各种工作之间相互协作的情况越来越明显。因此，利用课程思政能够培养学生的团结协作精神，让学生能够通过合作来完成相应的工作内容，为学生未来走向社会打下基础。

二、结合广告学专业课程的特点开展课程思政教育

从大的方面来讲，广告学专业属于文学大类，新闻传播学科，因此广告学专业课程有一般文科专业的共同性质。但是由于广告学是一个综合性、交叉性专业，它的专业课程内容与其他专业的相比，具备一些显著的特点。特别是广告学专业具有课程涉及范围广、课程理论分散、实践性较强的特点，因此在进行课程思政时，必须结合广告学专业课程的特点进

---

❶　新华社．习近平在全国高校思想政治工作会议上的重要讲话［N］.人民日报，2016-12-08.

行，这样才能做到有的放矢，事半功倍。

1.课程思政教育要从专业课程群入手

现代广告学专业的课程是以传播学和市场营销学为基础，以文学和艺术为表现手段，以消费者行为学和受众心理学为主要内容，以社会学和文化学为研究对象的综合性、交叉性的课程体系。广告学课程内容涉及领域多，内容庞杂。因此在进行课程思政的建设活动时，必须要从多个方面入手，对整个课程群的内容做好课程思政内容的分工和规划，使整个课程体系的思政内容形成合力。

2.课程思政要注意经济性和社会性的统一

广告学专业与传播学科其他专业的主要区别在于，广告活动的出发点是经济性的，因此广告学专业的课程理论的核心是如何通过广告活动获取经济利益。而课程思政的主要目的是通过专业课程的教育来获得相应的社会文化利益。因此，如何协调广告学专业课程思政教育中经济性与社会性的关系，使得二者能够协调统一，就是广告学专业课程思政建设所面临的主要问题。

3.课程思政要把握广告内容创意性和原则性的关系

广告活动最关键的要素是创意。在商业广告活动中，为了获得经济效益，取得传播效果，广告创意必须能够有效吸引注意，所以在广告活动中就出现了很多为了博取眼球而与社会主义思想和文化不相适合的创意内容。在广告学专业课程的思政教育中，如何让学生坚持社会主义的思想道德原则，使他们在创意活动中能通过社会主义的思想文化原则来表现广告内容，也是教师必须要考虑的问题。

4.课程思政要注意理论和实践的统一

广告学是一门实践性很强的学科，因此在广告学的课程思政过程中必须注意思政理论与广告实践活动的统一。在广告策划、广告文案写作、广告设计制作、广告媒介发布这些环节中，将课程思政的理论内容转化为能被学生操作的实践内容，利用实践活动加强学生对思政内容的理解，让学生主动地将所学的思政内容应用到经济广告的实际运作过程之中，这是非常考查教师课程设计内容和执教能力的问题。

三、广告学专业课程中开展课程思政的方法

1.结合案例教学，开展课程思政

广告学是一个应用性学科，因此在广告学专业课程的教学活动中会用到大量的广告案例。广告专业的课程思政教育的第一个着眼点就是将课程思政与案例教学相结合。这主要分为两个方面。

第一，在案例的选择过程中，着重选取能弘扬社会主义核心价值观的优秀广告案例。通过这些案例来激发学生的学习热情，在利用案例进行广告学理论知识的教学活动的同时，普及马克思主义思想观念和社会主义核心观念。广告专业课程思政中案例教学的问题在于，广告学专业课程的核心内容是经济广告，但是在我国的广告实践活动中，除了公益广告之外，能反映社会主义价值观的经济广告案例非常有限。这就要求广告学专业的教师必须在生活中注意观察经济广告的内容，着力收集具有思政意义广告案例，这是一个长期的、不间断的工作，需要很长时间的积累才能完成。所以，广告学课程思政中的案例教学活动不是一蹴而就的。

第二，在进行广告案例教学活动时，注意对负面案例进行分析。随着我国广告业的发展，受众对广告的注意力越来越稀缺。很多广告为了满足经济利益，吸引受众注意，经常采用违背社会规范和道德法律的手段来进行宣传。这些广告不仅不能有效地促进社会发展，还会引起不良的社会反应。因此，在进行广告案例教学活动时，广告学专业教师应注意对这些负面案例进行分析，使学生能站在批判的角度看待这些负面的广告案例，吸取经验教训，避免在以后的广告实践活动中出现相似的错误。

2.结合实践教学，开展课程思政

如上文所述，广告学是一门实践性很强的学科，在广告学专业课程体

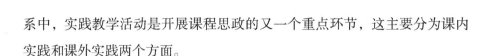

系中，实践教学活动是开展课程思政的又一个重点环节，这主要分为课内实践和课外实践两个方面。

课内实践是广告学教育中最多的实践内容，广告学专业教师要在自己的课堂教学中根据不同知识点的特点，安排能够与课程思政相结合的实践内容。如在广告概论课程中，在广告的功能与作用这一章节，让学生讨论广告的正面作用与负面作用。在广告史的课程中，让学生对我国抗战时期的广告进行收集，并分析当时经济广告中抗战精神的表现。在广告文案课程中，让学生进行含有爱国精神的广告文案创作等。这样使得学生在进行课内实践的同时接受课程思政的教育，并能将课程思政的内容用于专业的实际操作之中，起到一举两得的效果。

课外实践活动是广告学专业教学体系的重要补充。广告学专业的教师应该时刻关心社会上的各类相关活动，如果发现有能与广告学专业课程思政相结合的项目，就应当通过讲解、推介、作业等形式向学生进行发布，使学生能够积极参加这些课外实践活动。同时，教师应该对学生进行课外辅导，让学生能够有意识、有目的地将社会主义思想融入这些课外实践活动之中。现在比较典型的能进行课程思政的广告学专业课外实践有"全国大学生广告艺术大赛""中国大学生广告艺术节学院奖""'我是创益人'公益广告大赛"等。这些课外实践活动，既能检验学生所学专业知识的程度，也是对学生进行课程思政教育的良好场所。

3.结合毕业实习，开展课程思政

大学生在毕业前的最后一年，要进行毕业实习，这是大学教学的最后一个环节，也是检验一个专业教学水平的练兵场，在专业教学体系中具有重要的地位。但是随着现在社会的发展，人们生活水平的提高，很多学生在毕业实习期间对实习工作过于挑剔，还有一部分学生怕苦怕累，不想参加毕业实习。此时，专业教师除了要参与到学生的毕业实习工作之中，还要利用这个机会，开展课程思政教育。广告学专业教师应根据学生各自的特点，帮助学生完成自己的职业规划，并在自己的研究领域内对学生的实习工作进行指导。如很多学生在就业时对广告公司的工作压力认识不足，怕苦怕累，此时专业教师就可以结合广告创意活动的成就感对学生进行教育，说明广告行业"不经历风雨就难见到彩虹"的职业特点，没有前期的辛苦投入，就无法享受自己创作的广告被传播时的喜悦心情。与此同时，还应帮助学生建立正确的工作观和价值观，使学生了解到自己所学专业知识在社会上的作用，让学生能够在未来的工作中实现自己的人生价值。

四、广告学专业课程中开展课程思政应注意的问题

1. 处理好专业内容与课程思政内容的关系

在高校专业课程中进行课程思政的建设，有利于课程内容的发展和学生思想水平的提高，这是对高校课程建设利好的一面，但在课程思政建设过程中，要注意专业内容与思政内容的相互关系。课程思政应该以专业课程建设为依托，专业内容是思政的基础，只有在建设好专业内容的基础之上，开展思政活动，才能做到有的放矢。课程思政，是为了学生更好地学习专业课程，并在专业课程的基础上树立正确的价值观而进行的。如果不顾课程内容本身的特性，将课程思政强行加入到专业课程之中，不仅不能取得好的思政效果，还容易引起学生的反感，得不偿失。所以课程思政内容应与专业课程的内容有机地结合，不能生拉硬套。

2. 课程思政是一个长期建设的过程

课程思政的建设是一个长期的过程，需要教师在课程建设中长期坚持进行。特别是上文提到的广告学专业中案例选用的问题，需要专业教师长期的关注与积累。所以高校在进行课程思政时，不能搞"一刀切，大波哄"。应该结合各专业的特点，按照教学规律做好整体计划和安排，使得课程思政在稳步有序的过程中进行。实际上，课程思政的建设会随着教师对马克思主义和社会主义核心价值观念认知的提升而不断深入，这个过程需要一定的时间。如果强行给教师限制进行课程思政的时间表，使得教师

为了完成教学任务而仓促地进行课程思政建设，不仅不能起到课程思政建设作用，还会破坏原有的课程结构。

3. 课程思政是一个系统性工程

上文中讲到，广告学的专业课程是一个体系，同样，课程思政也是一个系统性的工程，它并不只是针对一门专业课程的内容，应该结合不同的专业课程，形成先后衔接的课程思政体系。所以在建设课程思政的过程中，课程思政至少应该是以专业课程群的建设为基础的。如果放大来讲，课程思政的内容可以说是一个系或一个学院要通盘考虑的问题，只有这样，才能形成合力，使得课程思政的内容真正发挥作用。

4. 课程思政要结合学生的特点

课程思政的对象是学生，因此在课程思政的建设过程中应结合学生的特点进行。不同专业的学生由于其知识基础、专业方向、兴趣爱好不同，他们所感兴趣的思政内容也会有很大差别。因此，在进行专业课程思政的建设过程中，必须考虑学生的特点和对课程内容的接触水平。广告学专业的学生在思维上比较活跃，思维的跳跃性强，乐于接受新鲜事物。因此在进行课程思政时，应考虑利用最新的案例内容来进行教学，特别是创意特点鲜明的广告案例，更能起到吸引学生注意，引发学习主动性的效果。

5. 课程思政要发挥教师的主动性

课程思政的核心是教师，因此课程思政的建设过程中，必须首先提高教师的思想认识水平。课程思政首先是教师对社会环境的正确认识以及对工作环境的良好感触，这就要求教师必须首先学习马克思主义的相关理论，但是这种学习并不是简单的对理论的机械记忆，而必须是有效的理解和系统的消化吸收。只有真正吸收了这些理论内容，教师才能主动地将这些理论与专业的课堂教学相结合，产生良好的教学效果。反之，如果教师只是将课程思政的内容当作一项教学任务来完成，简单地在课程中插入马克思主义理论或生搬硬套社会主义核心思想，不仅不能有效地提升课堂质量，反而会起到画蛇添足的负面影响。

结　语

综上所述，在高校中开展课程思政是高校教学未来的长期任务，也是每个学校和专业必须持续进行建设的教学内容，是一个系统性的工程。由于课程与学生的特点，广告学专业的课程思政教育，应在发挥教师主动性的同时，注意案例教学的应用，尽量将马克思主义相关理论与社会主义主流思想融入于教学活动之中，从而起到润物无声的效果。同时，按照广告学专业的课程体系和教学规律，合理地规划课程思政的内容。要持之以恒，将课程思政作为教学工作中的一项长期任务来进行。除在理论课程中安排课程思政的内容之外，还应将课程思政与学生的实践活动和实习活动相结合，全方位地满足学生对课程思政的需求。只有通过这样，才能结合广告学专业的特性，将课程思政工作有效地开展下去。

科学定位　持续创新

——培养网络与新媒体专业学生参加学科竞赛的积极性的探究

马君蕊 *

摘　要　网络与新媒体专业是 2012 年教育部备案的本科专业，我校 2013 年设立此专业并于暑期开始招生，2017 年第一届毕业生已进入就业岗位或在国内外攻读硕士研究生，从培养成果来看招生就业情况乐观。学生专业能力的培养过程需要广大教师付出心血，并且有学校、学院、系、专业各方面的配合。在每一门课程中融入对学生热爱所学专业精神的培养是近年来网媒专业努力的方向，只有学生通过学习、锻炼，热爱自己的专业，才能不断探索创新、提高能力。自 2013 版培养方案制定以来，在本专业教师们的共同努力下，学生们在参加学科竞赛方面取得了很多成绩。继续深化学生的专业能力，将培养方案中的课程与学科竞赛相结合，探讨学生的在新版课程体系下参与学科竞赛的模式，对专业培养方案的落实和学生能力的提高有一定的作用。

关键词　网络与新媒体专业　学科竞赛　专业积极性　课程体系

2017 年，北京联合大学应用文理学院新闻与传播系网络与新媒体专业

---

*　马君蕊，女，北京联合大学应用文理学院新闻传播系讲师，管理学硕士。主要研究方向为企业管理、品牌传播、营销策划等。

的学生获得多项学科竞赛奖项,有校级、市级奖项,更有国家级的奖项,这是自 2013 年我校网络与新媒体专业招生以来,学生获得学科竞赛奖项最多、最高的一年。网络与新媒体专业是 2012 年教育部备案的本科专业,我校顺应市场环境发展的大趋势,针对行业人才需求、根据师资队伍的水平,成立了网络与新媒体专业,自 2013 年暑期开始招生。2013—2015 年该专业设在我校广告学院,2016 年由于专业整合,转至我校应用文理学院招生,专业基础更加雄厚,设施条件更加成熟、完善。第一届 2013 级 31 名学生已经毕业,本届毕业生中有 1 人考上北京师范大学的硕士研究生,5 人在澳大利亚、英国、美国、韩国留学,还有学生继续复习准备国内考研或出国深造。目前已出国留学学生在国外表现良好,并且有学生表示会在拿到硕士学位之后继续攻读博士学位。

在学生的培养过程中,本科培养方案的制定是重要的基石,课程设置在学生培养方向上起到了指引的作用。其中对学生把理论知识应用于实践的检验方法之一便是组织学生参加与本专业相关的学科竞赛,以赛代练。利用理论课程、实践环节、寒暑假期,由教师主导,引领学生从参与创作到主动参赛,从被动到主动参与到各类面向学生的学科竞赛中来,既能促进学生吸收课堂理论知识,又能为学生积攒专业实践能力,获奖学生能够在综合排名中加分、获得奖金、增强自信、获得自豪感,对学校的专业招生、就业都有好处。

近三年,在全专业老师的共同努力下,网络与新媒体专业获得了不少学科竞赛奖项,如表 1 所示。

表 1　网络与新媒体专业近三年获得校级及以上学科竞赛奖项统计表

获奖时间	赛事名称	参赛类别	奖项等级	数量	参赛人员
2017 年	北京联合大学第二届"互联网 +"大学生创新创业大赛	创意组	校级二等奖	1	2014 级团队
			校级三等奖	2	2014 级团队

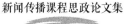

获奖时间	赛事名称	参赛类别	奖项等级	数量	参赛人员
2017年	第九届全国大学生广告艺术大赛	策划类	国家级三等奖、北京市级三等奖	1	2014级团队
2017年	第九届全国大学生广告艺术大赛	平面类	国家级三等奖、市级优秀奖	1	2014级个人
2017年	第九届全国大学生广告艺术大赛	平面类	市级优秀奖	2	2014级个人
2016年	大学生人文知识竞赛		市级二等奖	2	2016级团队
2016年	北京联合大学第六届"启明星"大学生创业大赛	创业计划竞赛	校级三等奖	2	2013级团队
2015年	第七届全国大学生广告艺术大赛	策划类	市级优秀奖、国家级优秀奖	1	2013级团队

在以上三年统计的获奖学科竞赛中，完成参赛作品锻炼了学生各方面的能力，获奖作品包括平面设计、商业计划书、广告策划案、人文知识表达等各个方面。网络与新媒体专业本是新兴专业，在高校中设立时间不长，每个学校依据自己的专业师资，侧重学生不同方面能力的培养，如艺术方向、内容生产方向、技术方向等。而我校网络与新媒体专业偏重广告方向，分为内容制作和媒介经营两个方向模块，培养融合型知识人才。除此之外，还有部分老师带领学生参加企业类比赛，在企业真实选题中，完成创意，所获奖项颇多。

比赛获奖固然是对学生学习成果和教师教学成果的肯定，但没有获奖的竞赛一样是学生锻炼专业水平和教师提高执教能力的途径。只要教师和学生保持积极的态度、不断参与这类竞技比赛，必然获益良多、收获满满。获奖的喜悦并不能掩盖教师和学生参与学科竞赛的初衷，反思参与过程，教师们总结出各种经验、形成教研论文，学生在短短几年的大学生活中不断进步，积累经验。形成我校独具特色的网络与新媒体专业培养模式。

1. 学校制定统一实践课程学分标准

在近年培养计划的修订过程中，学校强调实践教学的重要性，用实践学时的比例来严格加强教学内容中对学生动手能力的培养，充分体现应用型人才的培养目标。网络与新媒体专业目前刚刚完成制定 2017 版培养计划的制定，学校对学分比例要求中，实践课程和实践教学环节课时要占总学分的 25% 以上。网络与新媒体新版培养方案课程体系中从第 2 学期至第 7 学期都安排了实践课程，此外创新创业实践活动 2 学分是对本专业学生课外实践教学环节的考核学分，可以通过参加各类学术报告、学科竞赛、发表学术论文等获得相应学分，也可以通过专业证书考证等获得相应的学分。

制度上的规定从上到下地指导了教学方向，教学不能以全面讲授为主要方法，而是要在各项能力培养中设置实践课程和实践学时，实践课程和实践学时也不能以理论课的要求为标准，而是制定了一套新的教学文件，以具体进度、实践保障、教材、教学方法、实习报告成果表达等内容规范实践教学课程，如此大力度地完善改革在实践教学中还是第一次。

2. 课程制定结合专业能力培养

网络与新媒体专业从诞生之日起就注定是应用型的专业，四年来，专业教师们通过对教学过程的了解、摸索，对学生各方面的考量，对教学资源的运用，在原有培养方案的基础上、根据新版培养方案的要求，由广告网媒教研室商讨、专业负责人执笔，修改制定了 2017 版培养方案。培养计划中专业内课程除了平台课和普通课程外，还提供了两个方向模块各 5 门课程，一个为媒介内容制作方向模块，一个为媒介运营管理模块。对学生来说，网络与新媒体是个新兴行业，专业设立时间较短，知名度不高，但美誉度较高，学生未来工作方向和内容有很大空间可选择。互联网企业分很多种，对学生专业要求也不同。我校网络与新媒体专业在学生能力培养中主要侧重艺术素养和基本美工技巧、广告策划与创意、媒介运营管理几大方向，这不仅结合了本专业的师资力量，还结合了本专业对行业企业对人才需求的调研结果（见表2）。

表2　学生专业能力培养与专业课程及完成实践作品对应关系表

学生专业能力	对应课程名称（含有实践学时 *，集中实践课程 #）	开课学期	对应作品类别
艺术素养和基本美工技巧	艺术概论	2	平面设计摄影作品
	设计基础 *	3	
	网页制作设计技术 *	3	
	文学作品选讲	3	
	摄影与摄像 *	4	
	美学概论	4	
	新媒体视觉传达 *	5	
	国际时尚文化研究	5	
	影视艺术鉴赏	5	
网络传播内容策划与创意	广告创意案例赏析	2	广告文案短视频影视广告微电影调查报告广告策划案
	应用文写作 *	3	
	新媒体文本创作 #	3	
	广告学概论	4	
	品牌与策划	4	
	网络与新媒体调查与分析 *	4	
	网络与新媒体调查实训 #	4	
	网络营销策划与创意	4	
	消费行为学	4	
	中西文化比较	4	
	新闻评论 *	4	
	整合营销传播	5	
	媒介研究	5	
	网络新闻采编 *	5	
	数据新闻	5	
	网络营销策划与创意 *	6	
	广告心理	6	
	剧本创作 *	6	
	电视节目策划 *	6	
	网络与新媒体视频编辑制作 #	6	

续表

学生专业能力	对应课程名称（含有实践学时 *，集中实践课程 #）	开课学期	对应作品类别
媒介运营管理	专业认识实习 #	2	商业计划书
	新媒体概论	3	
	管理学原理	4	
	传播伦理与法规	4	
	网络新媒体热点与案例研究	4	
	媒介经营与管理	5	
	文化产业概论	5	
	数据分析与应用 *	6	
	新媒体技术与应用 *	6	
	国际传播趋势研究	6	
	公共关系	6	

3.专业能力培养与学科竞赛的对应

第一、二学期，按照人文类大一新生的培养计划，不安排专业课，学生参与的比赛多为人文知识竞赛，书法、演讲、计算机类的比赛等，专业性不强，大部分学生没有参与到网络与新媒体专业学科竞赛中。第七、八学期是学生完成毕业实习和毕业论文两个内容的学期，学生多利用第七学期实习、考研、考公务员或做留学前准备，故没有安排专业实践课程，也没有要求学生参加学科竞赛。参与学科竞赛主要在第三学期到第六学期中，学生边学习专业知识边参加能力所及的竞赛，以赛代练、促进了教师和学生双方面的成长，并获得了众多优异的成绩。

目前，网络与新媒体专业学生主要参与的学科竞赛类别较稳定，包括以下几个，竞赛中比赛单元与学生专业能力的对比关系如表3所示。

表3　学生专业能力与学科竞赛对应关系表

学生专业能力	对应作品类别	对应学科竞赛
艺术素养和基本美工技巧	平面设计 摄影作品	大学生广告节学院奖（每年春、秋两季） 全国大学生广告艺术大赛（每年春季）
网络传播内容策划与创意	广告文案 短视频 影视广告 微电影 调查报告 广告策划案	大学生广告节学院奖（每年春、秋两季） 全国大学生广告艺术大赛（每年春季）
媒介运营管理	商业计划书	"创青春"全国大学生创业大赛（原"挑战杯"中国大学生创业计划竞赛，每年一次） 中国"互联网+"大学生创新创业大赛（每年一次）

　　除以上学科竞赛之外，每学期都有企事业单位组织的定期或不定期专业竞赛，只要与专业相关，能够锻炼学生专业能力，教师们都在积极带领学生参与。近年来，学生参与热情也不断提高，获得奖项颇丰。

　　网络与新媒体专业设立时间很短，专业本身存在着市场需求变化快、专业知识更新迅速、学生就业方向广阔、对教师能力要求高等方面的特点，根据不断变化的环境，网络与新媒体专业的教师们，也会不断调整适应，努力促进专业建设发展，根据学生、企事业用人单位、行业发展变化、国家政策等方面的需求不断调整培养方案，以求为首都经济建设输送更多专业基础知识扎实、实践能力强，具有较强的社会责任感、创新创业精神和可持续发展能力的高素质复合应用型人才。

新闻专业课程思政教育必要性探讨

王永峰 *

摘　要　各个高校在习近平总书记高校教学和科研工作中要持续加强思想政治工作的思想指导下，掀起了探讨思想政治工作在不同学科如何贯彻的热潮。本文特别对高校新闻学专业思政教育的必然性做出讨论，论证了新闻专业思政教育的必要性，一为专业特点，二为道德指南针，三为时代的必然。

关键词　课程思政教育　新闻学

党的十八大以来，习近平总书记对中国高等教育的发展和高校思想政治教育工作高度重视，并发表了一系列重要论述。"高校思想政治工作关系高校培养什么样的人、如何培养人以及为谁培养人这个根本问题。"在2016年12月7—8日召开的全国高校思想政治工作会议上，习近平总书记在重要讲话中强调，要坚持把立德树人作为中心环节，把思想政治工作贯穿教育教学全过程，实现全程育人、全方位育人，努力开创我国高等教育事业发展新局面。"办好我们的高校，必须坚持以马克思主义为指导，全面贯彻党的教育方针。""要坚持不懈培育和弘扬社会主义核心价值观，引导广大师生做社会主义核心价值观的坚定信仰者、积极传播者、模范践行

---

*　王永峰，男，北京联合大学应用文理学院新闻与传播系教师。研究方向为英语视听说、跨文化传播、英美传媒文化等。

者。"习总书记在全国高校思想政治工作会议上的重要讲话，从全局和战略高度，深刻回答了事关我国高等教育事业发展的一系列重大问题，深刻阐明了加强和改进高校思想政治工作的重大意义、目标定位、主要任务和基本要求。高校思想政治工作，既是我国高校的特色，又是办好我国高校的优势。青年正处在价值观形成和确立的关键时期，是一个人成长、成才的关键起点，习总书记始终高度重视青年人的思想政治培养。

笔者针对高校新闻专业的特点，认为新闻专业教学过程中，思政教育的发挥空间更大，教师的职责更重。新闻专业和思政教育的互相交融具有如下明显特征。

一、专业社会导向敏感度高

新闻专业自身的特点决定了在教学过程中，思政工作必须全程跟进。新闻专业的学生，多数在毕业后会从事和媒体相关的专业。媒体则是如实、正确、准确、客观报道我们现实社会中发生的各种重大事件的权威机构总和。在报道过程中，从业人员如何保证客观和导向正确则是媒体整个行业都面临的重大考验。

现在国际社会环境前所未有的复杂，我国社会主义建设进入攻坚、大跨越发展的重要历史时刻。中国在新的历史时期，正在试图在国际舞台承担更大的责任。我国"一带一路"倡议把中国推到了国际焦点下。与之而来的，则是空前的压力。国内，我们的经济建设和改革也到了前所未见的程度。社会在迅速地改变，其变化之快，体现在每一天的海量信息和观念的更迭。新闻从业者实在是恰逢一个最好的时代，但是也是最具挑战性的时代，最后决定这个时代到底能否成为黄金时代的，则是从业者的思政素质。

新闻从业者是时代的镜子。这个镜子折射时代的角度，是新闻专业教学过程最终应该关注的重点。当下我们社会有个非常明显的特征，就是价值观的多元化，媒体的报道角度也相应地颇为多变。为了非常现实的生存，新闻媒体整体表现出了一些共性。比如，新闻的选择方面，毫无例外的都有哗众取宠、博眼球的嫌疑。笔者当然理解此行为后面不得已的苦衷，但绝不认同这样的行为是对的。恰恰相反，这说明新闻从业者里，尤其是决策层面思想政治工作的缺失。

新闻是具有引导大众健康思想、弘扬民族正向价值观和教育大众的社会责任的。很难想象多年以后，后人审视我们这个时代的媒体，看到的是各种内容肤浅、辞藻挑逗、思想浅薄的新闻报道占据了各个媒体。使媒体回归其社会责任，重新扮演起正确的社会角色，这其中的桥梁，就是思政教育。每一个新闻媒体从业者，尤其是从学习阶段，就应该树立正确的价值观、高度的社会责任感。

新闻报道的倾向，新闻素材的选择，最后决定或者拉低、或者提高整个社会的道德水准，不会有第三种可能。从这个角度来看，思政工作的必要性和重要性不言自喻。

二、专业跨文化接触更需主心骨（道德指南针）

新闻专业有另一个特点，那就是肩负向国际社会展示中国新时代建设成就和面貌的重任。这一重任，我国每一代新闻从业者完成得都很好，堪称楷模。到了当今的社会阶段，新一代的新闻从业者是否可以发扬这一光荣传统，接起老一辈的接力棒，思政工作是重中之重。

新一代的新闻工作者，面临着全新的挑战。当今，我国改革开放的决心前所未有，国家开放闻所未闻。国际社会对我国的关注，或者说警惕，亦是空前。我们的教学中，必须要强化爱国这一主题。同时，亦要正确引导我们的学生，如何正确地看待国际社会对中国的报道。

笔者在教授新闻专业课程过程中，颇有感受。因为此课程为双语课程，主要通过引用英文报纸内容，解读文本，分析西方媒体对中国报道的政治倾向和立场。笔者诧异地发现，多数学生对长期以来西方媒体对社会主义国家，尤其是中国的报道妖魔化的倾向知之甚少。究其原因，恐怕有二。其一，是国内大众对英美主流媒体关注度不够，或者说是缺乏有效的渠道了解。因此，相应的，对西方媒体对中国等社会主义国家的态度就难以有可靠直观的了解。其二，哪怕在网络时代，相比较以前，有更多可能接触到西方媒体的报道。但是囿于英语水平，也难以真正看明白字里行间的精准意图指向。这对于新闻专业学生应该是很大的短板。因为，新闻工作者理所应当的，应具有国际化视野。俗话说：知己知彼，百战不殆。如果我们不能了解西方社会对我们的真正看法，那么自然也就无法有针对性地传递出有效信息，以达到扭转舆论的目的。更不用说，不清楚直观地了解到西方主流媒体对中国的妖魔化报道倾向，我们就不能深刻体会新时代新闻工作者的历史使命。此时，思政工作就显得非常重要。因为这是让广大新闻工作者和政府、国家同心同德的最佳利器和有效手段。

因此，新闻专业的思政教育，对于稳社会舆论，引导国际社会了解真正的中国，报道真正的中国，塑造我国友好的国际形象方面，作用不可低估。毛主席曾说：舆论的阵地，我们不占领，敌人就会占领。此话虽然说的是几十年前的事情，但是对于当下，依然有警示的作用。

英语里有一个很有意思的说法叫作：MORAL COMPASS。直译过来，就是道德指南针。其比喻意义在于，任何人的言行，都要受到道德指向的约束。道德观的不同，会决定人的行为的善恶之别。新闻工作者的善恶观的锻造，需要思政的介入，才能确保新闻工作者客观真实地报道社会事件。

三、自媒体时代更需正本清源

随着科技快速进步，尤其是互联网技术的飞跃发展，信息传播的方式和渠道发生了很大的变化，其显著特征莫过于人人皆是信息源。信息的传播速度和影响范围呈现出几何级数增长。这种新的特征，也带来了新的问题和挑战。

我国古话有云：流言止于智者。在一人一台智能手机便可以完成收集信息、传播信息过程的新媒体时代，如何区分流言，似乎比以往更具有挑战性和难度！兼之各种自媒体的蜂拥而现、各自发声，传统媒体多年实践出来的文责自负、信息核查、纠正等手段在新媒体时代纷纷出现了水土不服症状。而直接的后果就是网络上各种小道消息漫天飞，误导大众舆论，有意无意地制造各种混乱。

例如网络流传甚广的世界卫生组织公布新标准，18 岁到 65 岁都是青年。一时间大家纷纷都成了年轻人。大众在茶余饭后，都不时地开玩笑，戏称自己是年轻人。而事实则是，世界卫生组织从未公布过该标准。但这个毫不影响它在民间的影响力。

虚假新闻的社会危害之大，可以是一个宏大的研究项目。简单地说，损害政府或者相关权威部门的公信力一条，就足以让我们对假新闻的态度重新审视。杜绝假新闻的传播和蔓延，必须要从行业人士做起。新闻专业的教学过程里，要培养学生的基本专业素养。不乱传未经证实的信息；不为了博取眼球，故意制造话题。同时，要对网络时代出现的各色社交媒体大 V 或者公众号，保持应有警惕和怀疑态度。这样的专业素养的强化，笔者以为，都是思政教育和专业教学完美结合后，水到渠成的事情。

新闻从业者要时刻守好自己的本分，为了信息传播的准确和效度时刻准备着。在课程思政教育的框架下，教师的角色也有了明显的变化。教师不再是知识的传授者，更重要的是学生价值观的塑造者。教书育人四个字，我们往往只做到了前两个字。在课程思政的指导方针下，每一位教师，都应该仔细研究如何体现育人的新时代特征。

但是对于新闻专业而言，这一任务和挑战更加艰巨。

课程思政与价值导向

广告教学案例中的价值观分析

钟　静[*]

摘　要　广告是传播范围广、传播频度高、受众人群多样化的一种传播内容类型，其中蕴含大量和生活方式有关的价值观内容。广告教学过程中经常会使用大量的广告案例，这些案例中都蕴含着哪些价值观，对学生到底会产生哪些影响，应该如何加以鉴别与应用，等等，都是值得关注的问题。本文从广告案例的类型、广告案例中价值观要素的构成（如广告案例中的价值观缺失问题）以及如何恰当地使用广告案例等方面展开研究和论述。

关键词　广告　案例　传播　价值观

广告教学过程中经常会使用大量的广告案例，这些案例中都蕴含着哪些价值观，对学生到底会产生哪些影响，应该如何加以鉴别与应用，等等，都是值得关注的问题。本文从广告案例中的价值观构成，如何恰当地使用广告案例进行价值观的传播和教育等方面进行研究和论述。

---

* 　钟静，女，北京联合大学应用文理学院新闻与传播系广告学专业负责人，副教授。主要研究方向为消费者行为、广告传播、媒介文化以及营销传播。

一、广告学专业教学中使用的案例类型

广告学专业教学过程中，对于广告案例的使用贯穿了整个理论教学和实践环节当中。首先是因为广告学本身是一门实践性很强的学科，具有很强的针对性和应用性，在教学过程中需要匹配足够数量和不同类型的案例，才能够有效培养学生的创新思维能力，提高学生营销与广告实践的综合能力。其次是因为广告行业通过经年累月的策划创意和发布，积累了海量广告案例素材，大部分都完好地留存在所发布媒介的内容介质上，特别是纸质媒体和互联网上，大量触手可及的广告案例能够很方便地供后来者进行学习和研究。

根据教师在教学过程中对于案例的使用，可以将广告案例大致分为以下几类。

1. 经典案例与普通案例

一些世界知名品牌如可口可乐、耐克、奔驰、宝洁、强生等，长期进行广告投放，其中有不少作品成为经典案例而备受关注。这些经典的广告案例往往极具研究价值，也在广告教学过程中被反复提及。相对而言，某些历史不长的新品牌或者规模不大的小品牌，大部分广告活动尚未经过历史的检验，因此案例的代表性和推广价值都相对薄弱。

2. 成功案例和失败案例

历史上沉淀下来的广告案例有两类特别有研究价值，一类是成功案例，另一类是失败案例。例如本田霸道汽车的电视广告因为错误运用了石狮子的形象，引起民族情绪和观众抗议而导致广告停播。教学过程中失败案例的使用可以从反面对专业规律进行教育和学习，也有一定的效果。

3. 中国案例和外国案例

广告学主要理论均来自西方，很多著名的经典广告案例都来自西方国家，如万宝路、大众汽车、马氏巧克力等品牌广告都是在国外市场取得很好的效果。那么它们在品牌形象的塑造、生活方式的宣传等方面，都不可

避免地带有西方国家的色彩。但是近年来活跃于我国广告市场的典型案例也层出不穷，如王老吉、中国移动、海尔、李宁等民族品牌也有日益增长的趋势。因此在教学过程中需要博采众长，融合中西。

二、广告案例中所体现的价值观要素

广告是传播范围广、传播频度高、受众人群多样化的一种传播内容类型，其中蕴含大量和生活方式有关的价值观内容。所谓价值观念，是对政治、道德、金钱等事物是否有价值而进行主观判断后形成的主观看法。价值观念是后天形成的，也是通过社会化培养起来的，比如家庭、学校等群体或者其他社会环境都会对个人价值观念的形成产生影响，而报刊、电视、广播、互联网等媒介上传播的观点以及一些公众名人的观点与行为，更是会对价值观产生不可忽视的影响。由于广告经常在大众媒介上高频度播出，在价值观塑造、价值观传播、价值观影响方面作用明显。

美国人本主义心理学家罗基奇于1973年提出的价值系统理论，将价值系统分为"终极性价值系统"和"工具性价值系统"。前者包含的要素——舒适的生活、振奋的生活、成就感、和平的世界、美丽的世界、平等、家庭保障、自由、幸福、内心平静、成熟的爱、国家安全、享乐、灵魂得到拯救、自尊、社会承认、真正的友谊、智慧等——都是用来表示存在的理想化终极状态或结果。后者包含的要素——有抱负、心胸宽广、有才能、快活、整洁、勇敢、助人、诚实、富于想象、独立、有理智、有逻辑性、钟情、顺从、有教养、负责任、自控、仁慈等——都是达到理想化终极状态所采用的行为方式或手段。上述这两类价值系统都频繁地出现在广告案例的各种表现中，基本上每种要素在广告中都能够得到集中体现。本文主要讨论以下几种典型的价值观表现。

1. 理想中的女性形象

为了吸引眼球，广告中会特意使用大量的女性形象。对这些女性形象所代表的社会符号价值的研究和分析，一直是广告研究的重点。广告作品会体现出社会大众对女性美的理解和定义，社会大众对女性社会角色、家庭地位的普遍认知，等等，这些价值观都会如实地体现在广告中女性的样貌、神态、衣着打扮等诸多细节之中。

2. 成功男士形象

广告中一贯善于塑造成功的男性形象。对于什么是成功、成功人士应该是什么样的，短短几十秒的广告影片会极尽所能对广告中的男士形象从发型、衣着、言行举止，出现的场合、表情、动作，甚至周围人的表情等细节方面予以充分体现。

3. 幸福家庭的模板

由于大量生活广告是面向家庭的，比如立邦漆、洗手液、电饭煲、抽油烟机等，广告中也不可避免地大量出现家庭生活的场景。那么什么是人们心目中的幸福家庭，一般会以特定的范式出现，例如干净整洁的家庭空间、勤劳贤惠的妈妈、亲切的爸爸、一个孩子或者一男一女两个小孩，有时还会出现老人或者小狗宠物的形象。这种范式的出现并非偶然，而是社会大众对家庭生活场景一般性理解的一个投射。很难想象在广告中会出现单亲妈妈、丁克家族或者乱糟糟的家居环境等画面，因为这些画面不符合人们对幸福家庭的想象，会引起受众不舒适的心理感受。

4. 对时尚潮流的定义

很多讲求时尚的产品广告，尤其是明确以针对年轻人群体为主的广告，都希望广告播出后能够引领潮流，于是在广告画面中就会对什么是时尚、酷、潮流、如何吸引人眼球等进行充分表现，具体在人物形象的选择、服饰的搭配、背景音乐的选择、动作场景的设计等细节上体现。这些要素往往会对受众产生明显的引导作用。

5. 社会行为规范

广告创意传播很重要的一个功能是影响受众的认知和行为，例如老年人需要补钙、儿童补充DHA会更聪明、食用安全有保障的食物等。特别是一些公益广告，更是明显在进行社会规范内容的传播和教育，比如关爱老人、遵守交通规则、垃圾分类等。

三、广告案例中的价值观缺失问题

由于广告传播是不可避免地以市场为导向，因此难免会有为了追求市场效应而不顾社会道德规范的做法出现。

1. 过分夸大产品功效

广告在创意表现时经常会进行夸张，例如麦当劳的汉堡包在电视屏幕里永远要比在实际店面里买到的个头大、新鲜、诱人；各种女士洗护用品的功效在广告画面里也远远高于实际应用的效果。正常的夸大人们是可以理解并接受的。如果夸张无止境，特别是一些保健品、药品、医院等过分承诺疗效，就有可能引起消费误导。很多厂家为了追求效果不约束夸大的尺度，这样的行为实质上就是以利益为驱动不顾消费者实际权益受损，这是一种常见的价值观缺失问题。

2. 虚假宣传

虚假宣传比夸大更上升了一个等级，夸大还有一个是否遵守边界问题，虚假宣传则是故意采取不真实的信息对消费者进行诱骗。比如在广告中宣传一种根本不存在的科学成分、承诺某种绝对不可能的疗效。完全置消费者利益于不顾，这种做法就已经有可能触犯了国家法律。

3. 对弱势人群的洗脑

有几类人群，例如儿童和老年人是广告商特别喜欢施加影响的，所以针对儿童和老年人的广告相对比较容易进行操纵。但是事实上在现实生活中这两类人群都是需要予以特别关照的，广告创意设计和传播中出现的大量洗脑式宣传就尤其值得留意。

4. 过分追求性诉求

广告中非常擅长利用性别吸引来增加传播度，画面中经常会出现美女

209

妖娆的身姿和性感的动作，这在各个国家都是一样的，只不过西方国家的广告更甚。在采用这类广告案例时要注意案例使用的范围和案例本身对性诉求的表现程度，在课堂教学中尤其要小心，不然就会产生比较尴尬的局面。

5. 违反伦理道德

广告案例中经常会出现一些关系，例如父子、情侣、师生等，在中国的社会体系中会特别讲究人伦关系，例如尊老爱幼、尊师重教等。广告案例中如果出现对这些关系的挑战，就会引发各种不适，这也是在甄选案例的过程中特别需要注意的。

6. 涉及国家民族种族禁忌

随着产品国际化以及全球一体化市场传播的活跃，跨文化传播问题日益重要。一些广告由于疏忽或者大意，不小心错用了一些象征或者符号，都会引发严重的传播问题，进而伤害民族感情和自己的市场开拓。这样的例子数不胜数。

结　论

由于广告教学过程中经常会使用大量的广告案例，因此在选取广告案例和讲解、使用这些案例的过程中，都需要特别注意对这些案例中蕴涵的价值观进行预先判断，对可能会给学生带来的影响做出估计。在选取广告案例时候加强价值观审核意识，主动进行鉴别与应用。如果不假思索地随意运用，就有可能在教育这个传播阵地上给学生带来不好的影响。

ELF 背景下中国英语专业大学生语言学习中的意识形态

刘　畅[*]　孟艳丽^{**}

摘　要　凡是人文范畴的学科都无法与意识形态割裂，语言也不例外，而我国近年来出现的"外语热"开始削弱本土文化意识。因此，本研究基于 ELF（English as a Lingua Franca 英语作为世界通用语）、语言态度以及外语学习者身份认同等理论，利用调查问卷，以某师范类高校英语专业高年级学生为例，分析其在 ELF 背景下的语言态度及身份认同，剖析其背后的意识形态。研究发现：（1）高校英语专业学生的整体语言态度相对积极，但仍旧有很大的提升空间。（2）他们在构建身份认同时往往以本族语者的语音语调以及英美国情文化知识等为参考标准。（3）他们一方面一味遵循母语规范的意识形态（native-speakerism），另一方面有关"中国英语"（China English）的意识比较淡薄。本研究在理论上可以丰富外语教学中意识形态等相关领域的研究，在实践方面对 ELF 背景下中国的外语教学实践具有指导意义。

关键词　ELF　中国英语专业大学生　语言学习　意识形态

语言学家 Sapir Edward 曾指出："语言的背后是长期积淀的文化，语

---

*　刘畅，女，中国科学院大学硕士研究生。主要研究方向为社会语言学。

**　孟艳丽，女，中国科学院大学硕士生导师，博士。主要研究方向为社会语言学、话语分析。

言和文化是一个不可分离的共存有机体，而文化的本质是一系列的价值观
念。"❶外语学习不仅是语言的学习，也涉及政治制度、宗教信仰、社会文
化与价值观的学习与传播，语言所特有的文化与意识形态安全问题不言而
喻。❷在当今全球化的语境下，一方面，英语作为世界通用语在中国广受
推崇；另一方面，国内出现的"外语热"在一定程度上导致本土文化意识
有明显削弱的倾向。语言的本土化与世界文化多样性是统一并存的，外语
教育处于不同文化交融与交锋的前沿，ELF 背景下的文化与意识形态问题
自然成为外语教育领域关注的焦点。

一、研究背景

就词源而言，ideology 是由希腊文 idea 和 logos 两个义素组成，意思
是"观念学说"。法国哲学家 Destutt de Tracy 首先提出这一概念时，是将
意识形态作为世界观和哲学思想的主题，用于对宗教的批判，其概念囊括
了包括科学在内的整个文化领域。❸或许是因为意识形态常与社会的、政
治的或经济的权力有关，学界有关意识形态的研究大多聚焦在政治学和经
济学等领域（徐成芳、罗佳锋，2012；❹V.V. Martynenko，2014❺）。受后现
代建构主义思想的影响，当今国际语言学界越来越热衷于讨论语言与政治
权力之间的关系，语言的政治性逐渐浮出水面，董宏乐❻及 Zexia，Wang

❶ [美]爱德华·萨丕尔.语言论[M].陆卓元，译.北京：商务印书馆，2002.
❷ 王艳.高校外语教育中社会主义意识形态建设研究[J].江汉大学学报（社会科学版），2017（6）：99–104.
❸ 胡卫平.意识形态——操纵翻译的无形力量[J].同济大学学报（社会科学版），2007（1）：73–77.
❹ 徐成芳，罗佳锋.试论当前中国意识形态安全面临的主要问题[J].政治学研究，2012（6）：19–29.
❺ V. V. Martynenko. The crisis of the ideology of monetary regulation[J].Herald of the Russian Academy of Sciences，2014（1）：52–57.
❻ 董宏乐.语言系统中的意识形态与外语教学[J].复旦外国语言文学论丛，2011（1）：72–77.

&Xiaoyan，Wang❶等一众学者基于批判性话语分析、系统功能语法等理论探索语言、权力与意识形态背后的关系，并提出有必要在外语教学中将语言系统中的意识形态明晰化。外语教学因学科的特殊性易受到外来文化与意识形态的渗透或侵蚀，在当今 ELF 背景下，我国出现的"外语热"引发本土文化意识削弱的倾向，文化与意识形态问题成为外语教育领域关注的焦点。既有 Lin Pan❷、董晓波❸等学者从宏观层面剖析外语教育政策和战略选择中的意识形态，又有孟艳丽、李晶❹和金波、苗青、吕紫萱❺等学者从微观层面入手，分别剖析英语学习广告和外语外贸院校大学生中的意识形态。然而，前人对外语教学中意识形态的思考大多局限于理论层面，较少立足当今 ELF 背景从实证研究出发加以论述。考虑到语言态度是文化多元意识的表现方面，也是文化认同的一部分，因此本研究以某师范类高校英语专业学生为例，分析其在 ELF 背景下的语言态度及身份认同，旨在剖析其背后隐含的意识形态。

二、理论框架

1.ELF

ELF 的源起与经济全球化和区域一体化背景下英语成为全球性语言密切相关。ELF 研究者强调在全球化语境下非英语母语使用者远多于英语母语使用者，认为英语教学不必再沿用基于本族语英语而提出的准确

❶ Zexia，Wang &Xiaoyan，Wang.On ideology and its linguistic realizations—From the perspective of Systemic-Functional Linguistics［C］.Proceedings of the Second Northeast Asia International Symposium on Language，Literature and Translation，2012.

❷ Lin Pan.English language ideologies in the Chinese foreign language education policies：a world-system perspective［J］.Language Policy，2011（3）：245-263.

❸ 董晓波.语言意识形态下的中国语言战略选择研究［J］.外语教学，2016（5）：34-37.

❹ 孟艳丽，李晶.中国英语学习广告中的意识形态宣传［J］.重庆邮电大学学报（社会科学版），2015（2）：144-150.

❺ 金波，苗青，吕紫萱.外语外贸院校大学生主流意识形态认同与引领路径研究［J］.科教导刊，2017（25）：171-175.

性和适当性等原则。语言学习的目标是培养学生在英语通用语或多语语境下成功使用英语的能力而非习得标准英语和获得母语使用者英语水平（Kirkpatrick 2010）❶。

2.语言态度

态度指的是"人们经由学习获得的有关人（或事物）的特定的认知、情感和行为取向"（Allport 1954；转引自 Garrett，2010）❷。语言态度在英语教学中发挥着重要作用，它指"对某种语言变体的正面或负面评价，包括认知、情感和行为取向"（高一虹、许宏晨，2015）❸。语言态度是文化多元意识的表现，也是文化认同的一部分（Garrett，2007）❹。

3.二语学习者的身份认同

所谓身份认同是指"个人与特定社会文化的认同，是对主体自身的一种认知和描述，认同的范畴涉及很多方面，比如文化认同、国家认同"❺。随着英语发展成为世界通用语，不同文化背景人员之间的交流日益频繁，外语教学过程中语言学习者身份认同问题的研究成为教育研究者关注的焦点。

三、研究方法

1.研究问题

（1）高校英语专业学生如何在 ELF 背景下表达整体语言态度以及其中的认知、情感、行为语言态度？

---

❶ Kirkpatrick，A.English as an Asian Lingua Franca and the multilingual model of ELT［J］. Language Teaching，2010（2）：212–224.

❷ Garrett，P.Attitudes to Language［M］.Cambridge：Cambridge University Press，2010.

❸ 高一虹，许宏晨.英语变体态度研究综述［J］.外语教学与研究，2015（6）：850–860.

❹ Garrett，P.Language attitudes［C］.In C. Llama，L. Mullany& P. Stockwell（Eds.），The Routledge Companion to Sociolinguistics. London：RoutledgeCambridge：Cambridge University Press，2007：116–121.

❺ 张艳艳.外语专业语言学习者身份认同研究之教学意义［J］.吉林省经济管理干部学院学报，2016（3）：112–114.

（2）高校英语专业学生如何在 ELF 背景下构建身份认同？

（3）在高校英语专业学生的语言态度及身份认同背后蕴含着怎样的意识形态？

2. 被试

某师范类高校英语专业高年级共计 60 名学生志愿参加了本研究。这里之所以选择师范类高校英语专业高年级学生：一方面，根据《高等学校英语专业英语教学大纲》❶，英语本科专业高年级阶段的主要教学任务是"继续打好语言基本功，学习英语专业知识和相关业务知识，进一步扩大知识面，增强对文化差异的敏感性，提高综合运用英语进行交际的能力"；另一方面，就师范类高校的英语专业学生而言，他们中的大多数人将来会从事教师工作，他们在 ELF 背景下的语言态度和身份认同对下一代人有重要影响，能在更大程度上预示今后中国大学生英语学习中的意识形态。

3. 研究工具和设计

本研究借助问卷星平台，通过发放调查问卷的方式在线收集数据。该问卷由四部分组成，第一部分旨在了解被试的相关背景信息，其中第 1—4 题分别涉及被试的性别、年级、目前的英语水平以及有无跨文化交流或出国访学经历；在第二部分，被试需要阅读一则英文选段（Fang，F.，2017）❷，并注意以下几条关键信息点：当前中国的"英语热"前所未有、"英语热"和中国本土语言文化之间的意识形态争鸣、ELF 背景下中国英语（CE）的兴起；阅读完第二部分的英文选段后，被试需要在第三、四部分分别完成 13 道客观选择题和 3 道主观问答题。前者旨在以五级量表的形式调查高校英语专业学生如何立足本土文化环境看待 ELF 这一现象，表达自己的认知、情感和行为态度（其中第 5—9 题涉及认知态度、第 10—

---

❶ 高等学校外语专业教学指导委员会英语组. 高等学校英语专业英语教学大纲［M］. 北京：外语教学与研究出版社，2000.

❷ Fang，F. World Englishes or English as a Lingua Franca：Where does English in China stand？［J］. English Today，2017（1）：19–24.

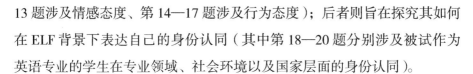

13 题涉及情感态度、第 14—17 题涉及行为态度）；后者则旨在探究其如何在 ELF 背景下表达自己的身份认同（其中第 18—20 题分别涉及被试作为英语专业的学生在专业领域、社会环境以及国家层面的身份认同）。

4. 数据收集和分析

在数据收集环节，共计 60 名英语专业高年级同学提交了问卷，经人工核查，其中 54 份问卷为有效问卷，问卷利用率达 90%。

在数据分析环节，首先，研究者对这 54 名被试的基本情况进行了概括总结，可以发现：大部分（57.41%）被试目前的英语水平达到 TEM-4 的要求，故而在阅读英文选段方面理论上不存在障碍；但其中无一人（0%）有跨文化交流或出国访学经历，这可能会影响其在 ELF 背景下恰当表达语言态度、构建身份认同。其次，就本问卷第三部分考察被试语言态度的客观选择题（第 5—17 题）而言，研究者利用 SPSS 16.0 中的 Cronbach alpha 系数法和因子分析法分别对其进行信度和效度的测量，可以发现：该部分的信度和效度系数分别达到了 0.637 和 0.577，满足问卷设计的基本要求。再次，研究者利用 SPSS16.0 对认知、情感、行为三种语言态度中的各题项进行了描述性统计量的分析，并利用 Pearson 相关系数法对这三种语言态度和总语言态度之间进行了相关性的分析。最后，就本问卷第四部分考察被试如何在英语学习中表达身份认同的主观问答题（第 18—20 题）而言，研究者分析了被试表达身份认同的描述性统计量，并在此基础上，基于问卷星平台"提取关键词"的功能，又分别对被试在专业领域、社会环境以及国家层面构建身份认同的关键词进行分析。

四、研究结果

1. 高校英语专业学生在 ELF 背景下的整体语言态度以及其中的认知、情感、行为语言态度

在 ELF 背景下，高校英语专业学生的整体语言态度相对积极

（3.56），但是未达到比较积极（4）和十分积极（5）程度，仍旧有很大的提升空间，这可能与这一群体缺少一定的跨文化交流或出国访学经历有关。同时，在认知、情感和行为层面的语言态度中，行为态度得分（3.88）最高，情感态度得分（3.58）次之，认知态度得分（3.28）最低，因此有必要提升其对 ELF 等相关概念现象的认知理解力。此外，如表1所示的相关性分析表明：一方面，英语专业学生的认知、情感、行为语言态度和整体语言态度之间相互促进（0.730**0.859**0.736**），因此要想提升其整体的语言态度，可以从提升其三方面的语言态度逐个突破。其中，情感态度和整体语言态度的显著相关性最高（0.859**），应当成为突破重点；另一方面，认知和情感态度以及情感和行为态度两两之间相互促进（0.444**0.528**），但是认知和行为态度之间没有直接联系（0.235），情感态度的重要作用可见一斑。考虑到情感类语言态度往往与说话人或听话人从小成长的语言环境、文化传统乃至个人生活上的特殊经历密切相关❶，因此优化语言教育环境有助于在 ELF 背景下衍生出积极的语言态度。

表1 认知、情感、行为以及整体语言态度之间的相关性分析

		认知态度	情感态度	行为态度	整体语言态度
认知态度	相关系数		0.444**	0.235	0.730**
	Sig 值		0.001	0.087	0.000
情感态度	相关系数			0.528**	0.859**
	Sig 值			0.000	0.000
行为态度	相关系数				0.736**
	Sig 值				0.000
整体语言态度	相关系数				
	Sig 值				

注：*表示小于0.05；**表示小于0.01，说明此处变量间的相关性达到统计学上的显著意义，是显著相关的。

❶ 陈松岑.新加坡华人的语言态度及其对语言能力和语言使用的影响［J］.语言教学与研究，1999（1）：81-95.

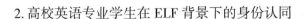

2.高校英语专业学生在 ELF 背景下的身份认同

大部分英语专业学生在专业领域和社会环境中能够构建积极的身份认同——认为"在日常的英语学习中，自己能够表达作为英专学生的身份（69.67%）；未来走进职场环境，自己和本族语者教师相比具有一定的优势"（62.86%）。但在国家层面，他们中的绝大多数人却构建了消极的身份认同——认为"自己在跨文化交际中不能够恰当使用中国英语、诉说中国故事、彰显自己的中国身份"（44.12%）。此外，英语专业学生在 ELF 背景下构建身份认同时往往围绕"知识""口语""文化"等核心关键词展开。下面，试举以下典型案例加以分析。

就"在日常的英语学习中，你能够表达自己作为英专学生的身份吗？为什么？"一题而言：

学生8（在线提交问卷的第八名学生，下同）写道："基本可以。比如，在和不同专业的同学交流中，我作为英语专业的学生，在发音、流利度以及掌握的有关英语国家背景知识和文学知识等方面要略胜一筹。"

学生58则认为"不能"，并将其归咎为"自己英语发音不规范、口语较差"。

就"你觉得未来走进职场环境，自己和本族语者教师相比有优势吗？为什么？"一题而言：

学生26写道："有优势。因为我具备了跨文化交流的能力，除了对英语的掌握和了解，我还对中国文化有一定程度的认识，这会是我优势的重要组成部分。"

学生20、学生25则认为"没有优势"，并分别将其归咎为"自己的语音语调不如本族语者"以及"自己对于英美国家的文化了解程度没有本族语者那样熟练。"

就"你在跨文化交际中能够恰当使用中国英语、诉说中国故事、彰显自己的中国身份吗？为什么？"一题而言：

学生40认为"可以，因为语言只是沟通的桥梁，有理有节即可"。

学生 8、学生 33 则认为"不能",并分别将其归咎为"自身对传统文化了解不够多,而且很多术语也不会表达"以及"有一些中国故事用英语表达不出相应的文化韵味"。

综上,不难看出:英语专业学生在 ELF 背景下构建身份认同时往往以本族语者的语音语调以及英美国情文化知识等为参考标准;只有极少数学生意识到"与传统的英语教学(ELT 或者 EFL)中所认为的英语学习者学习英语的目的主要是与英语国家的人交往,并在交际中要遵守英语国家的文化模式不同,ELF 强调跨文化交际中的应用功能,这种应用不必非要遵守母语使用者的规范,因为这些交际者都是自身语言的积极使用者,他们没有必要一定得遵循母语规范(native-speaker norms or native-speakerism),并受英语国家文化规约的限制,他们使用作为通用语的英语只是来实现自己的交际目的" ❶。

3.ELF 背景下中国英语专业大学生语言学习中的意识形态

通过分析上述高校英语专业学生在 ELF 背景下的语言态度和身份认同,不难发现:一方面,大部分学生在语言学习中存在着一味遵循母语规范的意识形态(native-speakerism),过于强调语言学习中掌握本族语语音语调以及国情文化知识的重要性;另一方面,他们有关"中国英语"的意识比较淡薄,利用"中国英语"诉说中国故事、彰显自己中国身份的能力比较欠缺。"中国英语"即以标准英语为基础,负载中国文化和意识形态,向世界传播了中国文化,也在英语全球化过程中建构了中国人自己的文化身份 ❷。

---

❶ 马艳,李丽生.英语作为国际通用语使用研究的特征、视角与启示[J].当代外语研究,2015(9):58-64.

❷ 张天宇,周桂君.语言变体与文化身份——以中国英语变体为考察对象[J].河南师范大学学报(哲学社会科学版),2014(4):139-141.

总结与启示

本研究以某师范类高校英语专业高年级学生为例，分析了其在 ELF 背景下的语言态度及身份认同，研究结果如下。

（1）高校英语专业学生尽管在 ELF 背景下的整体语言态度相对积极，但由于受到英美"标准英语"的桎梏，他们的语言态度仍旧有很大提升空间。

（2）高校英语专业学生在 ELF 背景下构建身份认同时往往以本族语者的语音语调以及英美国情文化知识等为参考标准，但这有违"全球化时代，英语学习的目的不在于拥有如母语般流利的听说能力，也绝不仅仅是与英语国家的人进行交流，而是能否更好地与世界各国各地区的双语或者多语人士达成有效的沟通"❶这一客观事实。

（3）因为我国的各类英语课程现在使用的教材内容（含听力材料）基本都是出自英美国家，很少有反映本土的文化内容，高校英语专业学生在ELF 背景下有关"中国英语"的意识比较淡薄。

综上所述，本研究为 ELF 背景下中国英语专业大学生的英语教学提出几点建议如下。

（1）在英语教学观上，应采取更符合当今全球化时代潮流的多元英语观。在教学中，要吸纳 ELF 的语言使用观，提升学生对 ELF 等相关概念现象的认知理解力，让学生广泛接触不同英语变体，了解不同英语变体语言极其使用特征。

（2）在目标语言能力的定位上，应放弃以到达本族语者能力为目标的要求。在英语专业的教学中，尤其是在英语口语能力的培养上，应该首先鼓励学生大胆开口，积极表达自己观点，树立交流表达思想比准确流利更重要的意识。

---

❶ Graddol，D.English Next. London：British Council，2006.

（3）在教学内容上，应减少英美文化的内容，增加中国本土的内容。正如文秋芳所言，"ELF 的语言教学必定针对特定人群，内嵌在特定的文化情景和地理环境中，需要的是有血有肉的 ELF" ❶。

（4）在语言教育环境上，应提供更多跨文化交流或出国访学的机会。考虑到情感类语言态度与语言环境的密切联系以及其在整体语言态度中的重要作用，因此，高校应积极创设条件，丰富学生的语言教育环境，为其提供更多的跨文化交流或出国访学机会。

---

❶ 文秋芳.英语通用语是什么："实体论"与"非实体论"之争［J］.中国外语，2014（3）：4–11.

网络舆论对大学生价值观的塑造作用

陈　石*　钟　静**

摘　要　网络舆论是当今社会较为流行的信息传播手段，由于网络传播具有隐蔽性的特点以及相关监管制度不健全等原因，总有不法分子或抱有其他目的和居心的人会借助网络进行不良思想的传播，试图影响当代青年人尤其是大学生群体的价值观。本文通过对网络舆论对大学生价值观念塑造作用的过程进行分析，发现网络舆论对于大学生的价值观念的塑造上的影响机制，对不良思想传播、传播内容、虚假信息、混淆人们是非观等问题进行了梳理，并对上述问题的对策提出了建议。

关键词　网络舆论　价值观　大学生　价值观塑造

随着互联网的普及，互联网与工业、商业、金融业等服务业全面融合，构建了一个以互联网为核心，与传统行业深度融合的"互联网＋"时代，这使得现代人尤其是大学生群体越来越热衷于依靠网络解决一系列生活问题。然而正因为人们主要通过网络来获取信息，让一些别有用心的人和不法分子钻了网络隐蔽性的漏洞，通过互联网进行不良信息传播，影响

---

*　陈石，男，北京联合大学应用文理学院广告专业2015级学生。

**　钟静，女，北京联合大学应用文理学院新闻与传播系广告学专业负责人，副教授。主要研究方向为消费者行为、广告传播、媒介文化以及营销传播。

甚至扭曲了当代大学生的价值观。这些人发布虚假信息、制造网络舆论热点、借助人们对于娱乐八卦的好奇心吸引注意，然后在舆论传播过程中引导人们的思想，进行负面信息传播，一步一步侵蚀当代大学生的价值观体系，进而影响他们的日常行为规范，最终阻碍社会的和谐发展。因此关于网络舆论对大学生价值观塑造作用的研究分析，不仅能帮助相关机构完善网络舆论监管制度，促进社会和谐发展，也能够帮助当代大学生树立良好的价值观，改善社会不良风气。

一、网络舆论概念界定及相关研究

网络舆论是随着互联网普及与发展而产生的一种新型的舆论。这是继广播、报纸杂志、电影电视舆论之外，专门在互联网上传播的舆论。因为网络已经具有了相当的规模，并且产生了相当的影响力，因此也被称为"第四媒体"。相应的，网络舆论的影响力也逐渐超过了其他类型的舆论传播。舆论的本质是公众对某一事物一致意见的表达。网络舆论也具有舆论的本质属性。因此，网络舆论是公众（指网民）以网络为平台，通过网络语言或其他方式对某些公共事务发表意见的特殊舆论形式。

随着互联网技术的快速发展以及我国互联网的快速普及，舆论作为公众通过互联网发表个人意见的一种有力手段，对社会的影响日益显著。关于网络舆论对大学生道德观念的塑造作用的研究，目前主要围绕网络舆论对我国社会的影响 ❶、网络舆论对公众道德观的负面表现 ❷、网络道德建设与网络信息安全 ❸ 三个方面展开。综合目前的研究，大多数都只是停留在网络舆论对社会道德建设的影响研究上，很少有专门关于网络舆论对于大学生道德观念的塑造和影响等相关研究。因此，本文关于网络舆论对于大学

---

❶ 曹博. 网络舆论对我国社会管理的影响［J］. 科教导刊，2015（10）.
❷ 康丽洁. 网络暴力对公众道德观的负面影响及对策［J］. 新闻世界，2015（7）.
❸ 黄德林，刘先红. 网络道德建设与网络信息安全［J］. 道德与文明，2004（2）.

生道德观念塑造作用的研究，在一定程度上弥补了研究空白，同时希望能够引起社会对上述问题的关注并加以重视。

对于法律触及不到的道德规范问题，起初人们普遍依靠由具有一定社会地位和声望的人或是事件知情人来引导舆论的方式还原真相。但近年来人们却不再偏重于通过网络舆论来引导人们还原真相，反而是更多关注于他人的隐私，试图从中挖取出自己想要的信息，以证明自己对于他人存有偏见的正确性。这些人在表达自己对某件事的意见时通常采用网络留言的方式，其中不乏一些不良留言。这种留言在一定程度上成为网络舆论进一步发展的脚本。

二、网络舆论特征及价值观缺失现象

网络是一个新生事物，具有很多传统媒体没有的新特征。而网络舆论，作为一种新型的特殊舆论形态，也具有不同于传统舆论（与报刊、电视、广播以及其他传统媒体形成的舆论相比）的特点。首先，网络舆论更具广泛性。网络信息的传播不受时间空间地理位置的限制，只要是在网络上发布一条信息，全球各地的人们都能看到。这一特点是由网络媒体本身的特点所决定的。网络信息传播的广泛性直接导致了舆论的广泛性。其次，网络舆论的快速性。主要体现在网络舆论的形成和反应速度通常都是超乎寻常的迅速。例如很多人为操作的消息，能够在第一时间内让所有人的手机都看到，起到"刷屏"的效果，这种传播速度是传统媒介所无法企及的。网络舆论的第三个特点是其传播的自由性。网络的交互性为人们提供了巨大的自由空间，人们既可以自己选择发布的信息内容，又可以自主订阅喜欢的信息内容。最后，网络舆论具有内容多元性特点。这是网络信息传播的交互性和自由性导致的结果。网络舆论的多元性使得各种言论齐聚一堂，有金玉良言，也有信口雌黄，有温言款语，也有恶语中伤，各种言论囊括其中。现如今的各种热点新闻中，评论区的各种褒贬不一的言论比比皆是，由此可见网络舆论内容的复杂性和多元性。

近几年来网络舆论中的价值观缺失现象变得十分普遍，尤其表现在一些社会热点问题上。人们的解读各不相同，有人能够保持理智从正面对问题进行分析，有人则只为一时痛快草率进行负面言论攻击。后面这类人通常在网络上被称为"喷子"或"键盘侠"。例如之前一直热议的奚梦瑶摔倒事件，有人批评她"丢人丢到全世界"，有人对她表示支持为她点赞，也有人表示"就是想红，借助炒作求上位"。还有最近的一则娱乐新闻标题是"郑恺和其女友和平分手，早上还秀恩爱，网友突然心疼迪丽热巴"，原本只是郑恺和女友两人的事情，结果突然扯进了迪丽热巴，于是评论区再次失陷。人们在面对自己喜欢的明星时常常会变得有些"不可理喻"，尤其是大学生群体更为明显，要么热爱到极致变得有些"脑残粉"倾向，要么就是不喜欢了或者没感觉了但是会进行无底线的"狂黑"模式。这种模式下基本就是怎么说话难听怎么来，甚至还夹杂着人身攻击。即便现在倡导文明上网，这种现象还是屡禁不止。

三、大学生价值观缺失的表现及原因

熟练运用网络是现代大学生的必备技能，日常生活中衣、食、住、行、游、购、娱都离不开网络。然而正是由于网络时代的发展，大学生接触信息的方式和途径变得更为方便快捷，加上网络对于人们的言论评判并没有固定的标准可言，这就导致了网络信息中一些良莠不齐的信息、垃圾信息、色情暴力信息等泛滥成灾。这类信息对于人生观价值观尚未培育完全的当代大学生来说，具有一定的影响力。

这种影响力首先表现为文化霸权主义和殖民主义对大学生思想的入侵。由于大学生还未建立相对成熟完整的价值观体系，可塑性更强，也更容易受到外来思想的冲击。而互联网将全球各地连接起来，形成了一种世界民族文化的共享状态，各个民族各个国家的文化和思想观念在网络上相互交融碰撞，文化霸权主义和殖民主义等就会借此扎根于当代大学生的头脑之中，并逐渐生根发芽。越来越多的年轻人开始变得拜金，处处攀比。大量的娱乐信息把青年人的注意力从以政府为中心的传统中引开，转而专注于体育表演、色情书籍、享乐、游戏、犯罪性的电影以及宗教迷信，不再将更多的注意力放在学习与思考上，而是去追求极致享乐，企图一夜成名或成为网红明星。近几年来的疯狂卖肾追星，卖肾买 iPhone 系列手机，蹲守明星家外，向"黄牛"买票，一些"私生饭"跟车等种种行为严重影响了中国社会的和谐发展。社会风气不正，价值体系自然会崩溃。

面对网络舆论，大学生的表现分为两方面。一方面是能够理性面对，不以个人喜好为评判标准，认真地进行客观又全面的思考，最大限度地还原真相，而不是单纯一味地偏听偏信，立场动摇。这一类是拥有健全的价值观念体系的群体。另一方面则是单纯地以个人喜好为评判事情的标准，任凭主观臆断来进行事件还原。当事情出现反转时，立场也会跟着转变。这一类属于非理性的人格缺失人群。

说到大学生价值观念缺失的原因，家庭、学校等群体对个人价值观念的形成起着至关重要的作用，其他社会环境也有着重要的影响。任何一方面出了纰漏，都会影响到价值观念的塑造。

1. 社会环境

随着社会经济的发展，经济体制与政治体制改革进一步深化，促使整个社会道德观念发生了变化。原来奉行的较为稳定的一些道德秩序被打破。因中国社会经济体制的转型以及西方个人主义价值观念的影响，形成了一股主张年轻人表现个性，以自我为中心的思想风潮。该思想让年轻人以自身利益为主，在不损害自身利益的情况下做出价值选择。比如，很常见的排队等车。即使已经设置了排队通道，但依然还是有人为了能排在前面而翻栏插队，或是根本就不排队，一哄而上。当有人指责这种不当行为时，反而破口大骂。一个人做，大家会去谴责其不守规矩；三个人做，十个人做，一群人做时，大家就不会去谴责，而是跟着有样学样。这是从众心理效应带来的价值观扭曲现象。社会的错误引导反映到个人身上，个人的行为又影响到社会，继而形成恶性循环。

2. 家庭环境

俗话说"父母是孩子的第一任老师"。对于最亲近的人，他们的行为会在孩子的心里留下深刻的印象，小的时候不会分辨是非，就完全跟着父母有样学样。这样一来，父母的价值观念就会逐渐灌输到孩子的头脑中，形成根深蒂固的印象。孩子长大之后在学习过程中即使知道自己的行为有些不妥，也不能一时之间改正过来。

3. 个人因素

除了社会环境的错误引导以及家庭的环境熏陶外，自身的价值判断也是必不可少的。每个人在求学求职过程中都会遇到各种各样的事情和人，在面对与自己利益相关的事情时，大家都会做出相应的反应。有些事可为，有些事不可为，心中应有个标准，做到"勿以善小而不为，勿以恶小而为之"。

四、网络舆论对大学生的负面影响

首先，网络舆论中的不良价值观会直接影响大学生的思想价值观念。因为网络舆论的复杂性和多元性特点，使得评论区的言论五花八门。甚至有的人因为网络的隐蔽性和匿名性特点，在网络上发表一些不实的、不良的言论，自创一套看上去特别有哲理的理论体系。比如一些伪鸡汤文，披着正能量的外衣却在向年轻人传达一种颓废的思想。这种伪鸡汤文通常都带有一丝文艺的气息，对于当代大学生来说十分符合他们的情怀，继而逐渐侵蚀他们的思想。

其次，网络舆论中的不良价值观会投射在大学生的日常行为中。颓废的思想让大学生失去了年轻一代应有的朝气蓬勃，变得萎靡不振，对生活失去希望；变得不求上进，虚度光阴，每天都生活在抱怨当中。更有甚者，还会因为舆论中的过激言论而进行违法犯罪活动，造成不可挽回的

后果。

面对网络舆论，可以尝试从三个方面解决问题。首先从社会方面来讲，政府要加强价值观的宣传力度。宣扬正确的价值观，倡导人们坚持践行社会主义核心价值观，做遵纪守法的好公民。其次要完善网络舆论的监管制度，实行实名制。现在网络的匿名性特点让人们可以肆无忌惮地发表一些虚假的、不负责任的言论，对他人进行恶意中伤，实施网络暴力。实行实名制可以有力地遏制住这种违法行为。最后要引导大学生树立正确的价值观，除了学校要设置相关课程进行教育之外，还要注重家庭的教育作用，切实做到言传身教。从身边小事做起，求真务实，把学校和党组织的思想政治教育渗透到我们的日常学习、生活的各个环节之中，经过价值实践的反复强化，锻炼敏锐的思维，形成良好的判断能力，进而确立正确的价值观。

综上所述，网络舆论对大学生价值观念的塑造确实有一定的影响。网络舆论里表现的价值观念对于三观尚未健全的大学生群体有着导向作用，这对当代大学生来说极易造成道德淡化甚至道德缺失的结果。由于网络隐蔽性的特点，传播者不必提供自己的真实信息，也不担心需为自己的言论承担责任。这一情况促使了一些非理性的偏激的虚假信息的出现，部分网民受网络"从众效应"的影响，在非理性的舆论的引导下形成非理性的价值观。虽然现在网络的舆论监管制度尚未完善，但是我们相信未来对于网络舆论的监管必定会成为我国社会关注的目标。

隐性德育对于大学生思想政治教育的意义与实践原则分析

翟 杉*

摘 要 大学生的思想道德水平对于建设中国特色社会主义事业举足轻重。有别于显性德育，隐性德育具有教育方式的隐蔽性、教育时空的灵活性、教育对象的能动性、教育效果的持久性等特点，在教学内容上呈现出丰富性、生动性、微观性和非强制性，但也需要警惕其中可能存在的教育效果的不可控性。隐性德育适应了新时代素质教育的全面性与整体性、多样性和自主性的要求，在具体教育实践中要努力发挥教育者和受教育者"双主体性"的活动，教育者要树立教育自信，教育过程要系统整合，教育对象要层次分明，教育方式要结合传统。

关键词 大学生 素质教育 隐性德育

大学生的思想道德素质、科学文化素质和健康素质关系到中国特色社会主义事业的兴衰成败。培养什么样的人，如何培养人，是我国社会主义教育事业发展中必须解决好的根本问题。正确认识和切实解决好这个问题，关系到党和国家事业的长治久安，关系到中华民族的前途命运。在网

---

* 翟杉，女，北京联合大学应用文理学院新闻传播系教师。主要研究方向为新媒体艺术、影视文化传播。

络信息时代背景下，大学生的思想观念意识具有新的特征，传统的思想政治教育模式显然已经不能满足当代大学生思想政治教育培养的新要求，转变大学生思想政治教育方式势在必行。隐性德育是教育者采取暗含的、间接的、内隐的方式开展的德育活动，是指在学校的环境里，除正式教育计划之外的各种活动、各种文化宣传、各种规章制度、各种人际关系等对学生的世界观、人生观、价值观以及思想品德产生教育与影响的一种教育方式。美国著名的道德教育理论家柯尔伯格在《学校的德育环境》中指出，"隐性课程作为道德教育的重要手段比显性课程来得更为有力"，对于而今的大学生思想政治教育能够起到更好的潜移默化、寓教于乐的效果。

一、隐性德育的特点

高校德育课程包含两大块：隐性德育课程和显性德育课程。这两块是相互独立又相互渗透、各具特色又相互补充的两种类型的课程。与显性德育课程相比，隐性德育课程具有鲜明的特征，能发挥正式教育模式无可替代的作用。

1.教育方式的隐蔽性

隐蔽性是隐性德育最主要的特点，也是其基础。这种隐蔽性体现在两个方面：

首先，教育目的和内容的潜隐性。显性德育课程有非常明确的教学目标、教学计划、课堂内容、课时安排、学习评价等。而隐性课程的特点在于它的教学目的和内容都是内隐的、暗示性的，往往隐藏在校园文化生活中（包括校园物态文化、行为与制度文化、精神文化）以及专业课程的背后。

其次，教育方式或传递方式的潜隐性。显性德育课程采取课堂教学、专题讲座报告、理论宣传等形式展开教学教育，具有明显的灌输性和导向性，体现了显性德育课程主导地位和主阵地作用。但是，就像精神病学家斯奈德说："没有一所学校没有影响师生的隐性课程。它在很大程度上决定着学习者的价值感和尊严感，是显性课程所不及的。"❶ 与正式课程不同，隐性德育的教育目的、内容及方法是融为一体并渗透于校园生活中，借助多样而丰富的载体来进行德育目的的传递，将德育的情感、态度、价值、信念等悄然灌输到受教育者的心灵，使受教育者潜移默化地受到陶冶，在寓教于无声、论道而不说教的环境中达到教育目的。

2. 教育时空的灵活性

与显性德育课程的计划性、学时性、区域性有明显的区别，隐性德育课程的存在可以突破一定的时间和空间限制，校园景观、舆论氛围、规章制度、学校精神、各项活动、传统、习惯、校风、学风等都可以成为隐性德育的载体，从而使得隐性德育呈现出"无时不有、无处不在、无孔不入"的全方位的超时空的灵活开放的态势。

3. 教育对象的能动性

大学生思想品德养成的过程，不仅包含了教师与学生之间的知识传授过程，还包含着学生的自主选择、判断、接受和认同的过程。知识的传授必须通过个体本身的一系列积极心理、思维以及实践活动才能真正地理解和掌握，其中个体主观能动性的作用较为关键。在德育过程中，只有学生反思了、感悟了、体会了，才能真正理解和认同道德内容和要求，并使之转化为自己的内在素质。隐性德育课程就是将教育目的和教育内容通过隐蔽的、暗示的方式渗透和传承。整个德育过程不仅是教育对象自主选择、主动参与的过程，而且是以主体体验、实践感悟为主要途径的一种教育模式。这与显性德育课程注重灌输、略带强制性有着明显的区别，其教育内容是潜隐的、教育方式是潜移默化的、教育过程是互动的、教育结果是自然生成的。学生是否参与这样特定的教育活动、如何参与，完全由其个人自行决定。整个教育过程尊重学生情感需要和精神需求，主要依靠学生自

---

❶ 陈旭远.试论潜在课程的概念和结构［J］.教育理论与实践，1994（1）.

我教育、自我觉悟而内化认同，是一种自然习得的过程。

4.教育效果的持久性

从教育效果看，隐性德育课程对大学生思想品行的影响持久而且极为深远。因为隐性德育课程是接受者自主选择、自觉接受并内化为个体的内心需要、外化为自觉行动的一种教育模式，在教育过程中，受教育者个体的体验、反思和感悟发挥着关键的作用。在心理学家看来，情绪情感是启发和维持认知活动的内在动力，没有情绪情感的产生就没有智力的发展。与课堂知识的传授不同，隐性德育课程是将德育过程融入具体情境以及实践互动之中，使道德知识、道德情感、道德意志、道德行为四要素历经体验、反思和感悟等一系列复杂的心理过程，以生成新认知、新意义，并内化为内在的素质，形成稳定世界观、人生观和价值观的课程。而这种通过反思而体悟出来的道理远远比直述讲授得来的认知更经典，其教育效果是持久的、深远的。

二、隐性德育的优势与风险

和显性德育相比，隐性德育作为一种特殊的教育方式，以其独有的方式在学校普遍存在，且在高校德育改革中发挥着重要的作用，表现出很强的优势。

1.隐性德育的优点

隐性德育在内容上可克服教育内容单一化、简单化的弊病，使高校德育在内容上有新的发展。

（1）丰富性。传统意义上的德育内容有着明显的德育信息，如政治理念、文化传统、思想成果、革命传统、典型人物等都有着明显的教育特点。而隐性德育的教育内容则十分丰富，可以是人，可以是物，可以是教学过程，可以是文化活动等，凡是能承载德育信息的东西，都可以作为德育的内容。这就使高校德育的内涵十分丰富，外延十分广泛。

（2）生动性。隐性德育由于其方法上的多样性，使其内容存在的方式具有极其生动的一面。可以是风景画，可以是文艺节目，可以是名胜古迹，也可以是大好河山，内容生动，引人入胜，使学生在享受自然美、艺术美的同时，不知不觉地受到影响，受到感染，得到启迪，从而提升品格。

（3）微观性。与政治规范主要调控社会的宏观构架不同，道德规范主要奠定社会宏观构架运行的微观基础。道德规范体系所调节的关系由个人与个人的私人关系作为起点，一直扩展到个人与群体，群体与群体，阶级与阶级，以及民族、国家以至人类社会，广泛渗透于人类社会关系和人与自然关系的各个方面。但是，这种调节又是基础性的和微观性的，相当于社会宏观构架的稳压器和黏合剂。因此，与政治教育和思想教育相比较，政治教育是决定性的，思想教育是先导性的，而道德教育是基础性的。

（4）非强制性。道德对社会生活的调控具有非强制性。道德规范虽然对社会生活发挥作用的方式是他律与自律的统一，但主要以自律为主。作为道德教育内容的规范体系开始是依赖于社会习俗、社会舆论而发挥作用，后来也依赖于国家强制力，但随着人的意识的发展和社会发展，这些规范作用的充分发挥最终要依赖人民的内心信念。因此，道德教育的最终效果和要求是实现受教育者的自觉和自律。

2.隐性德育的风险

隐性德育课程教育往往是在大学生有意无意、自觉非自觉的状态下，通过间接的、暗含的方式自然展开，通过个体自主选择、自觉接受，在其体验、反思和感悟中实现教育目标。与正式德育的教育过程相比较，隐性德育课程过程中影响的因素复杂且广泛，既有特定的校园环境、多姿多彩的校园生活及活动，又有不同专业背景人际行为特征以及各具特色的校园文化，由于受教育者自身素质、知识水平的不同，导致其处理信息的方式以及对信息解读的不同。因此，在具体的接收中有时难以避免因解读方式的差异而产生消极作用，影响到德育教育的目标实现。

三、隐性德育的意义

隐性德育在素质教育中的德育功能是极为突出的。素质教育强调的是人的全面发展，强调的是人的主体意识的增强，也强调教育方式的多样化；隐性德育重视环境的影响，重视环境因素的整体性和全面性，重视教育方式的多样性，在素质教育中的作用主要体现在以下两点。

1.隐性德育适应了素质教育全面性、整体性的要求

素质教育是依据人的发展和社会发展的实际需要，以全面尊重学生主体和主动精神，注重开发人的智慧潜能，注重形成人的健全个性，以学生的全面发展为根本目的的一种教育方式。它与符合时代发展的社会新型人才观紧密结合，在内容上体现出多种素质结构的有机结合，在教育目标上则谋求受教育者在智力因素、非智力因素、能力因素、心理因素等多方面的综合发展，并最终使个人成才、价值实现与社会发展相统一。这些道德素质的培养仅仅依靠显性德育是难以完成的，更多的必须依靠隐性德育，使学生主动地、自觉地、愉悦地接受教育，从而形成内在的、稳固的、良好的道德素质。在隐性德育中，德育安排更为整体化，强调诸多因素的整合功能，突出体现整体因素对学生个体的隐蔽作用；德育过程更为系统化，强调循序渐进；德育形式更为潜藏化，强调熏陶感染。全面性和整体性的原则要求我们把隐性德育中的诸多要素合理地组织起来，并善于在运动中把握各个要素的关系，从而增强隐性德育的功能，强化素质分析整体性、育人环境整体性和素质教育整体性的意识。

2.隐性德育适应了素质教育多样性、自主性的要求

自从人类有了教育以来，教育如何适应社会发展，如何在发展中保持自身的统一，一直成为教育研究的重要问题之一。如果说，在"封闭型"的古代社会，教育呈现出一种"单一性"和"被动性"特征的话，那么在"开放型"的现代社会，"多样性""自主性"已成为现代素质教育发展的本质特征。素质教育强调的是人的身心和谐和全面发展，强调的是学生在

接受教育的同时更多地参与实践活动，从而提升自己的创新思维和创造能力。在素质教育中，教育的形式更为多样化，教育活动更为隐蔽，因而受教育者对受教育的形式和内容有着更大的选择性，对是否接受教育有着更强的自主性。从某种意义上说，学生正是根据社会和自身的需要，有选择性地参与实践活动，从而在活动中接受隐含着的教育，使其自身在无形之中得以全面发展。与此同时，每一所学校都包含了不同年龄段的学生，由于年龄差异，学生的认识水平、思维特点、兴趣所在等均不相同。因此，隐性德育可以在考虑学生发展的差异的基础上，结合德育目标的合理性、育人环境的层次性、引导方式的阶段性，循序渐进地推动学生将道德规范不断内化，从而使环境的隐性德育因素充分发挥作用，将学生的心灵吸引到营造的氛围和环境中，收到潜移默化的效果。

四、隐性德育的实施原则

高校隐性德育的实施应在充分了解和尊重大学生特定的思维习惯、心理特质的基础上，努力发挥教育者和受教育者"双主体性"的活动，采取有效的实施策略，以期达到良好的素质教育效果。

1. 教育者应树立价值自信

价值自信，是指基于某种思想观念或者政策方针所蕴含的价值理念的强烈认同而产生的积极的自我评价。只有清醒认识隐性德育的价值和功能，树立隐性德育的价值自信，才能有效实施隐性德育实践活动。价值自信的树立和隐性德育实践是相互作用的，价值自信是隐性德育实践的精神动力，没有价值自信，隐性德育实践就缺乏内在动力；隐性德育实践是基于教育者对隐性德育的正确认知，满足教育者自身需要方向发展，才能成为满足受教育者主体需要的有价值之物。为了做好隐性教育工作，教育者不仅要进行科学的自我教育，同时，要注意教育的特定方式方法。

首先，教育者要以社会主义核心价值体系理论指导隐性德育实施的理论构建，加强隐性德育实施的科学性。

其次，教育者应格外注意强化隐性德育的自我教育功能，保证隐性德育价值自信的客观基础。

最后，教育者应开发利用校内外隐性德育资源，建立全方位的隐性德育方法体系，增强隐性德育的吸引力。

2. 教育过程应系统整合

隐性德育本身就是由诸多内容、方法构成的有机整体，因而在隐性德育实施过程中，要应用系统整合原则，既要考虑内容与形式的整合，又要考虑方法与方式的整合，避免隐性德育中出现简单化、片面化、极端化现象。教育者进行隐性德育实践要综合运用多种方法。首先，隐性德育方法的组合是以德育目标的完成为最高标准。"方法和目的的关系应当是检验教育逻辑的正确性的试验场所。从这种逻辑出发，我们就不能允许有不去实现既定目标的任何方法。"其次，方法组合的实质是要处理与整个隐性德育各环节的关系。方法的组合不仅涉及德育目标、德育内容、活动主体等要素，而且涉及各德育方法之间的关系。所以在隐性德育实施中应力图形成方法之间的优势互补、相互协调并最终形成最优整合。

3. 教育对象要层次分明

个体思想品德的形成，要经过一个长期的培养和逐步提高的过程。当代大学生不仅求知欲、探索欲非常强烈，而且他们对独立自主地探索个人发展有着更高的追求，他们要求建立和谐的人际关系，要求加快自身社会化的进程，在认知过程中会遇到理想与现实的冲突、社会与道德的困惑，这些问题会通过学生的行为方式反映出来。隐性德育实施要遵循学生思想品德形成的规律，根据受教育者不同层次的德育目标，科学地规划德育内容、选择合适的环境载体和实施途径及方法。学生的年龄、层次不同决定着学生的需求和接受能力不同。不同年龄层次的学生有着不同的认知、情感、需要、动机、意志、信念、行为与品德结构和形式发展特点及规律。从教育者角度来看，隐性德育应遵循学生个体的思想品德结构及规律，有针对性地选择相应的形式、方法，将学生身上反映出来的问题和德育目标、内容巧妙结合起来，融于恰当的隐性德育形式和方法，让学生通过参与活动进行分析、判断，从中得到启发，受到教育。

4. 教育方式宜结合传统

隐性德育必须和传统德育——显性德育相结合才能收到预期的德育效果。隐性德育、传统德育都是德育过程不可缺少的两个方面，缺少了哪一个方面德育效果都会受到影响。隐性德育与传统德育的目的、内容、对象相同，只是实施的形式、方法不同。事实上，人的正确思想道德观念和行为的形成，必然有一个学习知识和借鉴前人经验并在实践中运用正确思想指导个人言行的过程。学生从道德认知到情感认同再到转化为具体行为准则，是隐性德育与传统德育共同作用的结果。因此，在隐性德育过程中，要正确运用隐性德育与传统德育相结合的原则，学校隐性德育实践才会更加完整。

总的来说，学校的隐性德育实施是一个任重道远的系统工程，能否按目标正常有序并卓有成效地运作，关键在于教育者是否对隐性德育理论有正确的认知，是否对隐性德育实践有价值自信，是否把握了学校德育实施过程的规律变化。作为学校德育组成部分的隐性德育受社会政治、经济、文化发展变化的影响，教育者要考虑到这些影响因素，以动态发展的思维方式把握隐性德育的实施，推动学校德育的创新发展，才能更好地承担起立德树人、教书育人的神圣职责，把大学生培养成中国特色社会主义事业的合格建设者和可靠接班人。

从蚂蚁财富"扎心文案"看广告的导向问题

张立梅[*]

摘　要　本文从蚂蚁财富"年纪越大,越没有人会原谅你的穷"系列广告文案入手,探讨广告的导向问题。文章从对该系列广告文案的失败原因分析,导入习近平总书记关于"广告宣传也要讲导向"的论断,认为广告导向问题的提出是广告影响社会意识形态的必然结果,坚持正确舆论导向是我国广告人的社会责任,广告人应自觉地从科学地理解经济导向、严格地落实政治导向、正面地弘扬文化导向这三个方面来理解和贯彻广告的导向问题。

关键词　蚂蚁财富　扎心文案　广告导向

2017年9月28日,正在为国庆节长假和中秋节马上到来而喜气洋洋的人们被微信朋友圈的一篇文章扎心了。当天上午,微信公众号"广告文案圈"推送了一篇名为《支付宝新文案,太狠了》的文章,内容是对蚂蚁财富联合南方基金、国泰基金、招商基金等16家基金公司发布的一组GIF海报进行介绍,而这组海报让大多数人一时间痛彻心扉。该系列广告的主题为"年纪越大,越没有人会原谅你的穷",每则海报分别描述了当前中国承受着经济压力的年轻人群的各种窘境,比如"你每天都很困,只因为

---

[*]　张立梅,女,北京联合大学应用文理学院新闻与传播系讲师。主要研究方向为广告实务领域。

你被生活所困""每天都在用六位数的密码，保护着两位数的存款""懂得父母催你存钱的好意，但更懂得自己光是活下来，就已用尽全力""在家心疼电费，在公司心疼房租"，等等，接下来统一提出"让理财给生活多一次机会"的号召，最后的落脚点是让大家上支付宝搜索相应的基金财富号，也就是希望大家借助蚂蚁财富这个平台来投资基金。在28日晚间发布的致歉公告中，蚂蚁财富称该组海报的本意是传递"让理财给生活多一次机会"的理念，鼓励年轻人关注理财。当今社会，"你不理财，财不理你"的道理早已经深入人心，劝谏年轻人做好财务规划、避免将来陷入财务窘境应该算是一个非常中肯、有益的人生建议。但是，这则海报的实际效果却与其初衷背道而驰：微信朋友圈被这一颗石子激起千重浪，被刺痛的人们疯狂转发、评论、抨击，几分钟该文章就刷爆了朋友圈，舆论一致谴责该组文案"直白扎心"，"是对贫穷的刻薄和不宽容"。当天下午两点，矛头所指的支付宝官方微博否认与该组海报有关，并强调自身一直主张"每个认真生活的人，都值得被认真对待"；晚上八点，蚂蚁财富发布致歉公告，承认该组海报为本公司发布，与支付宝无关，并撤回该组海报；9月29日，中国证券投资基金业协会在其微信公众号发表声明，表示对这一事件高度关注，对该事件给行业带来的负面影响感到遗憾和痛心。这一事件从爆发到偃旗息鼓只用了一天的时间，但它留给人们的思考、带给广告人的警醒却影响深远。

　　事件结束之后，有很多人都对这套作品进行过分析。其实，如果单纯从广告创作的角度分析这一组文案，我们可以发现该组海报的目标受众是承受着一定经济压力的年轻人，创作者对于该群体的生存状况可以说有着非常深刻的体会，每一则文案内容都是对普通民众群体现实困境的真实刻画，对受众痛点的发掘虽然残酷却不可否认的精准，卖点"让理财给生活多一次机会"的提炼也具有一定的理念高度。按照常理来推测，有了前面这些前提条件，这套海报即使不会成为人们交口称赞的典范，也不该成为人人口诛笔伐的邪恶对象吧？为什么发布后的舆论却是这样的一个走向呢？笔者认为，四川大学新闻系学者杨婧岚的观点恰好可以回答这个问题。杨婧岚老师提出，"现代社会的实践表明，人们消费某种产品，并不仅仅满足于对它的物质特性和实用功能的需要，还会因该广告所张扬的抽象的、非实用的精神因素能够使人们产生兴趣和认同"。❶现代人基本都知道理财的重要性，也知道基金产品是一种理财工具，如果能够借此成功积累财富的话，的确可以"给生活多一次机会"，这就是这套海报所宣传产品的实用功能。然而，"年纪越大，越没有人会原谅你的穷"这个主题却在精神上刺痛了它的目标受众，经济上的窘迫已经让他们倍感生活的艰辛，他们每天都在为改变这种状况而努力，现在广告主体却站在一个精神高地上指责他们经济上的不富裕，告诉他们"没有人会原谅你的穷"，难道穷人就有原罪吗？对此，豆瓣上有人发表评论说："真的很服气了，资本主义国家，比如德国，没有一个公司、也没有一个政客敢拿穷人调侃开涮。社会主义国家的中国，最大企业明目张胆地讽刺挖苦穷人。"可以说，这种精神上的蔑视、嘲讽才是这套海报引起众怒的根源。正如知乎上一位用户评价这套作品时说的：一个公司的广告，核心不是设计、文案或者创意，而是价值观。正因为如此，这套作品虽然击中了目标受众的痛点，但在所持有的价值观上却处理失当，贫穷可以是现实，也可以用来自我调侃，但绝对不能成为被人嘲笑、指责的理由。就像支付宝在这一事件的声明中所说的，"每个认真生活的人，都值得被认真对待"，即使我是一个穷人。

2016年2月19日，在党的新闻舆论工作座谈会上，中共中央总书记习近平强调，"新闻舆论工作各个方面、各个环节都要坚持正确舆论导向"，并特别提出"广告宣传也要讲导向"。然而，时隔一年半之后，蚂蚁财富的这套海报文案却因导向问题处理不当造成如此之大的影响。我们必须承认，广告人在落实"广告宣传也要讲导向"这个问题上还有较大的欠

❶ 杨婧岚.当代广告传播中的意识形态［J］.当代传播，2002（1）.

缺，其根源就在于对广告导向问题的理解上仍然存在着明显的不足。

一、广告导向问题的提出

广告是随着人类社会的发展而出现的一种经济信息的传播活动，是人们在经济活动中凭着智慧逐渐摸索、尝试、发展起来的一种商业活动，最初的目的在于通过这种活动更有效地传达商业信息，从而促进商品的交换，实现赢利的目的。所以，广告最根本的属性就是它的商业性。作为一项逐利性的信息传播活动，它不像教育那样重视知识的传递，不像新闻那样强调信息及时广泛的传播，不像电影电视小说那样以为受众提供娱乐为目标，也不像人们日常交流那样是随意纷杂，它的第一责任对象永远是广告主，即使能够传递知识、传达信息、娱乐公众、为人们提供日常交流的话题，那也是建立在为广告主服务的基础上，不过是为了更好地实现广告主的商业目标而采取的手段而已。正因如此，广告大师大卫·奥格威才会义正词严地指出：广告不应该视为一种艺术形式的表现。广告唯一正当的功能就是"销售"——不是娱乐大众，也不是运用你的原创力或美学天赋使人们留下深刻的印象。❶也正是因为这种理所当然的商业属性，广告人为了达到销售的终极目的，在处理信息、完成传播的过程中经常会无所不用其极，弄虚作假、隐瞒欺诈在广告中屡见不鲜，暴力、色情甚至成为广告创作的理论原则。在这样的背景下，很长一段时间里，广告人与骗子成为同义词，广告人也成为被世人所鄙视的一个群体。英国政治家安奈林·比万直言"广告是罪恶的勾当"，而英国社会历史学家阿诺德·汤因比更是悲观的表示"想不出在什么情况下广告能不是邪恶的了"。❷

更为可怕的是，广告是一种劝服的信息传播活动，它通过说服我们接

❶ ［美］大卫·奥格威.广告大师奥格威——未公诸于世的选集［M］.庄淑芬，译.北京：生活·读书·新知三联书店，1996.
❷ 戴海波.对"广告社会化"和"社会化广告"的批评分析［J］.新闻与传播评论，2016（2）.

受它所提供的信息来促进购买行为的发生。随着工业时代的到来，广告变得越来越普遍，广告时段版面越来越多，广告刊播的频率越来越高，传播范围越来越广，影响力也随之越来越大、越来越深远，受到广告影响的已经不只是人们购买什么的行为，而是为什么购买背后深层次的精神理念。每一支广告都通过自己特定的方式传达着一个诉求点，给人们提供一个购买的标准、决策的方向，而这些广告又合成一个整体，以社会文化的形式影响着我们更深层次的行为，影响着我们如何看待生活、如何看待社会、如何看待世界。"在这一过程中，消费者以广告作为最重要的意义参照体系，通过广告所传递的信息来相互判断、相互区分和认同，共同维持某种价值标准，在物质满足和非物质满足之间寻求平衡。"❶ 久而久之，隐含于广告中的人生观、价值观潜移默化地为人们所接受，不但影响了人们当前的购买行为，更深远地影响到人们的意识，建构着人们的文化，塑造着社会的意识形态。正是对广告这一作用的敏锐觉察，英国小说家诺曼·道格拉斯才会在 1917 年就提出"通过广告，你可以发现一个国家的理想"。

当前，广告的意识形态问题已经得到了国内学者们的关注。在 1979 年我国广告市场恢复之后，虽然广告对我国的经济产生了强大的推动作用，但多种原因导致的广告的负面影响也一直是人们讨论的对象。20 世纪 90 年代，很多学者就开始强调广告的思想性问题。在承认广告的商业属性的同时，这些学者强调广告"也是一种宣传手段。它对公众的思想和生活方式有着潜移默化的作用……其内容及其表现形式直接影响到一个国家和社会的思想道德风尚和社会风气"❷。因此，"广告不仅要追求经济效益，还要负起社会责任。它应该不断地鼓励和激发广大受众朝着'善'的方向去发展，而不应把广大受众往'恶'的方面去引导"❸，"广告应当为社会主

---

❶ 戴海波.对"广告社会化"和"社会化广告"的批评分析［J］.新闻与传播评论，2016（2）.
❷ 王瑞龙，彭建安.广告的思想性原则［J］.中南民族学院学报（哲学社会科学版），1997（4）.
❸ 崔长青.必须重视广告的思想性［J］.中国广播电视学刊，1998(S1).

义的价值观念、道德观念和社会风尚的形成，为提高全民族的思想道德素质和科学文化素质做出应有的贡献"❶。2007 年前后，随着党的十七大的召开，我国学者更是掀起了一个广告意识形态问题的研究热潮，对广告与社会意识形态的关系问题、影响问题进行了较为系统的论证。"大众媒体的受众正前所未有地暴露在一个由广告编织的意识形态的世界里。"❷ "广告的这种意识形态功能主要表现为向公众传播有关价值观念、生活理念等，倡导一定的行为准则和行为规范，影响和改变社会生活方式，并不断地向受众传递有关新的生活方式的信息，从而形成有别于传统文化的广告文化，并进而取代前者，成为社会文化系统中的主导文化。"❸ "广告意识形态不只是担当文化建构的角色，广告还借用意识形态的策略来对受众实施一种隐性的控制"❹，因此，"广告导向作为一种特殊的意识形态，其正确与否，在这个经济飞速发展的社会显得尤其重要，它直接关系到人民群众的福祸"。❺

与理论界对广告影响问题的忧虑相呼应，2016 年，习近平总书记关于"广告宣传也要讲导向"的提出，既说明广告的社会影响问题已经引起了国家层面的重视，也说明我们的政府已经对这个问题的解决提出了总的纲领，那就是广告也要坚持导向正确。

二、广告导向问题的理解

关于对广告导向问题的理解，最早可见的是赵晨的《广告导向问题浅析》，该文章发表于《报刊之友》1996 年第 4 期。文章认为商业性是广告

---

❶ 王瑞龙，彭建安.广告的思想性原则［J］.中南民族学院学报（哲学社会科学版），1997（4）.

❷ 杨婧岚.当代广告传播中的意识形态［J］.当代传播，2002（1）.

❸ 花家明.当代中国广告的意识形态［J］.经济研究导刊，2008（19）.

❹ 杨婧岚.当代广告传播中的意识形态［J］.当代传播，2002（1）.

❺ 范莉.广告导向与舆论导向同等重要——由名人代言广告引发的思考［J］.湖湘论坛，2007（5）.

的第一性，导向性是广告的第二性，二者是同一事物的两个方面，是辩证的统一。广告的商品性、导向性共同规定了广告既是物质文明的传播者，又是精神文明的载体。我们既要抓广告商品性的充分体现，又要抓广告导向，两手都要抓，两手都要硬。在《广告导向与舆论导向同等重要——由名人代言广告引发的思考》中，作者范莉认为"从某种意义上说，广告导向实质上就是舆论导向的重要组成部分"。❶ 而在其硕士学位论文《试论广告导向对当今社会的影响》一文中，范莉认为广告导向的内涵可以从鲜明的政治导向、健康的思想导向、高尚的道德导向和丰富的文化导向四个方面来理解。相对于前面的两位学者，丁俊杰对于广告导向的理解则更为全面，他首先提出，"我们要坚持正确的导向观，既要反对动辄政治挂帅的狭隘理解，又要反对无限制延伸的泛化行为"。关于广告导向的内涵，丁俊杰、刘祥提出："广告作品既是经济活动中产生的有形产品，也是精神文明的重要载体，广告的这种复杂性决定了广告的导向必然包含多个方面，具体可分为政治导向、经济导向、文化导向、行业导向四个方面。"❷

综合以上各位学者的观点，笔者认为在全面考察广告本身综合属性的基础上，可以从以下三个方面来理解广告的导向问题。

1. 正确地理解经济导向

广告是商业活动的产物，其最核心的功能就在于其经济功能，这是毋庸置疑的前提。不管是国内还是国外，学者们早已经就广告的商业价值达成了共识：广告能够帮助企业选择更准确的目标消费者，提高商品信息在二者之间的传递速度，缩短商品的销售周期，提升企业及整个社会的资金利用效率，促进社会经济的发展；广告可以通过提供更为全面的信息、更为丰富的产品，帮助消费者更好的选择商品，通过市场的自由竞争降低商品价格，提升全行业的生产和研发水平，从而提升整个社会的物质文明

---

❶ 范莉.广告导向与舆论导向同等重要——由名人代言广告引发的思考［J］.湖湘论坛，2007（5）.

❷ 丁俊杰，刘祥.广告宣传也要讲导向［J］.中国广播，2017（4）.

水平。

但是，广告并不是万能的。对于任何一个企业而言，产品的开发和生产才是最关键的环节，切不可认为一味单纯凭借广告就可以在市场上所向披靡。20世纪90年代，山东秦池酒业曾经因为大胆的广告投入而迅速摆脱困境，在1993—1995年的三年时间里销售额连续三年翻番，从1992年亏损几百万元的县级小酒厂成长为注册资金1.4亿元、拥有5600名员工的秦池集团。1996年以6666万元投得中央电视台黄金时段广告标王之后，当年的销售额增长400%，利税增长600%。这种高投入、高产出的广告投放使得秦池集团愈加盲目相信广告的力量，在以3.2亿元投得1997年中央电视台黄金时段广告王后，秦池彻底忽视了自身的生产，直接从四川购酒回来勾兑，连最基本的质量控制都不放在心上，酒瓶消毒不彻底、瓶盖发霉等事件陆续爆出，最终导致了市场上的滑铁卢，一个凭借广告迅速上升的企业也因为广告而迅速地走向衰落。秦池这个引人深思的案例已经记入中国当代广告的发展史，但直到现在仍有为数不少的企业在重蹈秦池的覆辙。

对于广告公司而言，同样要客观认识广告的经济价值，要本着为客户负责的态度帮助客户制定最合理的广告方案，切不可为了业务而盲目鼓动客户制定大预算。更为长远的发展之道是，广告公司可以根据自身在市场上的研究成果，根据对消费者需求的深入调研，帮助企业进行更为有效的产品研发和企业规划，成为企业战略发展的协助者。一个好的广告公司是可以帮助企业更好地进行行业前瞻与规划的，比如"华与华公司"，就通过为"葵花药业""西贝莜面""360"等客户的战略发展做出科学的规划，从而取得了双方共赢的大好局面。

正确地理解广告的经济导向，就是不管企业也好，还是广告公司也好，都能够客观评价广告对社会经济发展的作用，既不妄自菲薄，也不妄自尊大。近两年，世界范围内广告行业的发展趋势就是广告公司与企业战略咨询公司的并购，这一趋势便是正确理解、合理利用广告经济导向的

例证。

2.严格地落实政治导向

作为一种商业活动，广告发挥作用靠的是对目标受众内在的精神引导，而不是外力强迫。从广告运作的角度来看，广告活动的第一步就是要进行针对消费者的调研，在这种调研中去研究消费者的生理需求和心理需求，找到消费者的深层诉求，再用目标受众最容易接受的形式将这一诉求表现出来。广告行业总是标榜自身的工作是以消费者为核心的，从消费者的需求出发再落实到消费者的需求，但究其根本不过为了获得消费者内心深处的认同，从而为自己宣传的产品减少接近消费者的阻力，将消费者对广告主经济企图本能的抵御化于无形。所以，广告作品中总是会表现出对消费者喜好、理念、行动的迎合，并且在这种迎合中潜移默化地将自身的价值观、世界观、道德规范、社会准则、生活方式等政治性的内容灌输到消费者的思想当中。因此，广告不但是一种商业活动，还是一种政治宣传活动；广告除了商业功能之外，还发挥着重要的社会教化功能。正如学者陶东风所言，"广告已经成为塑造大众信仰、世界观、价值观的最重要媒介之一。我甚至于觉得，今日的人类灵魂工程师，不是作家，也不是教师，而是广告"。❶美国的历史学家大卫·波特也指出："现在广告的社会影响力可以与具有悠久传统的教会及学校相匹敌，广告主宰着宣传工具，它在公众标准形成中起着巨大的作用。"❷

严格地落实政治导向，就是广告要"毫不动摇地坚持社会主义政治制度、维护国家主权与利益"❸，要坚持在广告作品中倡导社会主义的主流价值观，宣传社会主义的政治信仰。

要做到这一点，不管是广告企业，还是广告公司，首先要做到的就是与党和国家站在同一阵线，要与党和国家的相关政策保持一致，在广告活

❶ 陶东风.广告的文化解读［J］.首都师范大学学报，2001（6）.

❷ 吴建.广告大理论［M］.成都：四川人民出版社，1994.

❸ 丁俊杰，刘祥.广告宣传也要讲导向［J］.中国广播，2017（4）.

动中自觉地、积极地体现党和国家的相关政策，为维护社会主义制度、维护国家形象做出贡献。虽然广告以商业性为第一宗旨，但我们也必须意识到部分企业或政治势力妄图通过广告来抹黑中华民族，借此来宣扬自身的优越性。比如耐克公司在"恐惧斗室"广告中对多项中国文化的象征进行侮辱，韩国友利银行将中国香港、中国澳门、中国台湾表述为国家，等等，这些都让我们意识到广告领域中也存在政治斗争，也存在意识形态的斗争，每一个广告人都应该对此保持警醒，凭借自己的专业能力为捍卫民族团结、政权稳定做出努力。除此之外，我们也可以将国家的政策号召、政府倡导的行动融入商业广告活动中，将广告的商业性和公益性结合起来，比如农夫山泉利用广告支持母亲水窖的活动、腾讯利用QQ强大的社交功能帮助被拐卖的孩子寻找亲生父母等，这些商业广告与社会公益的有机结合，有力地推动了一些社会活动的顺利展开，帮助了一些社会问题的解决。

其次，落实政治导向还体现在对广告法律法规的贯彻执行上。广告法律法规是专门针对广告活动制定的规范性文件，目的在于"规范广告活动，保护消费者的合法权益，促进广告业的健康发展，维护社会经济秩序"。保护消费者的合法权益，维护社会经济秩序，这是广告坚持正确政治导向的基本要求。为了落实这一原则，广告公司和广告企业必须坚持实事求是，以真实性为最高标准，不弄虚作假、不欺骗误导消费者，保证消费者利益的同时保证自身经营的合法性和持续性。以当前众多的网络借款平台为例，他们大多都在广告中宣传自身利率低廉、放款速度快、借款额度高，但他们从来没有全面地告知消费者实际上的综合利率到底是多少、平台手续费收多少、逾期无法偿还的后果如何严重等问题，导致很多人都是借过之后才追悔莫及，这其实就属于典型的误导消费者的行为。到目前为止，全国范围内已经有不少人尤其是青年学生因轻信这些广告而让自己债台高筑，甚至产生不堪压力而轻生的严重后果。

最后，坚持正确的政治导向还要倡导社会主义道德，宣传社会主义核心价值观。与法律不同，道德是一种软性的社会约束，更多地是靠自我约束。这就要求广告从业者要自觉地遵守社会公德和职业道德，倡导公序良俗，弘扬中华民族的传统美德，杜绝那些具有不良思想倾向的广告活动。比如，支付宝春节期间的集五福活动，通过鼓励人们收集爱国福、敬业福、和谐福、友善福、富强福这五福活动来分享奖金，既是一种娱乐性的广告活动，也是对人们社会主义核心价值观的教育活动，比单纯的抢红包活动更富有道德内涵。

3. 正面地弘扬文化导向

广告不但是一种商业活动，也是一种社会文化现象。随着广告行业的发展和成熟，广告早已经与社会融为一体，成为社会文化的一个重要组成部分。一方面，由于受众和创作者的影响，广告不可避免地受到社会文化的影响，广告会适应特定的社会文化，成为反映社会文化的一面镜子。可以说，任何广告中都渗透着一定的文化特质。另一方面，广告本身就具有文化属性，广告要借助特定的文化形式才能得以表现和传达，其作用的发挥更是要借助文化上的魅力，用文化为商业的虎狼之心包裹上引人入胜的外表。

而文化，是具有不同的类别的，有先进的文化，也有落后的文化；有传统文化，也有外来文化……对于广告从业者而言，广告作品中弘扬的应该是社会主义的先进文化，而不是封建的、糟粕的落后文化；要坚持以中华民族优秀的传统文化为根本，而不是生吞活剥、全盘地接收外来的文化入侵；要在广告作品的创作过程体现艺术的美感，将充满正能量的优秀的广告作品呈现给受众，让他们在接收商品信息的同时，也感受到文化上的熏陶、精神上的洗礼。2015 年修订的《中华人民共和国广告法》第三条就明确规定："广告应当真实、合法，以健康的表现形式表达广告内容，符合社会主义精神文明建设和弘扬中华民族优秀传统文化的要求。"

关于广告中所宣扬的文化，似乎一直以来都是为人所诟病的，比较典型的说法基本都是广告倡导消费主义、享乐主义、男权至上等批判性的说法。但现在我们也可以看到一些比较优秀的例子。比如 2018 年春节期间，浦发银行信用卡推出"我们的故事从没钱开始"的广告作品，该作品描绘了人们为了理想而努力拼搏，家人对此有理解、有支持的温馨故事；拍拍贷则通过到拍拍贷平台借款完成创业梦想、为家人争取到幸福生活的故事，提出了"借小钱、办大事"这样务实的消费理念。这两则广告都针对承受着较大经济压力的年轻群体，他们没有文过饰非地掩饰问题，没有用苍白貌似高深的心灵鸡汤来迷惑群众，而是通过对产品特征和消费者需求的深入挖掘，找到了二者的结合点，并运用了积极乐观的态度、更适合当前社会状况的形式帮助消费者解决问题。与这两则广告相比，蚂蚁财富"年纪越大，越没有人会原谅你的穷"则是彻彻底底的反面案例。

结　语

作为一种兼具政治宣传功能和社会教化功能的商业信息传播活动，广告活动并不能单纯地以经济利益为指针，而是应该在经济利益、政治功能、社会功能之间谋得一个平衡，而坚持导向正确正是寻求这一平衡的基础和指南。广告导向正确则需要我们从经济导向、政治导向、文化导向这三个方面深入思考，并将这三者自觉地落实到我们的广告活动当中去，在为社会主义物质文明发展提供助力的同时，为社会主义精神文明的推进保驾护航。

论主旋律电影在大学生思想政治教育工作中的作用

郑　伟*

摘　要　本文界定了主旋律电影的概念，进而解析其与大学生思想政治教育工作间的关系。研究发现，主旋律电影在思想政治教育工作中具有宣传教育作用、价值导向作用、示范激励作用、道德影响作用以及审美娱乐作用。我国高校主旋律电影教育需要采用多向沟通、多元传播和深刻挖掘主旋律电影中的主导文化的方式来建立有效的教育体系。

关键词　主旋律　主旋律电影　思想政治教育

　　思想政治教育的对象是人，科学实施教育活动，首先必须要认识人、了解人，把握人的思想形成与发展规律，其根本目的是不断提高人们的思想道德素质以及认识和改造世界的能力，以便更好地为社会主义现代化建设事业服务。而人的思想品德形成、发展与思想政治教育过程都是在一定的环境中进行和完成的，并受环境的影响和制约。这些环境主要有家庭环境、社会组织环境、社区环境和传播媒介环境。

　　作为传播媒介的影视作品越来越快地走进了我们的生活，进入了世界

＊　郑伟，男，北京联合大学应用文理学院新闻与传播系讲师、党支部副书记，法学硕士。主要研究方向为大学生思想政治教育、主旋律电影。

的每一个角落。青年大学生精力旺盛、活泼好动，娱乐在这个群体中占有十分重要的地位和意义。而看电影在大学生的娱乐活动中又是很重要的一部分，高等学府成了整个影视文化最前卫的阵地。大学生对影视文化也是乐此不疲，受影视文化的影响也是非常显著。

2005年，中共中央、国务院颁布的《关于进一步加强和改进大学生思想政治教育的意见》强调指出：大学生是十分宝贵的人才资源，是民族的希望，是祖国的未来。加强和改进大学生思想政治教育，提高他们的思想政治素质，把他们培养成中国特色社会主义事业的建设者和接班人，对于全面实施科教兴国和人才强国战略，确保我国在激烈的国际竞争中始终立于不败之地，确保实现全面建设小康社会、加快推进社会主义现代化的宏伟目标具有重要意义。

2016年12月7—8日，全国高校思想政治工作会议在北京召开，中共中央总书记、国家主席、中央军委主席习近平出席会议并发表重要讲话。他强调：高校思想政治工作关系高校培养什么样的人、如何培养人以及为谁培养人这个根本问题。要坚持把立德树人作为中心环节，把思想政治工作贯穿教育教学全过程，实现全程育人、全方位育人，努力开创我国高等教育事业发展新局面。习近平指出，做好高校思想政治工作，要因事而化、因时而进、因势而新。要遵循思想政治工作规律，遵循教书育人规律，遵循学生成长规律，不断提高工作能力和水平。要用好课堂教学这个主渠道，思想政治理论课要坚持在改进中加强，提升思想政治教育亲和力和针对性，满足学生成长发展需求和期待，其他各门课都要守好一段渠、种好责任田，使各类课程与思想政治理论课同向同行，形成协同效应。要加快构建中国特色哲学社会科学学科体系和教材体系，推出更多高水平教材，创新学术话语体系，建立科学权威、公开透明的哲学社会科学成果评价体系，努力构建全方位、全领域、全要素的哲学社会科学体系。要更加注重以文化人以文育人，广泛开展文明校园创建，开展形式多样、健康向上、格调高雅的校园文化活动，广泛开展各类社会实践。要运用新媒体新技术使工作活起来，推动思想政治工作传统优势同信息技术高度融合，增强时代感和吸引力。

思想政治教育，需要一定的载体，即教育者向受教育者传输符合社会发展需要的思想观念、政治观点、道德规范等，而主旋律电影能够通过电影这一传播工具向在校大学生传输思想政治教育的内容和信息，使他们在接受各种社会信息的同时，接受思想政治教育。所以，在高校有必要利用各种形式，组织学生观看主旋律电影，以提高他们的思想政治素质。而且，随着主旋律电影近年来在内容和形式上的突破创新，比如电影画面的美感、贴近生活的真实故事和鲜活人物以及大牌明星的加盟等，当下主旋律电影更具有观赏性和娱乐性，从而也使得当代大学生能够更加容易地接受这种特殊的教育方式。如何运用主旋律电影教育方式对大学生进行思想政治教育，也是各高校以思想政治教育为己任的教师所必须面对的一个研究课题。

影视文化在高校的传播，是一把锋利的双刃剑。我们要进一步落实习近平同志提出的"要坚持为人民服务、为社会主义服务，坚持百花齐放、百家争鸣，坚持创造性转化、创新性发展，不断铸就中华文化新辉煌"的重要指示，从推进素质教育的战略眼光，从构建未来国民文化人格的角度，审视影视文化在学校教育体系中的地位。

当代的高校学生，由于主体意识的觉醒，从其本性上来说不愿意被人教育，对改变其价值观念的思想政治教育有一种本能的抗拒，单靠教材已难以引发学生持久的兴趣。因此越使他们较少感觉到教育者的意图，也就是人常说的"润物细无声"，就越容易被他们接受，这是德育教育与智育教育很不相同的一条特殊规律。而作为一种特殊的传播媒介，优秀的影视作品恰恰具有这样的特质，其技术的先进性、受众的广泛性，以及突出的影响效果显而易见，是对高校政治教材理论性的最好补充。将主旋律电影作品与现代教育理论相结合，使之融入高校思想政治教育中，这对于培养大学生树立正确的人生观、世界观、价值观及形成良好的道德情操具有较强的现实意义与明显的强化作用，也是高校进一步加强和改进思想政治教育工作的一个有利途径。

主旋律电影在高校思想政治教育的工作体系内，尚未发挥出高效的作用，我们尚未在高校校园内形成一套完整的主旋律电影宣传教育体系。利用主旋律电影形式发挥思想政治教育作用尚需进一步探索，我们应该在思想政治教育工作中向学生推荐优秀的主旋律电影，使学生具备初步的影视文化欣赏能力，并用中国特色的社会主义文艺观来武装自己，一方面对大学生的政治思想的发展，进行科学的引导，另一方面使当前的影视文化热潮更好地为高校思想政治教育服务。

一、主旋律电影的相关概念界定

国家电影局在 1987 年召开的全国故事片创作会议上提出了"弘扬主旋律，提倡多样化"的口号，主旋律电影一词由此诞生。电影界对主旋律电影的界定是："以弘扬社会主义的时代主旋律为主旨"，"能够激发人们追求理想的意志和催人奋进的力量"的电影作品。"以反映一切有利于民族团结、社会进步、人民幸福的思想内容为指针，以激发人们爱国主义、集体主义为目的的重大题材影片"。我们理解主旋律电影一词，不仅要把握住题材特点，更要看到其背后隐藏的主导意识形态。主旋律电影特别强调思想性，力图通过重大历史题材和重大现实题材积极反映和传播主导文化的精神意志、价值观念，当然其内涵也包括我们民族传统文化中有价值的成分。

主旋律电影作为媒体，担负着国家核心价值观的传播任务。2005 年中共中央、国务院颁布的《关于进一步加强和改进大学生思想政治教育的意见》强调指出："全社会都要关心大学生的健康成长，支持大学生思想政治教育工作。宣传、理论、新闻、文艺、出版等方面要坚持弘扬主旋律，为大学生思想政治教育营造良好的社会舆论氛围，为大学生提供丰富的精神食粮。"

1. 主旋律电影概念的发展

"主旋律"是从音乐学中借用过来的概念和名词，20世纪80年代，主旋律电影被约定俗成地用来指称那些以弘扬社会主义精神文明，传达国家主导意识形态话语为首要任务的电影类型。随着时代的发展和社会的进步，有关"主旋律"这一提法的内涵也在不断经历着时代的更新和发展。

关于"主旋律"的命名，电影理论界在不同的时期也有不同的理论阐述：在1987年全国故事片厂厂长会上，当时担任中宣部副部长的贺敬之在讲话中提到："作品的社会主义和共产主义的思想内容，应该成为我们时代的主旋律。我们的主旋律必须反映时代的精神，塑造社会主义新人，给人们以鼓舞和鞭策，而不能贬低、丑化、歪曲我们的社会主义。"❶ "在爱国主义、集体主义、社会主义旗帜下，一切有利于现代化建设和改革的优秀之作，一切有利于激发人们奋发图强、开拓创新、积极进取的优秀之作，一切有利于陶冶人们的道德情操的优秀之作，都应当成为当代电影的主旋律。""主旋律作为一种创作精神，号召在一切电影创作中加强社会责任感，把握时代精神，争取最好的社会效益；作为一种题材要求，则鼓励和提倡反映改革开放、'四化'建设、塑造社会主义新人形象和反映革命传统的影片。主旋律在创作精神和题材内容两个层面上的意义是统一的，它主要是针对电影的创作方向和指导思想而言的。"❷

到20世纪90年代中期，"主旋律的完整的提法是：时代的主旋律……应该从作品对社会产生的意义来考察，它主要指的是作品的思想倾向或者说是指作品的思想品格，如果一部作品的思想倾向能在社会上产生正确的导向，如果一部作品的思想品格能以积极向上的精神力量陶冶群众、净化心灵，我们就可以说它表现了时代主旋律的精神……总之一句话，能够正确地反映我们的时代精神和我们的社会本质或者某些本质方面

❶ 白汪澈.感悟"主旋律"电影［J］.当代人，2005（10）：77.
❷ 评论员.高奏社会主义时代的主旋律［J］.电影通讯，1991（5）：2.

的作品，我们就可以说它表现了时代的主旋律。"❶

在党的十五大报告中，江泽民同志再次提出了"弘扬主旋律，提倡多样化"。1996 年 10 月 10 日，中共中央的《关于加强社会主义精神文明建设若干重要问题的决议》实际上可以被解读为政府话语对电影"主旋律"的核心阐释。概括起来，也就是要求主旋律电影在政治上要"在全民族牢固树立建设有中国特色社会主义的共同理想，牢固树立坚持党的基本路线不动摇的坚定信念"；在内容上要加强"以为人民服务为核心，以集体主义为原则，以爱祖国、爱人民、爱劳动、爱科学、爱社会主义为基本要求"的思想道德建设为主要内容；其目的是"以高尚的精神塑造人，以优秀的作品鼓舞人，培育有理想、有道德、有理想、有纪律的社会主义公民"。

2002 年，中共十六大提出了文化产业战略，电影业迎来了迄今为止规模力度最大的改革。"电影主管部门出台的某些政策（如华表奖评奖规则的修改）本身和主旋律电影就有密切关系，主旋律电影也不断自我调整，从产业主体、营销模式等方面积极能动地适应产业化转型的要求。"❷

2006 年 10 月，国家广电总局副局长赵实在全国电影创作会上表示，一切反映真、善、美的影片都属于主旋律影片。2009 年的《建国大业》正是一部能够充分说明主旋律电影创新创作模式获得成功的例证。该片以从导演到演员及剧组的全明星阵容演绎出了观赏性与教育性均臻上乘的作品，票房达到 4.2 亿。影片《建国大业》是一部"国庆献礼片"，能够做到教育性、艺术观赏性和娱乐性的完美兼容，赢得了观众和专家的普遍认同。

电影必须坚定以人民为中心的创作导向。习近平总书记在党的十九大报告中指出："加强现实题材创作，不断推出讴歌党、讴歌祖国、讴歌人民、讴歌英雄的精品力作。"这是对主旋律电影创作的新要求。要看到今

❶ 柳城.关于主旋律、多样化及其他［J］.北京电影学院学报，1995（1）：49.

❷ 李宗彦.论产业化进程中的主旋律电影（2002—2007）［D］.济南：山东师范大学，2008.

天的祖国大地上，人民群众正在上演着波澜壮阔的活剧，国家蓬勃发展，家庭酸甜苦辣，百姓欢乐忧伤，构成了气象万千的生活景象，充满着感人肺腑的故事，洋溢着激昂跳动的乐章，展现出色彩斑斓的画面，这正是电影创作取之不尽、用之不竭的源泉和动力。电影工作者要扑下身子，放下架子，扎根生活，扎根人民，拜人民为师，向人民学习，从人民创造历史的伟大实践中汲取创作的灵感和营养，把人民作为电影创作的表现主体，作为电影鉴赏的最终评判者，真正用优秀的作品来回报人民。

2. 主旋律电影概念的界定

从20世纪80年代到90年代这十年多时间里，"主旋律"被赋予了不同的意义。在主旋律提出之初，它是有明确内涵的，就是爱国主义、集体主义与社会主义。到90年代中期，主旋律则被更抽象地表达为"时代精神、社会本质和社会本质的某些方面"。如果说爱国主义、集体主义与社会主义在当下仍是中国社会的本质方面和意义核心，那么在世纪更替、改革深化和社会转型的整体社会语境中，这些棱角分明的基本规定被逐步遮蔽。

本文论证对象所涉及的主旋律电影概念，包括两个方面的内涵：狭义的主旋律电影是指由政府出资，指定或委托某一电影制作单位拍摄的影片，这些影片的内容多以表现爱国主义、英雄主义、集体主义的中国重大革命历史题材和英模领袖人物为主；而广义的主旋律电影把能够弘扬民族精神、提高民族素质、陶冶民族情操、有益于人民身心健康、表现时代精神的作品都包含在内。当然，这些影片在资金运作和宣传发行上都得到了政府的支持和政策倾斜，这也正是主旋律电影与另一些主题积极、内容健康的商业电影的最主要的区别。

本文中的主旋律电影概念，从创作方面看，主旋律电影能够自觉把握转型期核心价值观这一文化价值命脉，在影片中表达传统文化的精髓和市场经济下产生的新生价值的有益成分，以人为本，尊重个性，凝聚民族精神，弘扬爱国主义。这些优秀影片的现代思想和文化价值品格有了明显提升，受观众认同的程度大大提高。从产业方面看，主旋律电影的产业意识日益成熟，自觉地把产业意识融入策划制作发行等各环节，在制作中探索明星制、类型叙事等，在营销中探索各种赢利模式等，积极主动地适应产业化转型的要求。

3. 主旋律电影的类型

主旋律电影在诞生之初便是和多样化联系在一起的，因此弘扬主旋律的影片在选材上一直都比较广泛，革命历史题材、模范人物题材，甚至家庭伦理剧中也体现出主旋律的价值取向。在主旋律电影的界定中主要强调了它的社会功能，即表达国家主导意识形态，体现民族精神，弘扬民族文化和主流社会秩序，只要具有这样功能的影片便可归入主旋律之列。

正如有学者指出："'弘扬主旋律，提倡多样化'应当是一种对政策的宏观把握，一种对时代和民族精神的倡导，一种对文艺工作者的义务和责任感的提醒，一种对内容与形式完美结合，思想性与艺术性高度统一的精品意识的呼唤。"❶

主旋律电影题材广泛，内容庞杂，人物形象多种多样，因此很难按规律对主旋律电影分类，只能以不同的标准对主旋律电影的类型进行以下划分：按题材可以分为反映重大革命历史题材的影片和反映现实题材的影片。反映重大革命历史题材的影片包括《建国大业》《长征》《开国大典》《开天辟地》《大决战》《大转折》等；反映现实题材的影片有《紧急迫降》《横空出世》《人到中年》《背起爸爸上学》等。按影片所反映的不同历史时期又可分为发生在战争年代的影片和反映发生在和平年代的影片，前者有《我的长征》《八月一日》《太行山上》《烈火金刚》等，后者有《法官妈妈》《生死抉择》《惊天动地》《第一书记》等。按照塑造人物形象的不同，可以划分为塑造领袖人物的影片，如《毛泽东在 1925》《周恩来》《邓小平在 1928》；塑造人民干部的影片，如《焦裕禄》《孔繁森》《任长霞》《郑培

---

❶ 韦廉 . 关于当前创作的几个问题［J］. 电影艺术，1998（2）：10.

民》；塑造普通群众的影片，如《离开雷锋的日子》《蒋筑英》《张思德》和《丛飞》等。其中，重大革命历史题材电影具有较为浓厚的中国特色，区别于美国好莱坞经典类型电影，是一种特殊的类型片。重大革命历史题材影片的拍摄始于20世纪70年代末，蓬勃发展于80年代，辉煌于90年代。据统计，仅在90年代拍摄的重大革命史题材影片就达35部48集之多。这些影片生动地展示了我国革命、建设波澜壮阔的历史画卷，极具中国历史和社会的特色。

二、主旋律电影在大学生思想政治教育中的作用

针对大学生的思想政治教育主要是指学校或社会用一定的思想观念、政治观点、道德规范，对大学生施加有目的、有计划、有组织的影响，使他们形成符合一定社会所要求的思想政治品德的社会实践活动。思想政治教育，需要一定的载体，即教育者向受教育者传输符合社会发展需要的思想观念、政治观点、道德规范等，而主旋律电影能够通过电影这一传播工具向在校大学生传输思想政治教育的内容和信息，使他们在接受各种社会信息的同时，接受思想政治教育。2005年中共中央、国务院颁布的《关于进一步加强和改进大学生思想政治教育的意见》强调指出："全社会都要关心大学生的健康成长，支持大学生思想政治教育工作。宣传、理论、新闻、文艺、出版等方面要坚持弘扬主旋律，为大学生思想政治教育营造良好的社会舆论氛围，为大学生提供丰富的精神食粮。"

在高校有必要通过各种方式，组织学生观看主旋律影片，以提高他们的思想政治素质。而且，随着主旋律电影近年来在内容和形式上的突破创新，比如电影画面的美感、贴近生活的真实故事和鲜活人物以及大牌明星的加盟等，都使得当下主旋律电影更具有观赏性和娱乐性，从而也使得当代大学生能够更加容易地接受这种特殊的教育方式。

在大学校园里有着庞大的文化层次较高、具备一定的鉴赏水平和善于

思考与交流的大学生观众群体，他们不关注个别明星，而是更多在意对影片本身价值的判断上。因而大学生对电影艺术有着比其他观众群体更为浓烈的兴趣，是校园电影观众的主体，在观影活动中认同、构筑的价值观，在他们的学习和生活中有重要的象征意义。

以主旋律电影为载体进行的思想政治教育具有宣传党的路线、方针、政策，引导大学生的思想和行为，激励和动员他们建立共同理想，为现代化建设努力奋斗的作用。具体来讲，主要有以下几种作用。

1. 宣传教育作用

我国是社会主义国家，主旋律电影所传播的思想政治教育从根本上反映了人民群众的利益和愿望，直接传达党和政府的声音。它的一个重要任务就是要向人民群众宣传马克思主义、毛泽东思想、邓小平理论和"三个代表"重要思想，宣传科学发展观和党的路线、方针、政策，宣传符合时代精神和发展要求的好人好事。主旋律电影将思想政治教育与鲜活的影视形象结合在一起，以直观形象的声像与故事情节来反映深刻的理性内涵，能把各种抽象的素质要求通过人物的具体活动体现出来，在观赏电影过程中渗透到了学生的意念中，学生的主动思索中，融入了主体的人格中。各种人格的感悟与敬慕，消除了学生对纯粹说教的逆反心理，潜移默化地受到熏陶，引导他们树立正确的理想信念和爱国主义意识，增强民族自豪感，促使他们日后为中华民族的伟大复兴而建功立业。

2. 价值导向作用

主旋律电影在思想政治教育中具有引导大学生形成共同理想和目标，坚持社会主义方向的作用。随着信息传播技术的迅速发展，舆论的作用越来越大，主旋律电影传播的思想政治教育通过对社会上真、善、美的宣传和提倡，对假、恶、丑的揭露和批判，可以弘扬社会正气，净化社会风气，在全社会形成积极向上、生动和谐的主流舆论。我国今天正在建设社会主义和谐社会，和谐社会的建设需要良好的舆论氛围，而作为与大学生联系紧密的影视传播，在舆论引导方面具有突出的作用。这种作用主要是通过传播中的思想政治教育表现出来的。传播中的思想政治教育通过宣传马克思主义理论、中国特色社会主义共同理想、以爱国主义为核心的民族精神和以改革创新为核心的时代精神以及社会主义荣辱观，能有力地引导校园舆论，增进大学生对于社会主义核心价值观的认同。

3. 示范激励作用

在战火纷飞的革命年代，在新中国成立后的社会主义建设中，在我国社会主义现代化建设进程中，各地、各部门、各行业都涌现出一大批反映时代特色精神的先进典型，创造了许多好的经验。通过主旋律电影宣传先进典型，介绍先进经验，可以对大学生起到示范激励作用。榜样教育、典型示范一直是思想政治教育的传统做法，而利用主旋律电影进行典型宣传、榜样示范具有得天独厚的优势。主旋律电影通过荧屏把先进典型活动的过程与方法艺术地再现，能够把抽象的经验用形象生动的场面、过程展示出来，因而能更好地宣传先进典型，也能更好地吸引大学生来关注、学习典型。由于通过影像实现的思想政治教育内容形象、直观、感染力强，因而也更容易被大学生理解和接受，能够产生更大的示范激励作用，能更好地激励大学生为建设有中国特色的社会主义努力学习。

4. 道德影响作用

心理学认为，德育过程实际上是受教育者知、情、意、行有机整合的过程。在这个过程中，情绪体验是德育的枢纽，是道德规范学习的直接动力。因此，利用情绪体验可以激发大学生学习伦理道德的兴趣，促进他们的道德意识、道德情操、道德信念、道德行为、道德伦理等道德品质的形成，培养大学生的健全人格。影像媒介是情感沟通的桥梁，影像传播的德育功能也是在情绪体验的基础上得以实现的。作为一种以形象思维为主的影像媒介，可以起到发展和完善大学生思维品质的作用，能够增强创新意识和创新能力，全面提升基本素质，促使大学生健全人格的形成。有论者指出："电影片段具有很强的思想性和教育性，一些永恒的人生概念，如爱、奉献、进取责任、合作等，在观赏电影过程中渗透到了学生的意念中，在学生的主动思索中，融入了主体的人格中，对各种人格的感悟与敬慕，消除了学生对纯粹说教的逆反心理，潜移默化地受到高尚思想的熏陶，可以衍生出学生追求高素质的自我完善的需要，深切体验到社会对高素质人才的要求，能在行动中自觉坚持以电影中高尚人的行为为准绳，反省自己的道德、素质、修养。"❶ 由此可见，青年大学生借助欣赏主旋律电影的感性体验，激发理念，培养健全的人格，提高道德素质，这种德育功能是任何枯燥的说教都无法比拟的。

5. 审美娱乐作用

影像传媒技术以声、图、像、文等形式展示了任何时空都难以超越的领域。我们知道，电影、电视、网络等媒体是多种技术成分的综合，这些影像是声、光、色、画、语言、文字等符号形式的交融体，这给人一种直观的审美感。影像传播是人们以审美的形式认识世界的一种方式，它把视听直觉和现实时空融为一体，给人一种全新的审美感受。电影以特定的故事情节和演员的表演从多方面刺激学生的感官，导演和演员的情感越是炽烈，艺术感染力就越活跃，情感也就越具有深度和力度，作品就越具有激发人心的力量。欣赏电影的过程，实际上也是道德情感化的过程。影像传播的出发点是人，落脚点也是人。大学生在观看电影时，随着情节发展和主人公命运的演变，会不由自主地亦笑亦哭、亦喜亦忧、亦欢亦怒。电影作品通过塑造鲜明生动的艺术形象去陶冶人、感染人、教育人，引导大学生追求价值目标，树立人生理想，学会辨别社会现实的真、善、美，在个人和社会的关系中理解各种现实问题。优秀的主旋律电影作品不仅为青年学生提供了丰富的精神食粮，而且通过潜移默化的辐射和影响，达到重塑审美观、价值观和人生观的艺术效果。

---

❶ 郝磊. 电影在高校思想政治教育中的作用［J］. 电影评介，2006（15）：25.

三、运用主旋律电影对大学生进行思想政治教育的思路

1.教育形式的多向沟通

在课堂上或活动时运用主旋律电影的形式时，教师（辅导员）不能仅仅充当视频播放员的角色，因为：其一，电影的真实性是相对的。毕竟影视作品也是一种艺术，它经过了一定的艺术加工，不是历史事实的"再现"，不可能做到完全客观真实。其二，电影所表现的内容并不一定与教材内容完全吻合。教师（辅导员）必须通过引导，提取两者的共性。其三，在播放过程中，学生不一定选择教师（辅导员）所要求的情节来观看、欣赏和思考。所以，教师（辅导员）要进行一定的讲解、引导，以达到播放视频想要达到的教育教学目的。否则，课堂就会变成电影院，甚至出现事与愿违的结果。课后由学生自己观看的影视作品，教师（辅导员）的引导表现为监督检查。教师（辅导员）必须布置任务给学生，这是个关键环节。由于课后让学生自己播放，有些自觉性不高的同学可能不会去观看，所以必须进行监督检查。在形式上，可以采取写观后感或其他书面材料形式，以防止某些自觉性不高的同学不去完成观看任务。更重要的是，对于学生上交的书面材料，教师（辅导员）要仔细审阅，并给予适当的反馈，形成教学互动。此外，在校园文化生活中鼓励学生参加丰富多彩的影视活动，广泛开展电影学讲座、"红色电影"评论、主旋律电影鉴赏活动，鼓励大学生亲身参与制作校园影视作品。通过大学生对影视形象、意境的仔细品味，潜移默化地提高他们的欣赏水平，在充分感受和体验影视美的基础上，提高价值导向教育的作用。此外，还可以充分利用校园网络建立红色理论社团网站，成立观影协会，创编影评杂志，开展移动互联网影评活动，营造健康和谐的校园文化环境。

在整个的教育过程中，无论是课堂教学还是课外活动，教师（辅导员）需要全程监控，全程指导，一方面对学生的思想起到引领作用，另一方面做到及时发现问题，及时做出反应，防止危机事件的发生。

2. 教育传播方式的多元化

在信息爆炸的时代，新媒体的涌现承载着时代的特点，作为先进文化的追求者，年轻的大学生很容易接触并使用最新的媒体技术。这就要求高校思想政治教育工作，特别是通过主旋律电影进行高校思想政治教育实践活动的执行者必须掌握最前沿的媒体新技术，并利用新兴媒体，结合主旋律电影和影视文化对学生进行多方位、多方式、多角度的教育。如博客、微博、微信、社交网络的转帖等形式，以最快的传播速度占领思想政治教育的阵地。

组织大学生观看主旋律电影是高校思想政治教育工作中的一种有效途径，这不仅可以在一定程度上满足大学生的审美需要，同时还可以对其进行思想政治教育，提升他们的思想道德修养，对大学生确立正确的价值导向起着极为重要的作用。如何有针对性地引导学生通过主旋律电影，正确认识社会主义主导文化环境和内在条件，正确认识人生阶段的特点和任务，树立起天下兴亡、匹夫有责的爱国主义精神；国而忘家、公而忘私的集体主义精神；和而不同、天人合一的和谐社会精神，激发他们为社会主义现代化而学习的积极性，启发他们走立志成才的道路，是高校思想政治教育工作者应该研究的课题。

"儒医"的批判意识与救世情怀

——以《老残游记》《沧浪之水》为例

刘　莉* 吴　蔚**

摘　要　《老残游记》与《沧浪之水》两部作品虽时隔百年，但创作均在儒医视域下展开，作品表现出深沉的批判意识，折射出作者高度的社会责任感和对现实的密切关注，抒写了中国文人感怀天下、忧国忧民的救世情怀。围绕两部小说中知识分子救世情怀的叙事特点，本文分别从两位作者人生经历、思想基础切入，分析作者救世情怀的成因，把两部小说救世情怀的叙事异同加以比较，探讨小说的艺术特色、思想光芒、道德启示等方面的突出成就，进而挖掘论题的现实意义。

关键词　儒医　知识分子　救世情怀

文学作品对于社会的发展，确实难以起到直接、强劲的推动作用，却以浸染情怀、感召心灵、启迪精神、提升境界的方式，作用于人们的精神世界，促进社会精神文明建设。自古以来，中国文人就有着"穷年忧黎元，叹息肠内热"的胸怀天下、忧国忧民的优良传统，以羸弱之躯担负民

*　刘莉，女，北京交通职业技术学院高级讲师。主要研究方向为中国传统文化。

**　吴蔚，女，北京联合大学应用文理学院新闻传播系副教授，文学博士。主要研究方向为中国古代文学。

族兴衰存亡之重任，关注社会民生，反思社会矛盾，挖掘文化落后根源，揭露批判社会弊病，以期匡扶世风，最大限度地发挥文学的启示作用。

《老残游记》与《沧浪之水》两部作品，尽管时代背景不同，写作技法有别，但中国传统文人忠于客观的现实主义写作原则、敢于担当的责任意识、抒写不尽的人文关怀却是相同的。两位作者通过文学作品，抒写、传承中华民族感怀天下的爱国主义优良传统。他们承前启后，继续探索一条以文救世之路，以优秀的文学作品，涌动读者民族精神之热血，高扬爱国主义之旗帜。已经踏上独立、富强、民主、文明、和谐之路的中华民族，更须时刻不忘民族曾经的苦痛与伤痕，不忘"天下兴亡，匹夫有责"的社会责任和民族复兴的历史使命。因此，两部小说忧国忧民家国情怀的现实意义是不言而喻的。

《老残游记》作者刘鹗，身处 18 世纪封建末世，帝国主义野蛮入侵，铁蹄肆意践踏，国家满目沧桑，民族面临灭顶灾难，人民正置水深火热之中，国家内忧外患，民族重危岌岌，国民苦疾不堪。深重苦痛，谁来疗救？文学家作为时代的批判者与思想的启蒙者，他们肩负着民族兴衰的历史使命，在强烈的社会责任感驱使下，他们常把自身视为医生，以医者的视域审视所处的时代和社会，把存有种种弊病的国家比喻成一个病疾之躯，常常通过在文学作品中塑造医者形象，借医者找到救人救国乃至治愈整个社会顽疾的药方。鲁迅先生曾讲过，欲立国要先立人，因此国家之病，就是国人之疾。于是，刘鹗构思出"老残"这样一位儒医，派遣他悬壶摇铃游走江湖，细察民间疾苦，顺便替"患者"把脉开方，除疾排忧。实际上，老残不过是作者刘鹗的艺术化身，他正在苦苦为深处国运危机的大清国寻找救治药方。刘鹗在《老残游记·自叙》中写道："吾人生今之时，有身世之感情，有家国之感情，有社会之感情。其感情愈深者，其哭泣愈痛：此鸿都百炼生所以有《老残游记》之作也。"❶ 其创作动机可谓一

---

❶ 刘鹗.老残游记［M］.长春：吉林文史出版社，2016.

目了然。

《沧浪之水》作者阎真，学者型作家，先后创作了四部颇具影响力的关于知识分子题材的系列小说，抒写了知识分子在不同历史时期不同境遇下的生存状态及精神困境。《沧浪之水》的主人公池大为，身处中国由计划经济向市场经济过渡的特殊转型时期，在物质现实、权力诱惑下，知识分子面临坚守人格底线与现实生存压力挤压的严峻挑战。作者通过池大为这位毕业于首都中医药大学研究生最终的精神蜕变，向人们揭示物质极度繁荣的社会里，人们的精神世界一片荒芜，社会精神大厦正面临崩塌威胁的严酷现实。小说以细腻的笔触渗透到人的精神世界里，关注社会精神文化建设的重大现实问题。在触及社会深层矛盾、揭露社会病垢的展开与表达上，作者巧妙地选用以"救死扶伤"为天职、就职于省卫生厅的高级医学知识分子作为小说主人公，不得不说，小说人物设置也是别有深意的。诚如鲁迅先生所言："我的取材，多采自病态社会的不幸的人们中，意思是在揭出病苦，引起疗救的注意。"❶ 显然，两部小说创作意图以及艺术构思正是基于此。为此，我们便可得出这样的结论，纵使两部小说反映的时代不同，抒写各有侧重，但欲借医者寻良药救治社会疾痛的创作动机却是一致的。

《老残游记》以暴露清朝残弊，揭露社会腐朽，表达刘鹗希望通过改良现状来挽救封建末世为主旨；《沧浪之水》从知识分子精神困境落笔，揭示社会物质文明加速建设进程中，人文精神遭到摧毁的严酷现实，强调社会精神文明建设的迫切，重申精神"立人""立国"的重要性，重在对民族文化建设、社会价值体系重构进行反思。在中华民族伟大复兴的征程中，文化复兴快速推进的当下，家国情怀不单是中国文人，也应当是每一位国民需要自觉传承的民族精神。把两文放一处说，旨在把相同视域下知识分子的救世情怀加以比较，以期挖掘论题的现实意义。

---

❶ 鲁迅.我怎么做起小说来［G］∥鲁迅全集.第4卷.北京：人民文学出版社，2005：526.

以下本文运用文献法、分析法、作品纵横比较法，以事实论据结合理论论据，试探讨两部小说医者视域下知识分子的救世情怀，从两位作者的人生历程，思想成因，两部小说救世情怀表达的比较等几个方面加以阐述。

一、救世情怀的由来

（一）刘鹗：实业救国路崎岖，化身儒医拯民弊

刘鹗，自幼聪慧，广泛涉猎诗书，眼界开阔，胸怀博大，出生于仕宦之家，青年时雄心勃勃，立下兼济天下之宏愿。但他的人生却如大清国命途一样多舛，壮志未酬身先老。晚清帝国内忧外患的残酷现实，几乎把他实业救国的梦想击得粉碎，险些让他陷落囹圄，几近被推上断头台。然而，深受儒家积极进取思想浸染的刘鹗，从儒道思想中找到精神支柱，不断超越惨痛的现实，转而潜心著书立言，把满腔家国情怀倾诉其中，借江湖郎中之眼揭露现状，以引起社会对民族前途运命的广泛关注。

1.思想基础

一个人的思想成因，莫不与其出身、所受教育、人生经历、外部环境影响等方面有着直接或间接的关系。刘鹗救世宏愿缘何而来？笔者认为有以下几个方面。

刘鹗出生颇具传奇色彩。据记载，刘鹗的母亲朱氏在临产之前，梦见过一只大鹏。❶提到鹏鸟，自然而然让人想到庄周在《庄子·逍遥游》有言："北冥有鱼，其名为鲲。鲲之大，不知其几千里也。化而为鸟，其名为鹏。"鹏乃为大鸟，展翅高飞，翱翔长空，大展宏图。此梦境，正寄托了刘母对儿子的殷殷期望，盼望刘鹗前程远大，有朝一日能像大鹏一样展

---

❶ 王永泉.刘鹗全传［M］.长春：长春出版社，2000：4.

翅翱翔，成就一番伟业。加之官宦之家出生，自幼通览四书、五经等儒家经典，中国传统文化思想根植其心，儒家修身、齐家、治国、平天下的人生理想，对少年刘鹗无疑产生极大影响。

真正奠定刘鹗"悲天悯人""以天下为己任""养天下"人生观的，当是太谷学派思潮。太谷学派是清代嘉庆、道光年间的一个儒家学派。其创始人是安徽池州人周太谷，故而得名"太谷学派"。1880年，刘鹗第三次赴扬州拜谒李光昕，正式成为太谷学派入室弟子。他虔诚地信奉太谷学派，曾得"如来最小弟子"称号，反映出刘鹗思想与太谷学派之深厚渊源。刘鹗之子刘大绅，在《关于〈老残游记〉》一文中讲到，对于《老残游记》，"欲识其真，必先知学问渊源"❶。刘蕙孙先生在《太谷学派遗书序》也曾提到，太谷学派的思想是儒家思想在民间的暗流。刘鹗的远大志向和理想抱负，正是儒家"平天下"、太谷学派"养天下"思想的具体表现。

此外，现实影响也不容忽视。深受儒家思想影响的刘鹗，目睹晚清朝臣昏聩，奸佞当道，官吏腐朽，深切感受到了晚清封建末世国家所面临的深重危机，国人民族意识不曾觉醒，不由对国家命运前途产生极度忧思。他与觉醒的晚清爱国仁人志士一样，艰难跋涉，苦苦探寻一条民族救亡图存之路。刘鹗博学广思，思维活跃，性格旷达外向，勇于探索，极易感知外界新事物、接受新思想。当西学东渐之风吹入国门之时，久被救国无门所困扰的刘鹗，与洋务派一拍即合，很快找到了一个挽救民族前途命运的突破口，试图通过实业救国来推动中国封建末世的社会改良。昏天暗地的世道，注定他的实业救国之路充满艰辛与坎坷。

2. 人生起伏

刘鹗后人刘德隆教授在《刘鹗生平业绩与师承关系研究》❷一文中，把刘鹗的生平概括成六个阶段，使我们清晰地看到，刘鹗青少年、加入太谷

---

❶ 刘德隆，等.刘鹗及老残游记资料［M］.成都：四川人民出版社，1985.
❷ 刘德隆，等.刘鹗生平业绩与师承关系研究——《刘鹗集》出版前言（节选）［J］.南京理工大学学报（社会科学版），2008（3）.

学派时期，是其奠定学识和思想基础阶段。第三时期（1885—1894年）、第四时期（1895—1901年）分别是刘鹗事业初成和刘鹗事业跌宕起伏阶段。自1885年起，刘鹗开始了"养天下"人生理想的现实践行。他开始摸索着在淮安南市开烟店，在上海开办石仓书局，分别以"年终肆资折阅几尽""因戚属盗售印，致讼累"失败收尾。虽然出师不利，但客观上，这段创业经历算是刘鹗为初闯江湖交了一笔学费，为他后来创办实业积累了一定实战经验。

出师不利并未挫伤刘鹗以实业济世报国的雄心。相反，接下来他筹划的实业更为宏大，且绝非等闲常人所敢想。有据可考，他后来运筹的几件创业大事，今天我们若不计其结果如何，单就实业涉及背景的复杂性、运作层面的艰难程度，无不叫人咋舌感佩。1896年，他筹集资金、上书当局，希望能参与由张之洞、盛宣怀掌控的卢汉铁路建设工程，建议修筑津镇铁路，结果刘鹗无端卷入骗局，被乡人怀疑为洋人所用而被"开除乡籍"。1898年，利用外资开晋矿被弹劾；1900年6月，在上海开办商场，因流氓猖獗扰乱，只好关闭；八国联军入侵时，在北京赈灾，其间还与友人筹办成立福公司煤矿；随后筹办北京自来水公司与电车厂，均未成；1902年，筹划在东三省炼制精盐，运销朝鲜，又与日本人拟办肥料厂与制造小火轮；投资日人松浦所办酱园，与亲戚合购九袄州等江洲地拟自办商埠。刘鹗此番实业救国成少败多，不仅与晚清昏暗的外部环境有直接关系，也与他这样的儒商仁慈无欺有关，还与他狂狷不羁的性格有关。

刘鹗的实业救国活动，多以失败告终。客观地讲，其惨遭失败，实属常理之中。先从外部环境看，大清面临颓势，朝堂群臣，有诸如曾国藩、李鸿章等维新派，强劲力推实业救亡的洋务运动，然晚清社会病诟岂止于社会经济单方面，根本问题在于制度的腐朽，仅仅期望保皇维新派通过效仿西方科技实现民族振兴，此举无异于隔靴搔痒，难以解决根本问题，又怎能挽救清末封建大厦于将倾？再回看刘鹗这样一个终身不仕的白衣士子，纵然胸存大志、满怀一腔忧国热血，纵然他在实业救国之路上拼尽全

力，结果是屡败屡战，又怎么可能力挽狂澜？难能可贵的是他那坚韧不拔、勇往直前的精神，尤其是他身上所体现出的文人士子的天下意识，日月可鉴，值得后人赞许。

3. 以文救赎

刘鹗不甘沉沦的救世理想，先付诸丰富的社会实践，实业救国不成，转而潜心著作。他著作颇丰，涉及中国传统文化的方方面面，有医学论著、甲骨文研究、水利工程勘测、金石鉴赏、乐谱汇编等，但广为后人所称著的是他在文学上的突出成就，一部《老残游记》家喻户晓，刘鹗也因此被后人铭记。

有人说刘鹗卓然的文学成就实属偶然，如牛刀小试，属无心插柳。但刘鹗平生第一次动笔创作小说，就一举成功，绝非偶然天成，是时代变迁、现实沉浮、人生磨砺，丰富了刘鹗的人生阅历，造就了他这位底蕴深厚的文化奇人。因此，虽然他屡遭实业失败残酷现实的重创，面临执政当局的捕杀，整天过着四处藏匿的凄惶生活，一旦得到暂时栖身地，痛思病入膏肓的晚清现实，他岂能心如止水坐视不管？他转而由外向内，化动为静，潜心著述，将其情、其感、其愿，流泻笔端。诚如作者在第一回的自评中提到的："举世皆病，又举世皆睡，真正无下手处，摇串铃先醒其睡。无论何等病症，非先醒无治法。具菩萨婆心，得异人口诀，铃而日串，则盼望同志相助，心苦情切。"医救苦难深重的中华民族，必以文唤醒沉睡不醒的国人，他企图以文救世。让他欲罢不能的还是精神世界里那股儒家积极有为济苍生感怀天下的救世情怀，这才是他创作的原动力。

显然，老残悬壶摇铃替人治病是表，欲救国民于苦难才是本。至此，我们对鲁迅先生当年为何弃医从文也就不难理解了。

（二）阎真以学者作家双重身份，开掘知识分子精神高地

阎真以学者身份从事文学创作，像他这样能在理论与实践之间扎实走个来回的，在中国当代文坛是屈指可数的。不过，他的学者作家成长之

路，并非一路平坦。

1. 学者作家人生路

阎真，1957 年 9 月出生于湖南长沙，1973 年高中毕业时，正值"文革"后期，因未被推荐，他最初的大学梦未得圆满。被大学拒之门外后，还未成年的阎真，开始了人生打工生涯。1975 年考入湘潭电机厂技校，毕业后在株洲拖拉机厂当一名工人。当工人期间，他不顾厂里工人们的冷嘲热讽，每天坚持读书。他曾回忆那段生活："那时我就特别爱读书。一天工作八小时，工资一块零六分。不管多累，清晨 6 点多我就起身，到偏僻的地方去诵读课本……"命运总是垂青有准备的人。"文革"后当得知恢复高考的喜讯，阎真白天完成繁重的车间工作，晚上挑灯夜战复习功课。天道酬勤，1980 年，他终于如愿考入北京大学中文系。1984 年从北京大学毕业。大学四年，给了阎真系统学习中外文艺理论知识的机会，为其日后成为学者积累了学养，也为其走上文学创作之路奠定坚实的理论基础。

1988 年获湖南师范大学文学硕士学位，同年 8 月赴加拿大留学，在圣约翰大学社会系学习，1992 年回国。留学生活不同况味的人生体验，开阔了阎真的眼界，也丰富其人生经历，为他的第一部小说创作积累了生活素材。《曾在天涯》1996 年由人民文学出版社出版，曾一度在海外文学领域产生广泛影响。

自 1992 年回国后，阎真主要在高校从事教学和科研工作。先于湖南师范大学中文系教授当代文学，后调至中南大学文学院工作，兼具教授和中国作家协会会员身份。2001 年，由人民文学出版社出版了他的第二部小说《沧浪之水》。该小说一经问世，就受到不同层次读者的热捧，在中国当代文坛引起极大关注，得到中国小说评论界较高评价。其中，中国当代著名文学评论家雷达评价："《沧浪之水》深刻地写出了权力和金钱对精神价值的败坏，有一种道破天机的意味。在它面前，诸多同类题材的小说都会显得轻飘。"《沧浪之水》不愧是 21 世纪初抒写知识分子命运的一部力作。由此，奠定了阎真在中国当代文坛的地位。

迄今，阎真较有影响力的4部小说，已经形成知识分子题材小说系列作品。作品分别从不同角度，开掘知识分子不同阶段精神领地，把一部比较完整的中国当代知识分子心路历程史呈现给世人，这不得不说得益于他熟悉高校生活环境以及他的知识分子身份。

曲折的求学路磨炼了他坚韧的个性品质，丰富了他的人生体验；北大人强烈的社会责任感和一以贯之的爱国主义精神，感召着他这样的优秀学子，使他的作品始终洋溢着人文关怀和关注民生疾苦的爱国情怀；湖湘文化中，最早在湘楚大地唱响的以屈原为首的爱国主义诗篇，对阎真创作影响不容忽视，《沧浪之水》标题直接取法于楚辞。

2. 历览群书钟爱鲁迅

近代关于知识分子命运抒写最为精彩的，莫过于现代文学奠基人鲁迅先生。学者型作家阎真历来钟爱鲁迅，其学术主攻方向亦为鲁迅研究。阎真曾多次在访谈中谈到鲁迅先生对其人生、精神世界以及创作带来多方面的直接影响："对我影响最大的作家是曹雪芹和鲁迅，对他们的作品我是多么熟悉啊！"阎真作为一个典型的中国化的知识分子，博览群书，从孔子到鲁迅到当代一些优秀作品，给了他很多启发。中国古典文学名著、鲁迅小说，他手翻到书帙卷黄，内容透熟于心，中国传统文化精神渗透进他的血脉，化作他的思想源泉。

他醉心于鲁迅研究，相关论文编著颇丰。发表过《鲁迅的意义：文化大转型的标志》《置身于无边无际的荒原——论鲁迅小说中的看客形象》《理解阿Q：从新的基点出发》《理解阿Q：在现实主义界柱之外》《〈野草〉对现代生存论哲学母题的穿透》等系列鲁迅研究论文，主编《鲁迅美文选读》。鲁迅的思想倾向、作品风格，在阎真日积月累的研究中，潜移默化地影响着他。

首先，是鲁迅思想的影响。"立人"是鲁迅思想的核心。鲁迅曾说："立国先立人"。"立人"的精神实质即为摒弃国民劣根性，重塑新型的民族性格。鲁迅在《文化偏至论》一文中指出，近代化的本质在于人的解放。他通过文学，唤醒国民，启迪思想。反封建、颂扬启蒙理性、批判国民性构成其文学作品三大主题。鲁迅，无愧为 20 世纪中国最伟大的启蒙现实主义作家，无愧为中华民族解放运动的先驱，被后世称为"民族魂"。阎真作品，始终把笔触对准社会现实，聚焦民族精神，关注人的灵魂世界，继承和发扬了鲁迅先生浓烈的民族反省意识和批判精神。阎真笔下的知识分子，虽已赋予新的时代色彩，但我们通过鲁迅笔下的知识分子形象和《沧浪之水》中主人公池大为做比较，依然可找到鲁迅的影子。鲁迅知识分子题材小说，如《狂人日记》《在酒楼上》《孤独者》《伤逝》等，都准确而深刻地揭示了知识分子的内心世界。《沧浪之水》的创作突破，正在于成功运用心理描写和丰富的想象，刻画出池大为在钱权诱惑和现实困境下内心的痛苦和焦虑，细腻、曲折而又生动地展现了知识分子精神蜕变的心路历程，笔触深探知识分子的精神世界，挖掘出厚重的民族精神文化意蕴，发人深省。小说无论在题材上还是运笔开掘点上，与鲁迅先生小说创作呈现一脉相承的关系。

阎真站在中国现代文学巨匠鲁迅先生的肩膀上，以不凡的精神高度，回望民族之过去，细察民族之当下，眺望民族之未来，他不忘知识分子感怀天下历史使命之初心，继续发扬文学启迪思想的优良传统。

二、救世情怀抒写的比较

《老残游记》《沧浪之水》两部作品，尽管时隔百年，但创作均在医者视域下展开，作品表现出深沉的批判意识，折射出作者高度的社会责任和对现实的密切关注，创作动机基本一致，而在内容和形式上又各呈特色。具体而言，在小说内容布控上，小说形式处理上，以及两部小说留给读者的审美意蕴方面，皆有诸多值得比较探讨之处。

（一）小说内容比较

1. 标题选用别具匠心

统揽细读两部作品的内容，读者会发现，作者救世思想俯首皆是，并贯穿于小说各个环节。小说标题选定、人名取用都别有用意。刘鹗为笔下主人公取名"老残"，为"补残"之意，即含有补救残局的寓意。当读者初阅小说标题不禁会想：作者究竟要补怎样的一个残局呢？原来小说在开头处就给读者抛出一个悬念。标题人名设定，看似不经意实则别具匠心。刘鹗借此细微处，要向读者昭示中国晚清社会垂危凋敝之现状，犹如一盘接近收官的围棋对弈，晚清腐朽没落的封建社会体系与西方工业革命所带来世界新格局之间新旧矛盾所形成的博弈。博弈双方强弱悬殊，败局已定，晚清社会命悬一线，着实令人担忧。作者希望借此刺痛国人麻木的神经，唤醒沉睡的民众，召唤国民积极行动，想法补救这个残局。作者巧妙于细微处折射主题，以小见大的小说构思，收到以一斑窥全豹之艺术效果。

《沧浪之水》标题出自楚国民歌"沧浪之水清兮，可以濯吾缨；沧浪之水浊兮，可以濯吾足"。标题取自诗歌首句，暗示主人公面临两难矛盾境地，即身处清浊世道将如何抉择；也隐喻了作者既高尚狷介、不与世俗同流合污，又能和光同尘、与世相容的一种旷达精神境界。池大为，下放农村的"赤脚医生"，池水昶的儿子。其父宁可被迫害、被出卖、被开除公职下放农村，也决不放弃诚实、刚正、善良的做人原则。父子血脉相承，精神相传。象征父亲精神的《中国现代文化名人素描》为池大为备加珍视。大学期间，他不为留京而放弃人格尊严，屈从于初恋女友；毕业后初到卫生厅，目睹卫生系统内部领导独断强权、以权谋私，干部假公济私、贪腐成风的现象。他保持知识分子洁身自好、不同流合污的独立人格。在知识分子刚正性格和强烈社会责任意识驱使下，他"按捺不住"自己，竟然在厅内职工大会上，直接向厅长马垂章发难。后果是他被调离厅办公室核心岗位，闲置于中医药研究学会。开始他还自以为从此便可以与官场世俗清浊分离，但随后一系列生存压力向他袭来，使他狼狈不堪，身心备受煎熬，挣扎在现实与理想夹缝中。在强劲的世俗摧残、腐蚀之下，在小说第 3 篇里他"发誓重新做人，把过去的自己杀死"❶。社会转型时期，一代知识分子就这样在与世俗的对抗中举了白旗。标题所预示的两难，既有一代知识分子陷入矛盾旋涡难以自拔的两难处境，也有时代发展，社会面临的种种矛盾境遇。作者通过小说所揭示出人的内心矛盾和社会矛盾等时代"疑难杂症"，与医生通过望、闻、问、切，找出病根引起疗救的作用是相似的。

2. 官场批判各有千秋

两部小说在内容上，均涉及官场。老残游走民间，目睹了地方各级官僚误政害民，时常领教所谓"能吏""清官"在缉凶破案中使出种种严酷奇招，成功塑造了玉贤、刚弼两个"清廉得格登登的"酷吏典型。小说第十五回"严刑无度逼孤孀"揭露了时人心目中的"清官"刚弼，对柔弱的父老女子严刑逼供，不过是一个杀人邀功、血染红顶的刽子手，完全颠覆传统"清官"概念。老残题诗说，"冤埋城阙暗，血染顶珠红""杀民如杀贼，太守是元戎"，深刻地揭示了酷吏的本质。刘鹗笔下的"清官"，急于贪敛政绩，残忍暴戾，草菅人命；满清官场上下，卖官鬻爵，贪赃枉法，官官相卫，偏离公正。刘鹗虽说一生未入仕，但他对官场内幕十分了解。一来，他父亲曾在各地任官，一生沉浮仕途，伴随左右的刘鹗，对官场官道耳闻目染。二来，刘鹗与各级官僚交往甚密，因其见识、才能和爽朗性格，得人敬重，往往充当一些官僚朋友的幕僚军师。对官场的透彻认识，有助刘鹗透过官场现象看本质，跳出共性捕捉个性。因此，《老残游记》在官场的描写上，跳出俗套，抓住官场鲜为人知的特殊性，从官场另类着笔，刻画"清官""能吏"的真实面目。他在小说中指出："我说无才的要

---

❶ 阎真 . 沧浪之水［M］. 北京：人民文学出版社，2010：182.

做官很不要紧，正坏在有才的要做官，你想，这个玉太尊，不是个有才的吗？只为过于要做官，且急于做大官，所以伤天害理的做到这样。而且政声又如此其好……官越大，害愈甚。" ❶ 矛头直指封建官吏制度，提醒人们重审官场黑幕不易觉察的另一阴暗面，对官场的揭露批判可谓角度独特而意义非凡。

阎真的《沧浪之水》一经问世，就受到读者热捧。不少网友评论，《沧浪之水》读者群主要集中在当代公务员和各级官员。文学评论界也把《沧浪之水》列为当代湖南官场小说。阎真因此被誉为湖南官场小说"四公子"（唐浩明、王跃文、阎真、肖仁福）。尽管作者曾说过《沧浪之水》归类为知识分子系列较为合适，但当我们从该小说官场典型环境的成功构筑上考察，把它划归官场小说，也是恰如其分的。比起王跃文《国画》、肖仁福《官运》等原生态纪实性官场小说，阎真《沧浪之水》忠于现实主义创作原则，更致力于艺术重现。小说虽不乏对官场权术、虚伪、污浊、庸碌等现象的揭露，但这些似乎不是小说表现的重头戏。作者把官场百态作为小说主要人物内外矛盾冲突的典型环境来构建，借此引导读者分析知识分子精神蜕变的深层原因，这才是作者描写官场环境的真实意图。在池大为性格异化、人性扭曲的过程中，究竟是一股什么样的强大力量在起作用？当读者掩卷沉思，醒悟到原来官场无比强大的摧毁力，才是池大为精神蜕变的重力猛拳。主人公性格异化，离不开官场典型环境的"造就"，池大为的精神困境也正是以他为代表的"学而优则仕"中国读书人群体的思想矛盾。小说具有广泛的代表性和典型意义。这种典型化小说叙事手法，与《老残游记》写官场以截取官场"清官""能吏"侧影等个别化抒写手法又是有明显区别的。

当我们再次回看池大为所处的典型官场环境：它犹如一张无边无际的天网，犹如一个深不见底的黑洞，它无法让人摆脱它的规定、牵制、诱

---

❶ 刘鹗.老残游记［M］.北京：团结出版社，2016：60.

惑、侵袭和吞噬，让池大为感到窒息，使他挣扎、绝望、彻底否定自己，直至最后与"旧我"戕杀与决绝。这场池大为们的自我挣扎，在高尚与卑琐拉锯、内与外的对抗中，中国最优秀的传统文化精神遭到败坏，中国官场文化强大的官本位意识、权力崇拜意识，再一次凸显不可抗拒的"神力"，其中的讽刺与批判力度何等深刻！

（二）小说写法比较

如何运用小说形式来架构医者治病救人主旨的表达，艺术再现社会现实，鞭挞黑暗社会及时代弊病，在调动艺术手段服务主旨上，两位作者各有千秋。

1.视角切入：散点与焦点

从视角切入来看，《老残游记》以老残游踪为线索，运用散点透视，随视点移动，采取全景展现。小说起笔简介老残行医江湖的背景，自山东登州蓬莱阁附近为黄大户医溃疾入笔。郎中老残那双眼，好似一部摄像机镜头，全景展现老残所见所闻，一幅晚清社会微缩图，徐徐展开于读者眼前：腐败无能的清政府正如小说第一回中那艘巨轮，在帝国主义列强洪涛巨浪的拍击下，起伏摇荡，将倾覆于深海；"清官"浊官，沆瀣一气，衙门官僚黑暗残暴，受害百姓有口莫辩，只能忍气吞声，道路以目；洪水灾荒肆虐，灾民流离失所；国民麻木不仁，男盗女娼，黑势力纠结成伙，趁火打劫，贤才高士隐逸山林清谈佛道。创作主体只是将老残足迹所至、耳目所及作了客观呈现，小说叙事体现真实、立体、全方位的特征。

如果说《老残游记》侧重纪实，采用全景展览式，让读者看到更多，那么《沧浪之水》则借鉴西方艺术创作技法，采取焦点透视，聚焦中心人物，偏重艺术再现，则令读者想得更多更远。《沧浪之水》对池大为灵魂深处的自我拷问反复叙写，其中那句"这一辈子怎么办呢？人只有一辈子啊！"扎透灵魂的自我责问，实则是一道关乎人生意义的命题，普遍深刻，千百年来令无数哲人苦思冥想。相信用心的读者读到此处，定然会产生共鸣。池大为灵魂拷问声，声声入耳，回荡在脑海心际，汇成池大为、读者、作者齐鸣的和声乐章，声音深沉而激越。由文本深刻的人生思考所引起的此种精神共振，其哲学意义、现实意义无疑提升了小说审美境界。正如张志忠在《怀疑与追问》中所言"文学最深刻的力量所在就在于对人精神境界的拷问，对人心灵世界的深度展现"❶。关注人本，聚焦精神，留给读者更多关于存在意义的拷问与追寻，正是阎真小说创作的审美价值所在。

2.体裁形式：古典与现代

《老残游记》属中国古典小说中的游记体小说。刘鹗以游记的形式构建小说框架，因其以游踪为线索，采用第三人称全知视觉，铺洒面宽，小说容纳更为丰富，批露面更广，在反映晚清世情、社会矛盾的广度上，较之其他体裁，游记体小说占有明显的优势。鲁迅先生在他的《中国小说史略》中，将《老残游记》列为"晚清四大谴责小说"之一。小说继承发扬了中国古典章回小说的叙事特征，借用文体章回形式，通篇二十回，上下章回内容紧密相连，小说内在节奏明快，故事线索单线发展，主要依靠人物彼此对话、行为动作描写、情景描写来展开叙事。据记载，刘鹗创作本小说，出于帮助落难困窘朋友连梦惺，他写章回小说以换取高额稿酬。他首次尝试写小说，为能够通过当时著名文豪李伯元苛严的审稿，他在定书名以及首回落笔前，运筹构思再三，把曾经读过的中国古典章回小说在脑海中反复加以揣摩和借鉴。开笔之后，一章一回字斟句酌，一旦完成，不复修改。有趣的是，他也不允许杂志编辑增删改动一字。依此可见，该部小说绝非随意为之。二十回分多次完成，他根据自己时间宽紧，每完稿，以章回为单位，由连梦惺拿去交付给杂志社。

阎真小说属现代新小说。创作上，既继承了中国古典小说创作的优良传统，又不断吸收"五四"以后新小说的思想和艺术营养，借鉴西方现代

---

❶ 张志忠.怀疑与追问：新世纪长篇小说的一种思想气质［J］.文学评论，2004（4）.

小说创作技法，重视心理描写，又不断推陈出新。《沧浪之水》心理描摹愈趋细密，人物性格刻画更加丰满。小说紧紧围绕中心人物池大为来安排情节结构，较之游记体小说，阎真小说人物结构、情节线索明显清晰单纯，但小说叙事上仍处于全知全能的地位，人物情节单纯而不单调。虽说全篇只是围绕一个中心人物去刻写，围绕池大为由坚守精神高地到高傲灵魂被无情摧毁最终向世俗投降来叙述，但作者在作品单线中巧妙地安插了一位冷眼"旁观者"——晏老师，有助于主题深化。晏子鹤仕途失意，但在早先年复一年的政治权力斗争的旋涡里，练就了对官场深刻的洞察力。他用自己的失败教训，指导提点涉足官场的池大为，在池大为完成人物性格逆转中起到有力的推助作用。《沧浪之水》叙述同样采用宽泛的第三人称叙事，加上灵魂导师的冷眼旁观，小说叙事更为自由畅达，人物、故事、环境小说三要素，驾驭随意，无形中避免了因人物和情节线索单纯所导致的小说时空狭窄之弊端。"旁设人物"既为小说筑实"厚势"，又有利于主旨纵深开掘，有效延伸了小说创作长度，"全知式"叙事在此得以有新的突破。

3. 描写手法：东方与西方

两部小说体裁有别，但叙事上都极其注重描写。《老残游记》在人物的刻画上，发扬了传统白描手法；《沧浪之水》在民族传统技法中融入西方技法，描写手法方面突出心理描写。鲁迅曾评《老残游记》"叙景状物，时有可观" ❶。第二回有关梨园弟子白妞、黑妞弹唱艺术表演的白描精彩片段，已成为文学经典之笔。尤其是王小玉出场肖像的刻画堪称绝妙："向台下一盼。那双眼睛，如秋水，如寒星，如宝珠，如白水银里养着的两丸黑水银，左右一顾一看，连那坐在远远墙角子里的人，都觉得王小玉看见我了，……就这一眼，满园子里便鸦雀无声……""王小玉便启朱唇，发皓齿，唱了几句书儿。声音初不甚大，只觉入耳有说不出来的妙境：五脏六

❶ 鲁迅．清末之谴责小说［G］//中国小说史略．北京：人民文学出版社，1976.

腑里，像熨斗熨过，无一处不服帖。"连用贴切比喻，笔墨简练，文字精要，寥寥几笔，就抓住人物神态，以"形"传"神"，取得先声夺人之艺术效果。

《沧浪之水》小说叙事，在传统基础上，融入西方现代因子，运用意识流写法，突出心理描写。对人物内心的思想活动、情感活动进行描摹，揭示人物灵魂深处的奥秘，使人物形象血肉丰满，更为立体化。雨果说过："有一种比海更大的景象，是天空；还有一种比天空更大的景象，那就是人的内心世界。"阎真小说，折服读者的艺术成就，是他那细腻而又多层次的心理描写。多样化心理描写方式包括：内心独白、心理剖析、旁白叙述、梦境描绘、动作神情暗示，其中人物独白占主导，旁白叙述、动作神情暗示极具特色。例如，妻妹男友任志强在池大为心中的前后印象，就是借助人物内心独白完成的。面对任志强的"炫富"他先是鄙夷："居然轮到这样的人这么威风，他凭什么？""任志强这样的都可以甩派头，这个世界真的不像个世界了。"❶后来任志强把他儿子—波入省直机关幼儿园难于上青天的事拿下后，池对其态度发生了改变："我不服不行啊，他再怎么摆牛，我都得把头低下来认了，不服不行。"❷在池大为灵魂异化、精神逆转最关键的矛盾当口，人物内心独白描写处于主导，心理独白发语词诸如"心里想""自嘲道""心里发慌""原想""想来想去""暗想""心里骂道""我猜"等随处可见，准确表达人物内心起伏与矛盾纠结。对卫生厅办公室主任丁小槐的"猪人""狗人"市侩德行和奴性嘴脸的鄙夷，作者便是通过传神的动作和富有鲜明个性的肢体语言来描摹、烘托池大为主观感受。丁小槐每次见到马厅长总是侧身而立；给马厅长烟盒装烟是先蹲下，后小心翼翼从马的腋下伸手放入；每坐着见马时总是一跃而起。在同事面前的丁小槐，总跷起二郎腿，脚尖不时地一跷一跷，"人物感"派头十足，把混迹官场"老油条"的猥琐、卑鄙性格暴露无遗。旁白插叙也别具特

❶ 阎真. 沧浪之水［M］. 北京：人民文学出版社，2010：94.
❷ 阎真. 沧浪之水［M］. 北京：人民文学出版社，2010：120.

色，作者始终处于"全知全能"地位，站在观察者的角度，较少受到时间和空间的约束，可以自由插入自己的想法和议论。

多层次心理描写，借助自由联想来完成叙事内容的转换，挖掘人物意识和潜意识多重活动，从不同侧面揭示人物隐秘的内心世界，充分地展示人物的思想、性格，使读者更深刻地理解人物的思想感情和精神面貌，体现作者对社会人的关怀，对社会精神文化形态的重视。

（三）审美功能比较

文学的审美功能是文学作品的本质属性，也是评判文学作品优劣最重要的衡量标准之一。小说审美功能主要表现为其对读者发挥的审美作用上，这种审美作用包括对读者的教育作用、认识作用。小说的审美作用的发挥，首先来自其艺术感染力。梁启超在《论小说与群治之关系》中谈及小说何以能发生种种作用时，认为小说有熏、浸、刺、提四种力量，也是指小说的艺术感染力。《老残游记》《沧浪之水》两部作品通过独特的艺术构思，创造出鲜明的艺术形象，使读者体验到不同寻常的审美意趣。

刘鹗实业救国不成，转而走文艺曲线救国之路。一部《老残游记》，勾勒出一幅晚清残山剩水概貌图。凋敝、凄凉、暗淡为主基调，在令人窒息的冷色调中，作者插入了白妞黑妞动人心魄弹唱表演的描绘，音乐美给人以"余音绕梁，三月不知肉味"的艺术感染。此处，作者借盛况反衬哀景的用意也很明显，他定然想以此传递杜牧"商女不知亡国恨，隔江犹唱后庭花"一般诗意的悲凉，借此揭露晚清国事衰微、世风颓靡的现状，批评仍旧沉溺于歌舞升平而不知国之将亡的统治者及麻木不觉的民众。再者，前两回出游之始所见"热闹繁荣"景象，也只是晚清社会回光返照的一种假象，此番景象与后文第十一回"鼠疫传殃成害马"、第十二回"寒风冻塞黄河水"、第十六回魏家十三条人命冤案重金行贿未得洗雪等天灾人祸的真实现实形成鲜明对比，晚清社会矛盾已临一触即发之悬崖。小说给读者带来的艺术感染力，既有来自对音乐出神入化的描绘，更有作者对社会现实的深刻批判。作者忠于现实的客观叙事态度,传承了中国史学"不虚美、不隐恶"的现实主义写作精神,使读者在审美与审丑互映中,形成符合历史真实而又体现时代特征的独特的读者自我审美判断。此外,全景展览式叙事中,作者看似隐退其外,未见作者主观感情色彩太多的流露,实则是有意把思考空间留给读者,提升阅读主体的审美参与度,有效扩大文学审美的影响功能。

《沧浪之水》审美价值,主要表现在作品的意义价值。学者型作家阎真,熟稔中外文艺理论,能自觉将文艺美学原理融会贯通于小说创作中,小说创作以超凡的艺术表现力,使作品的文学意义鲜明突出。首先,作者长于心理描写,善于剖析人物的精神世界,讲究复调叙事,把笔尖扎进人物的灵魂深处,把读者带入一个因为躯体遮掩不易被外人探视的幽微心灵世界。其次,借助意识流开展多重对话:小说里既有池大为和他人的对话,也有池大为矛盾纠结的内心独白和自我拷问,还能不时发现通过第三人称叙述,作者的主观意识、价值判断、道德取向穿插其间,出现多重对话的空间叠加。再者,中国传统文化功底深厚的阎真将中国传统艺术创作最高境界"意境"的创设,卓有成效地践行于小说创作当中。小说开篇与结尾,起于安葬父亲,终于上坟祭奠亡父,内容上前后暗合;而在开篇与结尾部分,又都以清新笔调描绘山间微风的轻拂、旷野幽谷的寂静、苍穹的高远无际和闪烁的星辰。通篇而下,我们感知到作者为读者凿开内外两大空间:一个是幽微的心灵空间,另一个则是无比辽远的宇宙空间。读到此处,读者被引入一个旷远时空之中,顿感自我的无助、人类的渺小、宇宙的无穷、生命的短暂。双重艺术空间更迭,境界阔大,意境高远,带给读者的不仅仅是文学艺术美的享受,还有更多有关哲学意义等多重审美意蕴的熏染。

此外,小说中,作者借池大为之口,反复感慨人生短暂,提出人的生存意义等哲学命题。小说成功构筑官场典型环境,不断解剖官场文化、权力结构,批判奴性意识,挖掘池大为精神蜕变原因,触及社会体制。因此，作品的意义价值，不仅体现在文学意义，还体现在批判意义、哲学意义和社会意义等多方面。

总之，两部小说在文学艺术、思想光芒、道德启示、社会文化构建等方面突出的成就，赋予其不凡的审美意义。而作品的审美价值又是与现实紧密相连的，无不折射作者高度的社会责任感，无不彰显深沉批判意识、历史文化意识支配之下作者的救世情怀。两部作品独特的艺术表达，丰富补充了中华文学艺术宝库，给后人播种下珍贵的精神食粮。

不过，我们也要清楚地看到两部作品意义背后存在的局限性。刘鹗能清晰地看到晚清残腐现状，却未能透过现象切中问题本质，仍对满清政府抱有幻想，希望能通过温和社会改良实现民族图存。阎真虽能透视社会转型对传统文化精神破坏之时弊，但对如何传承传统文化精神却没有明示，读者不仅要看到知识分子的来路，更希望看到去向。显然，作品文学启示作用突出，指引作用欠缺。这不仅是一件令作者、读者感到遗憾的事情，也是文学创作培养前瞻视野值得探讨的事情。

课程思政与理论探讨

课程思政研究进展及相关启示

崔　娜*

摘　要　"课程思政"是落实习近平总书记在全国高校思想政治工作会议上讲话精神的具体实践。从"课程思政"的内涵、现存问题、实施路径等方面梳理现有研究成果，将有助于为"课程思政"的实践提供参考。本文通过梳理"课程思政"相关研究进展后发现，目前，"课程思政"的内涵界定较为统一，由于实践时间相对较短，对于"课程思政"存在问题方面的研究相对较少，在对"课程思政"实施路径的设计上，已有较多探讨，经过理论深化后，可供实践参考。

关键词　课程思政　实施路径　研究进展　启示

一、引　言

习近平总书记在全国高校思想政治工作会议上强调指出："要用好课堂教学这个主渠道，思想政治理论课要坚持在改进中加强，提升思想政治教育亲和力和针对性，满足学生成长发展需求和期待，其他各门课都要守

---

*　崔娜，女，北京联合大学应用文理学院新闻与传播系讲师。主要研究方向为跨文化传播。

好一段渠、种好责任田，使各类课程与思想政治理论课同向同行，形成协同效应。"这个重要指示在强调思政理论课重要性的同时，也指明了大学各类课程和思政理论课同向同行、协同建设的根本方向。同时，这次会议还强调，高校要把思想政治工作贯穿于教育教学全过程，实现全程育人、全方位育人。其中，"全程"彰显高校思想政治育人工作在时间维度上的延续性，即育人工作应覆盖学生从入校到离校的全过程，育人效果应着眼学生全人生；而"全方位"则展现高校思想政治育人工作在空间维度上的延展性，即育人目标应立足学生全方位发展，育人氛围应全方位营造，育人方式应全方位融合。❶这一指示被广大教育者和理论研究者解读为育人理念上的重大转变。

在实践中，最早较大规模实施"思政课程"向"课程思政"转变的当属上海。上海在多年实践"学科德育"的基础上，以"一市两校"教育综合改革国家试点为契机，在2014年就开始探索实施"课程思政"，把马克思主义理论融入教学研究之中，运用马克思主义的立场、观点和方法，深入挖掘其他各类课程的思政教育资源，构建思想政治理论课、综合素养课程、专业教育课程"三位一体"的思想政治教育课程体系，❷从而形成360度"熔炉式"思想政治教育课程模式。❸此后，越来越多的高校相继提出"课程思政"的具体目标，比如，北京联合大学应用文理学院就明确指出，各专业在修订2017版培养方案的课程大纲时，需贯彻学校的全员育人指导思想，落实"立德树人"的学院使命，将"课程思政"理念落实到所有专业课程，将党建和思政教育融入专业教育，并以适当方式在教学活动中予以体现。

目前，许多学者都对"课程思政"问题予以关注和研究，产生了较为

❶ 连洁.建构高校思想政治工作全程全方位育人模式［J］.中国高等教育，2017（8）：19-21.
❷ 焦苇、陈之腾、李立基.上海高校积极试点探索"课程思政"教育教学改革［J］.上海教育，2017（7）：8-9.
❸ 闵辉.课程思政与高校哲学社会科学育人功能［J］.思想理论教育，2017（7）：21-25.

丰富的理论成果。在此背景下，关注现有研究对"课程思政"内涵的界定、对存在问题的解析、对实施路径的设计等问题，不但利于完善"课程思政"的理论体系，还将有助于为"课程思政"的实践提供参考。

二、课程思政的内涵

早在 10 年前，就有学者提出在专业课程中加强思想政治的想法，比如，以"现代汉语"课中的复句和辞格教学为例，说明如何在"现代汉语"课的教学过程中贯穿思想政治教育。该研究指出，在复句和辞格教学中，教师应精选富有思想政治教育意义的例句，既让学生懂得相关的语言学知识，又能让学生在潜移默化中理解、体味相关例句深刻的思想内涵，从而获得人生的启迪、情操的陶冶、真善美的抉择、是非的明辨和审美的享受，不着痕迹地启发学生在思想品德上向积极、健康的方向发展。❶这一案例为当前大力推广的"课程思政"提供了很好的借鉴。

如果从词义的组合分析来看，"课程"是泛化的概念，"课程思政"不是特定的一门或一类具体教学科目或某一教育活动，而是学校育人的所有教学科目和教育活动都应渗透和贯穿思政教育，其特点是课程为载体，思政教育是灵魂，课程的育人功能和价值取向鲜明，从而使传统的课程边际淡化。"课程思政"是将马克思主义理论贯穿于教学和研究全过程，深入发掘各类课程的思想政治理论教育资源，从战略高度构建思想政治理论课、综合素养课程、专业教育课程"三位一体"的思想政治教育课程体系，促使各专业的教育教学都能够运用马克思主义的立场、观点和方法，探索实践各类课程与思想政治理论课同向同行，形成协同效应的重要途径。❷

"课程思政"指向一种新的思想政治工作理念，即"课程承载思政"

---

❶ 蒋华.《现代汉语》教学中的思想政治教育［J］. 社科纵横，2008（11）：150–151.
❷ 高燕. 课程思政建设的关键问题与解决路径［J］. 中国高等教育，2017（Z3）：11–14.

与"思政寓于课程"。发挥思政课的"群舞中领舞"作用，进而实现所有高校课程的"共舞中共振"效应。❶"课程思政"的整体主旨是：围绕"知识传授"与"价值引领"相结合的课程目标，构建"显性教育"与"隐性教育"相结合的课程内容体系，显性课程即高校思政理论课，隐性课程包含综合素养课程和专业教育课程。❷这一理念注重在价值传播中凝聚知识底蕴，在知识传播中强调价值引领，注重课堂教学、社会实践、网络运用三维课程的统一，❸将思政教育贯穿于学校教育教学全过程，将教书育人的内涵落实在课堂教学主渠道，让所有课程都上出"思政味道"，都突出育人价值，让立德树人"润物无声"，其主旨是强调高校的所有课程都要纳入能够引导学生树立正确价值观和世界观的内容。❹

三、课程思政存在的问题

目前，我国高校"课程思政"教学还处于成长初期，对于问题的发现和理论的总结还不充分，有待进一步完善。有学者指出，高校思政教学存在资源整合不足、资源运用不够合理、低效率教学质量等问题，高校应该加大对思政教学资源多元化整合的重视，对高校思政教学资源进行高效利用，保证高校思政教学长期发展。❺有研究表明，当下思政课程面临地位有待提高、课程思政理念有待落实、思政教育吸引力有待增强等现实困境。❻

---

❶ 高德毅，宗爱东.从思政课程到课程思政：从战略高度构建高校思想政治教育课程体系［J］.中国高等教育，2017（1）：43–46.

❷ 虞丽娟.用好课堂教学主渠道从战略高度构建高校"课程思政"教育教学体系［J］.上海教育，2017（3）：6–7.

❸ 邱伟光.课程思政的价值意蕴与生成路径［J］.思想理论教育，2017（7）：10–14.

❹ 邱开金.从思政课程到课程思政，路该怎样走［N］.中国教育报，2017–03–21（010）.

❺ 曹冬华.高校思政实践教学资源多元化整合及一体化发展［J］.现代交际，2017（21）：138.

❻ 何衡.高职院校从"思政课程"走向"课程思政"的困境及突破［J］.教学科学论坛，2017（10）：27–30.

另外，某些课程在"课程思政"过程中离开了马克思主义理论的指导，缺少了中国特色的哲学社会科学体系，忽视了课程的顶层设计和整体规划，无法从根本上解决专业课程与思政课程同向同行的问题。比如，"课程思政"管理理念上还缺少完善的教学设计和整体规划，改革措施上缺少创新教学手段和教学载体，教学方法上还需提升专业化队伍和教学能力，体制机制上还需构建多学科的教学合作和激励制度。有学者认为，在"课程思政"过程中，存在各类课程教师思想政治理论素养参差不齐、各类课程资源各自为政、缺乏内在需求的育人驱动和外在评价的体制引导等问题。❶同时，如何加强从"思政课程"到"课程思政"的转变协同机制还较为欠缺，围绕课堂育人主渠道上的"课程思政"机制创新，以及理论的深度、实践的广度、机制的前瞻度等问题都有待进一步研究。❷

四、课程思政的实施路径

从现阶段来看，学者们主要从以下五个方面对课程思政的实施路径进行了相关探讨。

1. 从专业课角度

有学者以艺术设计为例，对专业课"课程思政"的实践途径进行了设计，主要包括：积极转变思政教学理念，明确课程思政教学目标，深化课程思政教学内容，比如，将课程教学与爱国主义教育相结合、将课程教学与价值观培养相结合、将课程教学与职业道德教育相结合、将课程教学与社会公德教育相结合等，同时，确立科学的课程思政考核模式。❸有教师针对汉语课的"课程思政"提出，在课堂教学中渗透思想政治教育、挖掘

---

❶ 燕连福，温海霞.高校各类课程与思政课同向同行育人的问题及对策［J］.高校辅导员，2017（4）：13-19.

❷ 忻平.上海"课程思政"机制建设的两大关键［N］.解放日报，2017-08-03（004）.

❸ 吕玉龙，屠君.基于艺术设计专业的高职课程思政实践途径探究——以浙江农业商贸职业学院艺术设计专业为例［J］.兰州教育学院学报，2017（10）：91-93.

课文中的思想政治教育素材、积极开展第二课堂活动、加强写作训练、编写具有少数民族特色的各级各类汉语教材❶等教学策略，将利于加强大学生的思想政治教育。

2. 从实践课角度

"课程思政"教育的核心意义是实践性，其教育理念要求从实践出发，强调让学生直接或间接接触社会，丰富学生的主观体验，以促进其综合素质发展。❷因此，有研究指出，在实践类项目上，进行教学项目实施时应当理论联系实际，通过案例教学、设计课堂实践项目和每学期的课踪项目以及工厂实地参观等各种手段实现学生能力培养与价值引导的有机统一。❸

可见，进行"课程思政"实践建设时，一要明确主体责任，建立教学团队，发挥引领协同作用；二要掌握学生需求，创新教学载体，找准学术突破口；三要完善评价标准，建立以教学效果为导向的激励机制；四要打通专业壁垒，实现"全员全程全方位"育人。在此过程中，要以马克思主义为引领，谋划多学科协同发展，处理好"思政课程"与"课程思政"的辩证关系，创新合作机制，拓展教学资源，构建育人新机制，完善"课程思政"的评价标准和评价体系。

3. 从网络平台建设角度

随着互联网的迅速发展和普及，充分利用互联网信息化的优势，促进高校思政教学进一步优化和完善，是现在高校思想政治教育课程改革的重要途径。有不少研究指出，"课程思政"要以网络为平台，或将网络作为重要手段，构建"互联网＋课程思政"的有效机制，优化课程教育教学模式，使教师易于掌握、学生乐于接受。在此过程中，课程内容建设是"互联网＋课程思政"模式建设的重点，应该重视隐性教育内容的引入，并且

---

❶ 罗智勇．论汉语教学对加强大学生思想政治教育的影响［J］．语文建设，2014（12）：14-15.

❷ 魏芳．大思政视角下高校思政课教学改革方法及路径［J］．现代交际，2017（5）：209.

❸ 谢雷．学好质量管理，锻造品质人生——"课程思政"教学改革探索［J］．科技视界，2017（21）：136-137，156.

积极建立网络思政内容资料库。❶ 在课堂教学时，采用"互联网 + 社会主义核心价值观"的教育理念，也是适应国家提出的"互联网 +"行动计划后高校课程的必然选择。❷ 因此，任课教师在提高专业素养的同时，还需要在网络素养的提升、专业知识的丰富、专业技能的拓展、教育情境的创新等方面下功夫，以适应网络时代的发展需要。❸

4. 从师生关系角度

专业课老师授课时需要在学生重点关注或感兴趣的知识点上加强价值观的渗透，在产生共鸣的同时，产生更大的感染力和说服力，在不经意间完成对大学生的思想政治教育，这种方式比强行灌输和说教更有效，因而，利用好课堂这个主渠道，在润物无声中渗透思政课的内容，是非常重要的。❹ 基于此，在推动"思政课程"向"课程思政"转变过程中，还要通过创建良好的师生关系构建新路径，以促进各类课程与思政教育的有机融合。首先，要坚持教育者先受教育，促进专业课程与思政教育有机融合，落实全方位育人。其次，应该运用新媒体新技术，转变教学理念和模式，增强时代感和吸引力。同时，还应加强人文关怀和心理疏导，建立师生沟通的有效机制，构建新型师生关系。❺ 有学者更为具体地指出，"课程思政"提出的全课程育人必须建立在高校教师具有较高人文素养的基础上，而人文素养培育的根基在于人文阅读，对多所高校的调查结果显示，当前专业教师在人文阅读方面存在多方面缺失，比如，在潜心精读与经典阅读、计划阅读与针对阅读、日常阅读与嫁接阅读等方面都较欠缺。因此，应该进一步加强专业教师在人文阅

---

❶ 刘淑慧."互联网 + 课程思政"模式建构的理论研究［J］.中国高等教育，2017（Z3）：15–17.

❷ 龚翠英.社会主义核心价值观融入高职思想政治理论课程教学改革探究［J］.高教论坛，2017（3）：13–15，70.

❸ 封莎.网络环境下思想政治教育要素理论丰富化研究［D］.长春：东北师范大学，2016.

❹ 肖华.湖南工艺美术职业学院湘绣专业实施课程思政的可行性研究［J］.课程教育研究，2017（36）：41–42.

❺ 张鲁宁.课程思政下的民办高职院校师生关系构建［J］.管理观察，2017（22）：107–108，111.

读方面的意识，将其作为"课程思政"教师的必备素质，同时，还要逐步营造教师校内自我阅读场和家校交互阅读场，并关注教师的阅读兴趣点、阅读规划关键点、阅读内容着力点等多方面问题。❶

5. 从整体角度

有研究认为，开展"课程思政"，一要挖掘专业技术课程思想政治元素，将其融入课程讲授过程中；二要有意识地设计德育内容，潜移默化地影响学生；三要提升专业教师的思想政治素养，提高其思想政治意识；四要不断探索和总结课程思政教育的方法和技巧。❷通过设计创新专业课程，搭建"课程思政"的整体架构。课程设计是实现"课程思政"的基本路径，要遵循教书育人的规律，注意教学方法，通过行之有效的教育方式，在潜移默化中帮助学生树立社会主义核心价值观。❸有学者在分析思政教育载体的基础上，提出了以下有效利用教育载体的策略，具体包括：顶层设计能力的提升、教育者运用和创新能力的提高、优质思政教育环境的打造等，以起到加强载体使用的宏观指导、提高教育者的素质、保障与确立思想政治教育载体运用的具体模式等作用。❹

有学者介绍了所在学校有效开展"课程思政"的措施，比如，借力实践平台，学校将实践环节作为德育渗透的重要阵地；重视师资发展；加强协同育人，通过教务、学工一体化管理路径，将专业教师、思政教师、辅导员、管理人员凝聚成"全员育人共同体"。❺还有学者提出，除了构建立体化教学体系、搭建协同育人机制、健全评价体系和制度保障之外，还应进一步强化专业教师的思想政治素质和育人责任感，确保"课程思政"教育着力抓好五个关键环节，即"课程思政"建设的基础在课程、"课程思

❶ 江先锋."课程思政"背景下高校教师人文阅读的缺失现状与复位路径——基于上海7所高校的实证研究［J］.渭南师范学院学报，2017（10）：9-14.

❷ 康俊民，胡锦玉.新媒体视域下大学生课程思政教育模式之构建——以《Excel在经济管理中的应用》课程为例［J］.教育现代化，2017（32）：68-69.

❸ 曹文泽.以"课程思政"为抓手创新育人手段［N］.学习时报，2016-12-26（008）.

❹ 陈佳.高校思想政治教育载体有效运用研究［D］.锦州：渤海大学，2007.

❺ 徐建光.坚持全课程育人 深化课程思政改革［J］.上海教育，2017（4）：14.

政"建设的重点在思政、"课程思政"建设的关键在教师、"课程思政"建设的重心在院系、"课程思政"建设的成效在学生。❶

五、现有研究成果带给我们的启示

从现有关于课程思政的理论研究成果中，我们可以得到如下启示。

第一，思政类课程依然是帮助学生树立正确价值观的主战场。同时，包括专业课、实践课在内的其他课程也是思政的重要阵地，无论哪一类课程，都要以给学生们输送正能量为基本出发点。

第二，思政类课程是显性的价值观教育，其他类课程的思政教育功能则相对隐性。在课程思政过程中，要讲究技巧和方法，将思政要素融入课程教学中，以潜移默化的方式进行，避免引起学生的反感。

第三，不同课程有不同特征，在课程思政过程中要采取不同的措施。比如，实践类课程，可以多以博物馆、纪念馆、红色教育基地等为载体或研究对象，让学生在学习专业知识的同时，充分接受正能量熏陶；而理论类课程，如"中国文化概论"，则需要总结其可植入思政要素的知识点，通过讲解我国悠久灿烂的历史文明，让学生自然产生民族自豪感。

第四，加强任课教师本身的价值观和专业素养的培育。"课程思政"首先要求任课教师的价值观是正确的，是充满正能量的，同时其专业素养应该是过硬的、服人的，唯有如此，才能使学生愿意接受教师的教育，接受其讲授的正能量观点。

第五，重视平台建设与方法创新。在信息时代，要充分利用网络平台吸引学生，通过网络平台向学生传输思政能量。

第六，构建完善的配套体制。从制度层面的顶层设计、课程大纲的修订、实施与评估体系等多方面保证"课程思政"取得实效。

---

❶ 李国娟.课程思政建设必须牢牢把握五个关键环节［J］.中国高等教育，2017（Z3）：28-29.

关于课程思政教学的几点认识与思考

张　恒[*]

摘　要　本文第一部分主要从课程思政的基本概念与含义、课程思政的目标、在教学过程中的具体体现、课程思政的原则等几个基本方面对课程思政进行一定的概念分析与阐述,深化对课程思政概念内涵与外延的认识。第二部分主要从课程思政建设应把握的关键环节入手,探讨课程思政在教学过程中需要重视和把握的五个常见的环节,它们分别是课程思政的寄居与依托——课程、课程思政的灵幻与核心——思政、课程思政的传播者——教师、课程思政的把关人与管理者——院校、课程思政的成果体现者与受众——学生,并对其一一进行简单的分析与探讨。最后一部分主要从课程思政建设面临的关键问题与解决路径入手,分别从明确主体责任、完善评价标准、打通专业壁垒等几方面进行一定的分析与探讨。

关键词　课程思政　德育　专业伦理　社会主义核心价值观

---

[*]　张恒,男,北京联合大学应用文理学院新闻与传播系教师。主要研究方向为广告学、中西文化比较、社会学等。

一、关于课程思政的几点认识

1. 课程思政的含义

习近平总书记在全国高校思想政治工作会议上强调，要用好课堂教学这个主渠道，各类课程都要与思想政治理论课同向同行，形成协同效应。围绕习总书记的讲话，笔者认为课程思政含义主要应把握以下几个方面。

第一，课程思政是一项总体理念。它不应是一门或一类特定的课程，而应是一种指导教育教学的综合理念。其基本含义是：大学所有课程都承载着传授知识培养能力及思想政治教育的双重功能，具有培养大学生世界观、人生观、价值观的综合作用。具体来说，课程思政应是以构建全人员、全过程、全课程育人格局的形式，将各类课程与思想政治理论课紧密结合在一起，形成协同效应，把"立德树人"作为教育的根本任务的一种综合教育理念。

第二，课程思政是一种思维方式。教师在教学过程中要结合所授课程，有意、有机、有效地对学生进行思想政治教育；体现在教学的顶层设计上，要把人的思想政治培养作为课程教学的目标放在首位，并与专业发展教育相结合。

第三，课程思政是一种精神导引。在教学中导入课程思政，不是要改变专业课程的本来属性，更不是要把所有专业课改造成思政课模式或者当作思政课程，而是充分发挥专业课程的德育功能，运用德育的学科思维，提炼专业课程中蕴含的文化基因和价值范式，将其具体化、生动化地转化为社会主义核心价值观，在"润物细无声"的知识学习中融入理想信念层面的精神指引。

2. 课程思政的目标

我们之所以要在教学中导入课程思政，就是要以习近平新时代中国特色社会主义思想为指导，坚持知识传授与价值引领相结合，运用可以培养大学生理想信念、价值取向、政治信仰、社会责任的知识与内容，全面提高大学生查事析理、明辨是非的能力，让学生成为德才兼备、全面发展的社会主义有用之才。

3. 课程思政在教学过程中应体现的主要方面

围绕课程思政目标，通过强化和践行社会主义核心价值观，运用马克思主义思想方法论，在教授相关专业课程知识与理论的同时，要有意识地引导学生正确做人和做事，在教学活动中应结合以下相关思政内容进行教学设计。

（1）注重师德风范。教师是人类灵魂的工程师，承担着神圣的使命。传道者自己首先要明道、信道。高校教师要坚持教育者先受教育，努力成为先进思想文化的传播者、我党执政的坚定支持者，更好担起学生健康成长指导者和引路人的责任。要以德立身、以德立学、以德施教，真正做到为人师表。

（2）坚持政治导向。教师应坚持正确的政治方向，要"坚持教书和育人相统一，坚持言传和身教相统一，坚持潜心问道和关注社会相统一，坚持学术自由和学术规范相统一"。坚守"学术研究无禁区，课堂讲授有纪律"的规矩，不在课堂上传播违反中华人民共和国宪法，违背党的路线、方针、政策的内容或言论，使课堂成为弘扬主旋律、传播正能量的主阵地。

（3）结合专业伦理。专业伦理教育是指对未来从事相关专业具体工作的学生掌握并遵守相关的道德准则和职业行为规范的教育活动。教师要针对不同专业的大学生，即未来各行业的从业人员，在传授专业知识的过程中，明确将专业性职业伦理操守和职业道德教育融为一体，给予其正确的价值取向引导，以此提升其思想道德素质及情商等。

（4）强化学习伦理。学习伦理是在教学活动中建立起来的教师与学生、学生与学生之间学习关系和处理这些关系应遵守的法则，是基于对类、群的伦理性认识和对专业学习内涵、价值、内容等方面的伦理反思和构建。课程思政功能的实现需要师生双方的共同努力，大学生应有良好的学习伦理，尊师重教、志存高远、脚踏实地、遵守纪律，在学习过程中体悟人性、弘扬人性、完善修养、勤奋学习。

（5）核心价值。教师要在课程教学过程中，结合各专业门类的特点，将社会主义核心价值观的基本内涵、主要内容等纳入整体教学布局和课程安排，做到专业教育和核心价值观教育齐头并进，引导学生做社会主义核心价值观的坚定信仰者、积极传播者、模范践行者。

4.课程思政的原则

课程思政不是每堂课都要机械、教条地安排思政教育内容，而是应结合各门专业课程特点，寻找该课程的德育元素并使之与专业知识、理论学习进行系统和有机的结合。在教学过程中主要应坚持以下几个原则。

（1）实事求是原则。即要求教师在授课过程中应结合所授课程本身的专业特点，深入挖掘思政元素，切忌教条主义、形式主义、脱离实际教学内容。

（2）创新思维原则。即要求教师在授课过程中应充分发挥创造力和想象力，做到将思政元素与专业课程新颖结合、灵活运用，避免机械僵化地阐述问题。

（3）突出重点原则。即要求教师在授课过程中应仔细构思、精心安排，结合实际课程内容做到不同教学单元中的思政元素有轻有重，不搞平均主义。

（4）注重实效原则。 即要求教师在授课过程中应考虑不同学生的实际情况，注重课程思政的实际效果，做到思政与专业知识相辅相成、交相辉映。

二、课程思政建设应把握的五个关键环节

1.课程思政建设的基础在"课程"

没有好的课程建设，课程思政功能就成为无源之水。因此尊重课程建

设规律，切实强化课程建设管理是课程思政建设的根本基础。具体而言，在教学过程管理和质量评价中应将"价值引领"作为一个重要的监测点指标，从源头、目标和过程上都做到强化所有课程都有"育德"功能的教育理念，并通过一系列教学建设、运行和管理环节将这种理念落到实处。在培养方案、教学大纲等重要教学文件的审定中要考量"知识传授、能力提升和价值引领"同步提升的实现度；在精品课程、重点课程的立项、评比和验收中应设置"价值引领"或者"育德功能"指标；在课程评价标准（学生评教、督导评课、同行听课）的制定中应设置"育德效果"的观测点。

2. 课程思政建设的重点在"思政"

没有好的思政教育功能，课程教学就会失去"灵魂"，迷失"方向"，从而导致课程教学中知识传授、能力培养与价值引领之间的割裂甚至冲突。然而，在现实的教学实践中往往存在一个认识上的误区，认为"价值引领"仅仅是思政课的任务和责任，其他专业课程则只管知识传授和能力培养。这使思政课与专业课程之间产生割裂，是各门课程之间"同向同行、协同育人"合力难以形成的一个重要根源。不同课程在人才培养方案中都有其独特的作用，不同专业不同课程也有其自身建设的规律和要求，实施课程思政教育教学改革，正是在尊重课程自身建设规律的前提下，在实现课程的知识传授、能力培养等基本功能的基础上，挖掘并凸显其价值引领功能。这就要求高校开设的所有课程都应以课程思政的新理念为指南，在反思中改进，充分挖掘课程的德育功能，不断优化课程建设。

3. 课程思政建设的关键在教师

教师是教书育人实施的主体，也是课堂教学的第一责任人。马克思说："思想根本不能实现什么东西，为了实现思想，就要有使用实践力量的人。"课程思政建设要靠教师去落实，首先考验的是教师的育德意识和育德能力。建设一支具有自觉"育德意识"和较强"育德能力"的教师队伍，是确保所有课程"同向同行、协同育人"的人才资源保障。学校应加强教师的培训培养，利用教师培训、专业主任或专业责任教授培训、课程思政教育教学改革专题培训等多种措施，切实增强教师的"育德意识"，培养和提升教师的"育德能力"，并进而养成在课程教学中主动研究、加强思想政治教育功能的自觉意识。学校还应通过搭建课程思政工作室等平台，整合思政教师、专业课程教师、学生辅导员和班主任队伍，组建多学科背景互相支撑、良性互动的课程思政研究与教学团队，通过教师之间的"同向同行、协同育人"来保障课程之间的"同向同行、协同效应"。应善于借力，聘请符合条件的专家学者、地方党政领导、知名企业家、社会各条战线的先进人物担任高校思想政治教育特聘教师。高校之间应加强合作，根据实际情况制定相应政策，为课程思政建设与实施提供优质教师资源。

4. 课程思政建设的重心在院系

课程思政教育教学改革，既要求转变教育观念，也要求优化教学内容、创新教学方法，而且涉及全校各类各门课程，并不局限于某些个别专业点。因此，给高校教育教学改革布局、教学活动组织等都带来了新的问题和挑战，需要建立起上下贯通、多元参与的运行机制。院系应切实担负起主体责任，真正成为大学生思想政治教育的责任主体。校长、分管思想政治教育工作的副书记、分管教学的副校长要切实负起政治责任和领导责任，但仅有学校领导层面的重视还远远不够。随着我国高等教育规模的迅速扩大，许多高校实行了校院（系）两级管理，并把增加二级学院（系部）的办学主体作用作为一个改革方向，让二级学院（系）在人才培养方案制订、组织开展专业建设和课程改革、组织实施教育教学活动、开展教师培训、加强教学管理和考核、保障教学质量等方面能更加充分地发挥好作用。与此相适应，课程思政的建设和实施，也应成为学校各二级学院（系）内涵建设的重要内容，明确其在课程思政建设中的具体责任，并上升到提升办学水平和人才培养质量所必需的高度来认识和把握。这样，才能确保将各门课程"同向同行、协同育人"的理念和举措真正落到实处。

5.课程思政建设的成效在学生

学校一切教育教学活动的根本目的在于培养出更高质量的人才。因此课程思政的效果如何，最终必须以学生的获得感为检验标准。一方面，高校要坚持"基于学生学习效果的教育"（OBE：Outcome-Based Education）理念，在人才培养方案中明确德育和素质的要求，并以此为标准制定课程体系和课程教学标准。另一方面，要加强对学生的研究。"00 后"学生即将进入高校，他们成长在一个思想舆论相对多元化的时代，网络和社交媒体伴随着他们的成长过程，因此与以往的在校大学生相比有其自身的特点。来自发达地区和中西部地区、农村的学生在思想观念上也存在较大的差异。这种情况还体现在不同高校之间，适合一个学校的课程思政教学方案未必十分适合其他学校。为此，立足学校办学定位、基于人才培养特色、针对学生思想特点，有的放矢地设计教学内容、选择教学方法、制定评价标准，是保证课程思政实施效果的一个重要原则。

三、课程思政建设的关键问题与解决路径

1.明确主体责任，发挥引领协同作用，建立过硬教学团队

高校思想政治工作关系高校培养什么样的人、如何培养人以及为谁培养人的根本问题。要将"立德树人"作为高校工作的中心环节，明确课程思政建设中的主体责任，做好课程的整体规划。要建立健全领导体制和工作机制；成立课程思政领导小组并由院校领导亲自担任组长；成立专门办公室或课程思政教学指导委员会督促、推进落实；学校教务处、人事处等行政部门要积极配合，有效发挥行政职能，将课程思政纳入年度重点工作予以推进；校、院两级分管思政和教学工作的条线紧密结合，学校各部门整合资源，为课程思政工作的实施、研究和创新提供技术支撑。

2.找准学生需求，努力抓住学术突破口进行创新教学

通过开展马克思主义理论学科与其他学科的教学协同、科研协同，

形成马克思主义理论学科协同创新的局面。可以从选题入手，充分发挥学校办学优势，调动各专业教师积极性，努力做到既紧扣时代发展又回应学生关切，既具备深厚学术积淀又有效激发学生求知需求；也可以从深挖师资潜力入手，在师资上聚集业内领军型顶尖师资团队，开展专题式教学，在方法上注重开拓创新，融合课堂主讲、案例分析、多媒体教学、现场回答、网上互动、课堂反馈等教学方式与手段，巧妙地寓社会主义核心价值观的精髓要义于多样化课堂教学之中，在引人入胜、潜移默化中实现课程思政的教育目标；还可以从引导和调动学生积极性入手，将课程思政与学生关心、关注的社会现象、社会问题结合起来，找准学生需求，从学生的立场思考和审视问题，激发他们的兴趣与主动参与的积极性。

3.完善评价标准，建立教学效果为导向的激励机制

努力发挥马克思主义理论对思政课的牵引和带动作用，引导教师围绕马克思主义理论学科的创新与发展、马克思主义及其中国化的最新理论成果等主题开展课题研究。建立对课堂效果"双评估"的体系标准，增强对课堂育人效果的评价比重。可以考虑在课堂教学质量评估模式中，将学生的思政课成绩和学习表现纳入学生评优、入党的考核标准；进行教学效果师生双向打分制度，除了课堂满意度之外，还要考查学生对教师的认可度，以及学生思想意识过程中的知识内化和价值认同；加强教师思想教育和管理服务，建立健全师德建设长效机制实施细则，严格落实"师德一票"否决制度，进一步完善教师考核机制，在职称评聘、教师资格认定等工作中完善学校职称评聘制度和标准，实行岗位与课程思政衔接的动态管理制度；以教师教学激励计划为抓手，落实育人价值导向，针对专业课程的育人功能和任课教师的育德实效开展绩效评价，据此作为奖励与评定的重要依据，为促进教书与育人相统一提供重要途径；将专业课程融入思想政治教育，以专业技能知识为载体加强大学生思想政治教育，最大限度发挥课堂主渠道功能，扭转专业课程重教学、轻育人的情况。

4.打通专业壁垒，优化全员、全过程、全方位育人教学资源

实现课程思政教学与育人功能的统一，首先，在于教师与院校管理者的思政意识，教学激励制度，教师与教师、教师与行政管理者、教师与社会协同作战的工作机制。其次，应该充分利用学校推广实践课程的优势，每年设置一定课时的实践环节，当学生运用所掌握的专业知识和技能服务社区、服务社会时，自然而然地提升了使命感和责任感，达到"知行合一"的教学目标。再次，还可以尝试实行教师与学生的志愿者制度，深入基层、深入社区、深入社会，引导师生在思想政治觉悟方面内化于行。最后，院校应统筹做好教师思想政治工作和师德师风建设，普遍把思想政治表现作为首要标准，严格教师准入制度，切实拨出专款，下大力气狠抓思想政治理论课教学改革项目，充分集结调动思想政治理论课教师的资源，推出思想政治理论课在线课程，为院校其他专业思想政治理论课程提供标杆与示范。

后 记

经过将近半年的紧张策划与筹备实施，课程思政论文集即将付印出版。本论文集是新闻与传播系在北京联合大学全面贯彻执行《关于推进"课程思政"建设的实施意见（2017—2018）》的前提下完成的，是我系新闻学专业（含影视传播）、网络与新媒体专业、广告学专业、汉语言文学专业落实这一育人理念的成果汇编，全书共收录33篇文章，这些论文全部围绕课程思政这一话题展开讨论涉及课程思政的顶层设计、课程建设、课堂教学、专业建设、价值导向等方面，这些讨论具有专业性、深入性和强烈的实践性特征，是新闻与传播系在贯彻课程思政育人理念方面成果的一次集中展示，也是新闻与传播系紧跟学校教学改革步伐深入贯彻党的教育方针研究成果的体现。

课程思政是高校贯彻立德树人育人理念的具体化。一年来，新闻与传播系积极响应学校和学院的号召，依托新闻专业教师党支部，坚持理论与实践同行、传承与创新并重，科研与教学协同，在实践中求真知，在探索中找规律，从价值引领、组织协调、服务引导三个方面层层递进开展课程思政工作，不断深化对"课程思政"的认识，各个专业都初步取得了一定成效。新闻学专业被确定为全校重点打造的3个"专业思政"建设研究与实践的专业之一，杜剑峰教授主持的"'专业思政'建设方案研究——新闻学专业"项目及"传播学原理"（冯春海老师主持）、"新闻学原理"（刘文红老师主持）、"摄影与摄像"（李瑞华老师主持）、"中国新闻事业史"（李彦冰老师主持）4门课程思政建设研究与实践被列为校级重点教育教学研究与改革项目，李彦冰老师的"政治与传播"课程获评"北京联合大学课程思政特色精品课程"。广告学专业和网络与新媒体专业将课程思政元素融入课程教学和实践大赛中，涌现出了一批国家级和市级大赛金奖获得者，汉语言文学专业已连续9年全力承接北京市人文知识竞赛。

新闻传播学科本身具有强烈的意识形态属性，从授业解惑到价值引领，从家国情怀到正人正己，教师们在课堂上用思想浸润心灵，用知识丰盈头脑，在"润物细无声"的专业教育中融入理想信念层面的精神指引，使青年学子学有所为。在课堂之外，老师们通过系列论文的写作，梳理了思政元素在课程中的融入思路，内化了课程思政理念，使专业课与思想政治理论课同向同行，形成协同效应。下一阶段，我们将借助学校重点打造专业思政的契机，统筹规划，通力协作，将其提升为专业思政，形成团队效应，体系优势，为新闻学科育人贡献出自己的力量。

本论文集在出版前得到了院党委副书记、院长张宝秀教授和副院长叶晓教授的指导，系学术委员会主任杜剑峰教授、教工党支部书记周春霞副教授、系主任李彦冰副教授也给予了大力支持，各位老师从论文撰写到修订，再到校对，始终认真对待，这些努力付出为论文集顺利出版提供了保证。知识产权出版社王颖超编辑在出版本论文集的过程中展现出了认真严谨、字斟句酌的敬业精神。在这里一并向这些辛苦付出的各位同仁表示最诚挚的感谢。

北京联合大学在育人的道路上已经走过了40个春秋，新闻传播教育与之一路同行。教书育人永远在路上，新闻与传播系将以奋发有为的精神在立德树人的育人征程上再攀高峰，为北京联合大学的办学再上新台阶贡献自己力所能及的力量。

刘文红

2018 年 10 月